부수명칭(部首名稱)

1획	
一	한 일
丨	뚫을 곤
丶	점 주(점)
丿	삐칠 별(삐침)
乙(乚)	새 을
亅	갈고리 궐

2획	
二	두 이
亠	머리 두(돼지해머리)
人(亻)	사람 인(인변)
儿	어진사람 인
入	들 입
八	여덟 팔
冂	멀 경(멀경몸)
冖	덮을 멱(민갓머리)
冫	얼음 빙(이수변)
几	안석 궤(책상궤)
凵	입벌릴 감 (위터진입구)
刀(刂)	칼 도
力	힘 력
勹	쌀 포
匕	비수 비
匚	상자 방(터진입구)
匸	감출 혜(터진에운담)
十	열 십
卜	점 복
卩(㔾)	병부 절
厂	굴바위 엄(민엄호)
厶	사사로울 사(마늘모)
又	또 우

3획	
口	입 구
囗	에울 위(큰입구)
土	흙 토
士	선비 사
夂	뒤져올 치
夊	천천히걸을 쇠
夕	저녁 석

大	큰 대
女	계집 녀
子	아들 자
宀	집 면(갓머리)
寸	마디 촌
小	작을 소
尢(尤)	절름발이 왕
尸	주검 시
屮(屮)	싹날 철
山	메 산
巛(川)	개미허리(내 천)
工	장인 공
己	몸 기
巾	수건 건
干	방패 간
幺	작을 요
广	집 엄(엄호)
廴	길게걸을 인(민책받침)
廾	손맞잡을 공(밑스물입)
弋	주살 익
弓	활 궁
彐(彑)	돼지머리 계(터진가로왈)
彡	터럭 삼(삐친석삼)
彳	조금걸을 척(중인변)

4획	
心(忄·㣺)	마음 심(심방변)
戈	창 과
戶	지게 호
手(扌)	손 수(재방변)
支	지탱할 지
攴(攵)	칠 복 (등글월문)
文	글월 문
斗	말 두
斤	도끼 근(날근)
方	모 방
无(旡)	없을 무(이미기방)
日	날 일
曰	가로 왈
月	달 월

木	나무 목
欠	하품 흠
止	그칠 지
歹(歺)	뼈앙상할 알(죽을사변)
殳	칠 수 (갖은등글월문)
毋	말 무
比	견줄 비
毛	터럭 모
氏	각시 씨
气	기운 기
水(氵)	물 수(삼수변)
火(灬)	불 화
爪(爫)	손톱 조
父	아비 부
爻	점괘 효
爿	조각널 장(장수장변)
片	조각 편
牙	어금니 아
牛(牛)	소 우
犬(犭)	개 견

5획	
玄	검을 현
玉(王)	구슬 옥
瓜	오이 과
瓦	기와 와
甘	달 감
生	날 생
用	쓸 용
田	밭 전
疋	필 필
疒	병들 녁(병질엄)
癶	걸을 발(필발머리)
白	흰 백
皮	가죽 피
皿	그릇 명
目(罒)	눈 목
矛	창 모
矢	화살 시
石	돌 석

示(礻)	보일 시	谷	골 곡	**10 획**	
内	짐승발자국 유	豆	콩 두	馬	말 마
禾	벼 화	豕	돼지 시	骨	뼈 골
穴	구멍 혈	豸	발없는벌레 치(갖은돼지시변)	高	높을 고
立	설 립	貝	조개 패	髟	머리털늘어질 표(터럭발)
6 획		赤	붉을 적	鬥	싸울 투
竹	대 죽	走	달아날 주	鬯	술 창
米	쌀 미	足(⻊)	발 족	鬲	솥 력
糸	실 사	身	몸 신	鬼	귀신 귀
缶	장군 부	車	수레 거	**11 획**	
网(⺄·罒)	그물 망	辛	매울 신	魚	물고기 어
羊	양 양	辰	별 진	鳥	새 조
羽	깃 우	辵(辶)	쉬엄쉬엄갈 착(책받침)	鹵	소금밭 로
老(耂)	늙을 로	邑(阝)	고을 읍(우부방)	鹿	사슴 록
而	말이을 이	酉	닭 유	麥	보리 맥
耒	쟁기 뢰	釆	분별할 변	麻	삼 마
耳	귀 이	里	마을 리	**12 획**	
聿	붓 율	**8 획**		黃	누를 황
肉(月)	고기 육(육달월변)	金	쇠 금	黍	기장 서
臣	신하 신	長(镸)	길 장	黑	검을 흑
自	스스로 자	門	문 문	黹	바느질할 치
至	이를 지	阜(阝)	언덕 부(좌부방)	**13 획**	
臼	절구 구(확구)	隶	미칠 이	黽	맹꽁이 맹
舌	혀 설	隹	새 추	鼎	솥 정
舛(牪)	어그러질 천	雨	비 우	鼓	북 고
舟	배 주	靑	푸를 청	鼠	쥐 서
艮	그칠 간	非	아닐 비	**14 획**	
色	빛 색	**9 획**		鼻	코 비
艸(艹)	풀 초(초두)	面	낯 면	齊	가지런할 제
虍	범의문채 호(범호)	革	가죽 혁	**15 획**	
虫	벌레 충(훼)	韋	다룸가죽 위	齒	이 치
血	피 혈	韭	부추 구	**16 획**	
行	다닐 행	音	소리 음	龍	용 룡
衣(礻)	옷 의	頁	머리 혈	龜	거북 귀(구)
襾	덮을 아	風	바람 풍	**17 획**	
7 획		飛	날 비	龠	피리 약변
見	볼 견	食(飠)	밥 식(변)	*는	*忄 심방(변) *扌 재방(변)
角	뿔 각	首	머리 수	부수의	*氵삼수(변) *犭개사슴록(변)
言	말씀 언	香	향기 향	변형글자	*阝(邑) 우부(방) *阝(阜) 좌부(변)

3단계 필수 이야기

고사성어
故事成語
쓰기교본

3단계 필수 이야기 고사성어 쓰기교본

2023년 9월 20일 3쇄 인쇄
2023년 9월 25일 3쇄 발행

감수자 | 최청화/유향미
펴낸이 | 이규인
펴낸곳 | 도서출판 **창**
등록번호 | 제15-454호
등록일자 | 2004년 3월 25일

주소 | 서울특별시 마포구 대흥로 4길 49, 용강동. 월명빌딩 1층
전화 | (02) 322-2686, 2687 / **팩시밀리** | (02) 326-3218
홈페이지 | http://www.changbook.co.kr
e-mail | changbook1@hanmail.net
ISBN 978-89-7453-484-4 (13710)

정가 14,000원

*잘못 만들어진 책은 〈도서출판 **창**〉에서 바꾸어 드립니다.

3단계 필수 이야기

고사성어

故事成語

최청화 · 유향미 감수

쓰기교본

街談巷說　家藏什物　甘言利
改過遷善　見物　　　軍奮
管鮑之交　群鷄一鶴　錦衣還
內憂外患　能小能大　大同小
馬耳東風　名實相符　知彼知
白骨難忘　青山流水　不知其

창
Chang
Books

머리말

여러분은 지금 국제화 시대에 살고 있습니다. 한자는 중국 등 한자문화권 국가와의 비즈니스 관계에 따라 영어와 마찬가지로 여러분과 떼려야 뗄 수 없는 불가분의 관계입니다. 지구상에 글자를 소리글자과 뜻글자로 크게 분류한다면 소리글자가 영어라면 뜻글자는 한자입니다. 현재 중국, 한국, 일본 등에서 쓰이고 있으며, 이러한 시대 상황을 고려하여 편집 · 제작된 3단계 필수 이야기 고사성어 쓰기교본은 교육부에서 발표한 21세기 한자 · 한문 교육의 내실을 기하며, 새로운 교육적 전망을 확립하기 위하여 만들어졌습니다. 고사성어(古事成語)란 옛날에 있었던 일에서 유래하여 관용적인 뜻으로 굳어 쓰이는 글귀이며, 사자성어(四字成語)는 네 개의 한자로 이루어져 관용적으로 쓰이는 글귀 즉, 한자 성어입니다.

본교재(本敎材)는 이러한 사자성어를 포함한 숙어를 수준별로 구성하여 단계적으로 학습할 수 있게 엮었다는 특징을 갖고 있습니다. 고사 성어는 선인들이 우리에게 물려준 정신적 문화 유산이자 소중한 보물입니다. 따라서 한자 능력시험의 8급~1급까지의 기초한자 및 필수한자와 핵심 한자 등을 포함해서 누구나 부담없이 공부할 수 있도록 단계별로 구성하였습니다. 그리고 왕초보자를 위해 필순을 넣어 쉽게 쓸 수 있도록 하였을 뿐만 아니라 쓰기 연습을 넣어 한 번에 완벽하게 끝낼 수 있도록 하였으며, 또한 10년 이상 각종 시험자료에서 입증된 핵심한자를 수능시험에 다년간 출제된 고사성어를 집중적으로 구성하였습니다. 우리글의 상당 부분은 한자에서 유래된 말이라서 비록 복잡하지만 공부해보면 정말 신비하고 재미있는 철학이 담겨있다는 것을 알게 될 것입니다.

이 책의 구성을 살펴보면,

Part I   1단계 – 초급 고사성어
Part II   2단계 – 중급 고사성어
Part III   3단계 – 고급 고사성어

　이와 같이 고사 성어를 단계와 급수별로 분류한 후, 찾기 쉽게 '가나다(ㄱ, ㄴ, ㄷ)'순으로 한 후 주요 한자순으로 배열·수록하였으며, 학생들이 학습에 필요한 고사성어와 숙어를 학습하고, 국가공인 한자자격증 시험을 준비하는 데 도움을 주고자 상용 한자 어휘의 자료를 충실히 반영하고, 그외 다양한 실생활과 학업에 필요한 고사성어를 총망라하여 약 400개를 열거하였습니다. 또한 보다 쉽고 찾기 쉬운 사전적 구성과 현대적 감각 출제 빈도가 높으면서 꼭 알고 반드시 숙지해야 할 고사성어를 사전적으로 구성하여 접근성을 높였습니다.

　부록은 한자 학습에 꼭 필요한 알찬 내용만을 엄선하여 실었습니다. 아무쪼록 이 책을 통하여 고사성어가 한자지식을 넓히는 것은 물론, 인생의 지혜를 깨우쳐서 일상생활에서도 차원 높고 풍부한 어휘를 구사하여 삶의 지혜를 체득하는 지름길이 되었으면 합니다.

참고로 이 책을 학습하는 데 필요한 사용기호를 살펴보면,

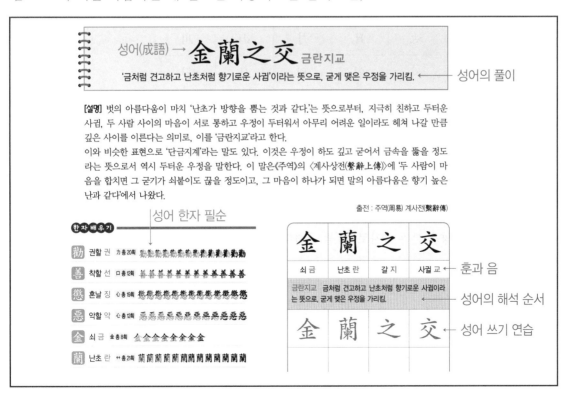

한자(漢字)에 대하여

1. 한자(漢字)의 필요성

지구상에서 한자가 통용되는 인구는 줄잡아 14억을 넘고 있다. 최근 글로벌 시대를 맞이하여 한자를 사용하고 있는 한국·중국·일본을 중심으로 한 동아시아의 경제와 문화가 급격히 부상하면서 한자 학습의 중요성이 더욱 강조되고 있다.

2. 한자(漢字)의 생성 원리

한글은 말소리를 나타내는 소리글자 즉, 표음문자(表音文字)이지만, 한자는 그림이나 사물의 형상을 본떠서 시각적으로 의미를 전달하는 뜻글자로 표의문자(表意文字)이다. 대부분의 사람들은 한자를 공부하는 데 우선 어렵다고 느껴지겠지만 한자의 기본 원칙인 육서(六書)를 익혀두고, 기본 부수풀이를 익힌다면 한자를 이해하는 데 많은 도움이 될 것이다.

(가) 한자(漢字)의 세 가지 요소

모든 한자는 고유한 모양 '형(形)'과 소리 '음(音)'과 뜻 '의(義)'의 세 가지 요소로 이루어져 있으며, 일반적으로 뜻을 먼저 읽고 나중에 음을 읽는다.

모양	天	地	日	月	山	川
소리	천	지	일	월	산	천
뜻	하늘	땅	해·날	달	메	내

(나) 한자(漢字)를 만든 원리

❶ 상형문자(象形文字) : 구체적인 사물의 모양을 본떠 만든 것.
　(예 : ◎ → 日, ⛰ → 山, 〰 → 川)
　日 : 해의 모양을 본뜬 글자로 '해'를 뜻한다.

❷ 지사문자(指事文字) : 그 추상적인 뜻을 점이나 선으로 표시하여 발전한 글자.
　(예 : 上, 下, 一, 二, 三)

❸ 회의 문자(會意文字) : 상형이나 지사의 원리에 의하여 두 글자의 뜻을 합쳐 결합하여 새로운 뜻을 나타내는 글자.
　(예 : 日 + 月 → 明, 田 + 力 → 男)

❹ 형성문자(形聲文字) : 상형이나 지사문자들을 서로 결합하여 뜻 부분과 음 부분 나타내도록 만든 글자.

(예 : 工 + 力 → 功)

❺ 전주문자(轉注文字) : 이미 만들어진 글자를 최대한으로 다른 뜻으로 유추하여 늘여서 쓰는 것.

(예 : 樂 → 풍류 악, 즐거울 락, 좋아할 요 惡 → 악할 악, 미워할 오)

❻ 가차문자(假借文字) : 이미 있는 글자의 뜻에 관계 없이 음이나 형태를 빌어다 쓰는 글자.

(예 : 自 → 처음에는 코(鼻 : 코 비)라는 글자였으나 그음을 빌려서 '자기'라는 뜻으로 사용.

(다) 부수(部首)의 위치와 명칭

❶ 머리(冠) · 두(頭)

부수가 글자의 위에 있는 것.

대표부수: 亠, 宀, 竹, 艸(艹)

宀 갓머리(집면) : 官(벼슬 관)

艹(艸) 초두머리(풀초) : 花(꽃 화), 苦(쓸 고)

❷ 변(邊)

부수가 글자의 왼쪽에 있는 것.

대표부수: 人(亻), 彳, 心(忄), 手(扌), 木, 水(氵), 石

亻(人) 사람인변 : 仁(어질 인), 代(대신 대)

禾 벼화변 : 科(과목 과), 秋(가을 추)

❸ 발 · 다리(脚)

부수가 글자의 아래에 있는 것.

대표부수: 儿, 火(灬), 皿

儿 어진사람인 : 兄(형 형), 光(빛 광)

灬(火) 연화발(불화) : 烈(매울 열), 無(없을 무)

❹ 방(傍)

부수가 글자의 오른쪽에 있는 것.

대표부수: 刀(刂), 攴(攵), 欠, 見, 邑(阝)

刂(刀) 선칼도방 : 刻(새길 각), 刑(형벌 형)

阝(邑) 우부방 : 郡(고을 군), 邦(나라 방)

❺ 엄(广)

부수가 글자의 위에서 왼쪽으로 덮여 있는 것.

대표부수: 厂, 广, 疒, 虍

广 엄호(집엄) : 序(차례 서), 度(법도 도)

尸 (주검시) : 居(살 거), 局(판 국)

❻ 받침

부수가 왼쪽에서 밑으로 있는 것.

대표부수: 廴, 走, 辵(辶)

廴 민책받침(길게걸을인) : 廷(조정 정), 建(세울 건)

辶(辵) 책받침(쉬엄쉬엄갈착) : 近(가까울 근), 追(따를 추)

❼ 몸

부수가 글자를 에워싸고 있는 것.

대표부수: 凵, 囗, 門

凵 위튼입구몸(입벌릴감) : 凶(흉할 흉), 出(날 출)

匚 감출혜 : 匹(짝 필), 區(구분할 구)

匚 튼입구몸(상자방) : 匠(장인 장), 匣(갑 갑)

門 문문 : 開(열 개), 間(사이 간)

囗 큰입구몸(에운담) :

四(넉 사), 困(곤할 곤), 國(나라 국)

❽ 제부수

부수가 그대로 한 글자를 구성한다.

木(나무목) : 本(근본 본), 末(끝 말)

車(수레거) : 軍(군사 군), 較(비교할 교)

馬(말마) : 驛(역마 역), 騎(말탈 기)

한자 쓰기의 기본 원칙

1. 위에서 아래로 쓴다.

위를 먼저 쓰고 아래는 나중에

工(장인 공) → 一 丁 工,　三(석 삼) → 一 二 三

2. 왼쪽에서 오른쪽으로 쓴다.

왼쪽을 먼저, 오른쪽을 나중에

川(내 천) → 丿 刂 川,　　江(강 강) → 丶 冫 氵 汀 江

3. 가로획과 세로획이 겹칠 때에는 가로획을 먼저 쓴다.

木(나무 목) → 一 十 才 木

吉(길할 길) → 一 十 士 吉 吉 吉

4. 삐침과 파임이 만날 때에는 삐침을 먼저 쓴다.

人(사람 인) → 丿 人

文(글월 문) → 丶 亠 亠 文

5. 좌우가 대칭될 때에는 가운데를 먼저 쓴다.

小(작을 소) → 亅 小 小

水(물 수) → 亅 氺 水 水

6. 둘러싼 모양으로 된 자는 바깥쪽을 먼저 쓴다.

同(같을 동) → 丨 冂 冂 同 同 同

固(굳을 고) → 冂 冋 固 固 固 固

7. 글자 전체를 꿰뚫는 획은 나중에 쓴다.

中(가운데 중) → 丶 冂 口 中

事(일 사) → 一 冂 口 写 写 事

8. 글자를 가로지르는 획은 나중에 긋는다.

女(계집 여) → ㇈ ㇈ 女

丹(붉을 단) → ㇒ ㇂ 月 丹

9. 오른쪽 위에 점이 있는 글자는 그 점을 나중에 찍는다.

犬(개 견) → ㇐ ナ 大 犬

伐(칠 벌) → ㇒ 亻 仁 代 伐 伐

10. 세로획을 먼저 쓴다.

세로획을 먼저 쓰는 경우 由(말미암을 유) → ㇑ 冂 冉 由 由

둘러싸여 있지 않을 경우 王(임금 왕) → ㇐ 丅 干 王

11. 가로획과 왼쪽 삐침일 경우, 가로획을 먼저 쓴다.

가로획을 먼저 쓸 경우 左(왼 좌) → ㇐ ナ 𠂇 𠂇 左

삐침을 먼저 쓰는 경우 右(오른 우) → ㇒ ナ 𠂇 右 右

12. 책받침(辶·廴)은 나중에 쓴다.

遠(멀 원) → ㇀ 土 吉 幸 袁 遠

建(세울 건) → ㇕ ㇕ 聿 聿 律 建

※ 받침이 있을 때 먼저 쓰는 글자 : 起(일어날 기) 題(제목 제)

영자팔법(永字八法)

영자팔법(永字八法)은 붓글씨를 쓸 때 한자의 글씨 쓰는 법을 가르치는 방법의 하나로 자주 나오는 여덟 가지 획의 종류를 '永(길 영)'자 한자 속에 쓰는 방법이다. 一(측:側)은 윗점, 二(늑:勒)는 가로획, 三(노:努)은 가운데 내리 획, 四(적:趯)는 아래 구부림, 五(책:策)는 짧은 가로획, 六(약:掠)은 오른쪽에서 삐침, 七(탁:啄)은 짧은 오른쪽 삐침, 八(책:磔)은 왼쪽에서 삐침을 설명한 것이다.

* '①~⑤'은 획순이며, '一~八'은 획의 종류 설명이다.

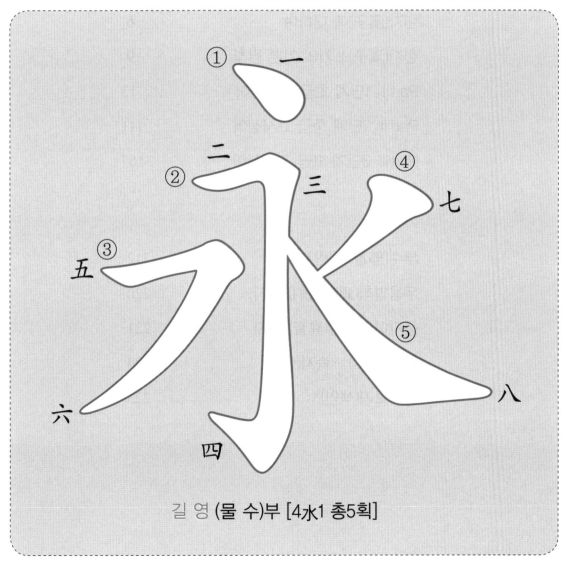

길 영 (물 수)부 [4水1 총5획]

contents

3단계 필수 이야기

고사성어
故事成語
쓰기교본

Part I

1단계

● 초급 고사성어 ●

街談巷說　家藏什物　甘言利說
改過遷善　見物生心　孤軍奮鬪
管鮑之交　群鷄一鶴　錦衣還鄉
內憂外患　能小能大　大同小異
馬耳東風　名實相符　知彼知己
白骨難忘　靑山流水　不知其數
粉骨碎身　不俱戴天　因果應報

刻舟求劍 각주구검

칼을 강물에 떨어뜨리자 배에 표시를 하고 나중에 찾으려 한다는 뜻으로,
판단력이 둔하고 어리석음을 말함.

[故事] 춘추전국시대(春秋戰國時代)에 초(楚)나라의 한 젊은이가 매우 소중히 여기는 칼을 가지고 양자강(揚子江)을 건너기 위하여 배를 탔다. 배를 타고 가다가 강 한복판에서 그만 실수로 쥐고 있던 칼을 강물에 떨어뜨리고 말았다.

놀란 이 사람은 얼른 주머니칼을 꺼내서 칼을 빠뜨린 부분의 뱃전에 자국을 내어 표시를 해 놓았다. 그는 '칼이 떨어진 자리에 표시를 해놓았으니 찾을 수 있겠지.'라고 안심하고 배가 언덕에 닿자 뱃전에서 표시를 해 놓은 물속으로 뛰어 들어가 칼을 찾았으나 칼은 없었다.

이것을 보고 사람들이 그의 어리석은 행동을 비웃었다. 어리석고 융통성이 없음을 나타내는 말이다.

출전 : 《여씨춘추(呂氏春秋)의 찰금편(察今篇)》

한자배우기

家	집 가	宀총10획	家家家家家家家家家家
戶	지게 호	戶총4획	戶戶戶戶
刻	새길 각	刂총8획	刻刻刻刻刻刻刻刻
舟	배 주	舟총6획	舟舟舟舟舟舟
求	구할 구	水총7획	求求求求求求求
劍	칼 검	刂총15획	劍劍劍劍劍劍劍劍劍劍劍
乾	하늘 건	乙총11획	乾乾乾乾乾乾乾乾乾乾乾
坤	땅 곤	土총8획	坤坤坤坤坤坤坤坤
一	한 일	一총1획	一
色	빛 색	色총6획	色色色色色色
建	세울 건	廴총9획	建建建建建建建建建
陽	볕 양	阝총12획	陽陽陽陽陽陽陽陽陽陽陽陽
多	많을 다	夕총6획	多多多多多多
慶	경사 경	心총15획	慶慶慶慶慶慶慶慶慶慶慶

家	家	戶	戶
집 가	집 가	지게 호	지게 호

가가호호 집집마다. 또는 모든 집이라는 뜻으로, 각 집과 각 호(戶)를 가리킴.

家	家	戶	戶

刻	舟	求	劍
새길 각	배 주	구할 구	칼 검

각주구검 검이 물속에 떨어진 자리를 배에 새겨 그 검을 찾으려 한다는 뜻으로, 어리석음을 말함.

刻	舟	求	劍

乾	坤	一	色
하늘 건	땅 곤	한 일	빛 색

건곤일색 눈이 내린 뒤에 세상이 한 가지 빛깔이 되었다는 뜻으로, 천지가 온통 같은 빛깔임을 나타냄.

乾	坤	一	色

建	陽	多	慶
세울 건	볕 양	많을 다	경사 경

건양다경 새해가 시작됨에 경사스런 일이 많기를 바란다는 뜻으로 입춘 날 좋은 복이 가득하기를 기원.

建	陽	多	慶

結草報恩 결초보은

풀을 묶어서 은혜를 갚는다는 뜻으로, 죽은 뒤라도 은혜를 잊지 않고 갚음을 말함.

[故事] 진(晉)나라에 위무자(魏武子)라는 사람이 살았는데, 그에게는 아끼는 애첩이 하나 있었다. 위무자가 어느 날 병이 나서 자리에 몸져눕게 되었다. 그러나 병이 더 깊어지기 전에 그는 아들 과(顆)를 불러 말했다.

"내가 죽거든 저 여인을 다른 데로 시집을 보내도록 해라."

그 후 병이 위독해지자 이번에는 이렇게 유언했다.

"내가 죽거든 저 여인은 순절 시켜라."

이윽고 위무자는 죽었다. 그러자 아들 과는 그의 아버지 위무자가 옳은 정신일 때의 유언에 따르기로 하고 그 여인을 다른 데로 출가시켜 주었다.

얼마 후에 진(晉)나라와 진(秦)나라 사이에 전쟁이 일어나서 과도 출전했다. 싸움이 한창일 때 어떤 노인이 적군의 두회(杜回)라는 힘센 장수가 공격해 오는 것을 풀을 묶어 막아내고 있었다. 이윽고 두회는 그 풀에 발이 걸려 넘어졌다.

이것을 본 과는 즉시 달려가서 두회를 사로잡아 뜻밖에도 큰 전공을 세울 수가 있었다. 그 후 어느날 밤, 과의 꿈에 한 노인이 나타났는데 그는 분명 그때 풀을 묶던 노인이었다.

노인이 과에게 말했다.

"나는 그대가 출가시켜 준 여인의 아비요. 그대는 그대의 아버님이 옳은 정신일 때의 유언에 따라 내 딸을 출가시켜 주었소. 그때 이후로 나는 그대에게 보답할 길을 찾고 있었소. 이제야 그 은혜를 갚은 것이오."

출전 : 《춘추좌씨전(春秋左氏傳)》

한자 배우기

見	볼 견 見 총7획	見見見見見見見
利	이로울 리 刂 총7획	利利利利利利利
思	생각할 사 心 총9획	思思思思思思思思思
義	옳을 의 羊 총13획	義義義義義義義義義義義義義
犬	개 견 犬 총4획	犬犬犬犬
馬	말 마 馬 총10획	馬馬馬馬馬馬馬馬馬馬
之	갈 지 丿 총4획	之之之之
誠	정성 성 言 총13획	誠誠誠誠誠誠誠

結	맺을 결 糸 총12획	結結結結結結結結結結結
者	놈 자 耂 총9획	者者者者者者者者者
解	풀 해 角 총13획	解解解解解解解解解解解解解
結	매듭 결 糸 총12획	結結結結結結結結結結
草	풀 초 艹 총10획	草草草草草草草草草
報	갚을 보 土 총12획	報報報報報報報報報報報
恩	은혜 은 心 총10획	恩恩恩恩恩恩恩恩恩恩

見	利	思	義
볼 견	이로울 리	생각할 사	옳을 의

견리사의 눈앞에 이익(利益)이 되는 일을 보면 그것이 옳은 일인지 여부를 먼저 생각한다는 말.

見	利	思	義

犬	馬	之	誠
개 견	말 마	갈 지	정성 성

견마지성 개나 말의 정성이란 뜻으로, 윗사람에게 바치는 자기의 노력을 낮추어 이르는 말.

犬	馬	之	誠

結	者	解	之
맺을 결	놈 자	풀 해	갈 지

결자해지 맺은 사람이 풀어야 한다는 뜻으로, 일을 저지른 사람이 그 일을 해결하여야 한다는 말.

結	者	解	之

結	草	報	恩
매듭 결	풀 초	갚을 보	은혜 은

결초보은 풀을 묶어 은혜를 갚는다는 뜻으로, 아비의 혼령이 풀을 묶어 딸의 은인을 궁지에서 구하고 은혜를 갚는다는 말.

結	草	報	恩

鷄卵有骨 계란유골

달걀에도 뼈가 있다는 뜻으로, 좋은 기회를 만나도 덕을 못본다는 말.

[故事] 황희 정승은 조선 세종대왕 때 영의정을 지낸 선비이다. 황희의 집은 장마철에는 비가 샐 정도로 낡았고, 관복도 한 벌밖에 없어 빨아 입어야만 했다. 어질고 검소한 생활을 한 황희에게 그를 도와줄 묘안을 얻은 왕은 "내일 아침 일찍 숭례문을 열었을 때부터 문을 닫을 때까지 문 안으로 들어오는 물건을 다 사서 황 정승에게 주겠노라."라고 했다.

그런데 그날은 뜻밖에도 새벽부터 몰아친 폭풍우가 하루종일 멈추지 않았다. 문을 드나드는 장사치가 한 명도 없었다. 그날은 가져온 모든 물건을 팔 수 있는 좋은 기회인데 안타까웠다. 그런데 날이 저물어 문을 닫으려 할 때 어떤 시골 영감이 달걀 한 꾸러미를 들고 들어오는 것이었다. 왕은 약속대로 이 달걀을 사서 황희에게 주었는데, 황희가 달걀을 가지고 집으로 돌아와 삶아 먹으려는데 달걀이 곯아 한 개도 먹을 수가 없었다.

물론 이것은 야사에서 나온 것이고, 정사인 조선왕조실록에는 세종대왕이 그런 방식으로 도왔다는 말이 없다. 더구나 실제 황희는 그 정도로 청렴하지는 않았다고 하니, 황희에 대한 민중들의 인식에서 비롯된 말이라고 보면 된다. 아주 썩어빠진 관리들과 청백리인 맹사성의 중간 지점이라고 생각하면 될 것 같다.

출전 : 《송남잡지(松南雜識)》

한자 배우기

鷄	닭 계	鳥 총 21획	鷄鷄鷄鷄鷄鷄鷄鷄鷄鷄鷄鷄
卵	알 란	卩 총 7획	卵卵卵卵卵卵卵
有	있을 유	月 총 6획	有有有有有有
骨	뼈 골	骨 총 10획	骨骨骨骨骨骨骨骨骨骨
苦	괴로울 고	⼗ 총 9획	苦苦苦苦苦苦苦苦苦
盡	다할 진	皿 총 14획	盡盡盡盡盡盡盡盡盡盡盡盡盡盡
甘	달 감	甘 총 5획	甘甘甘甘甘
來	올 래	人 총 8획	來來來來來來來來

公	공변 공	八 총 4획	公公公公
平	평평할 평	干 총 5획	平平平平平
無	없을 무	灬 총 12획	無無無無無無無無無無無無
私	사사로울 사	禾 총 7획	私私私私私私私
過	지나칠 과	⻌ 총 13획	過過過過過過過過過過過過過
猶	같을 유	犭 총 12획	猶猶猶猶猶猶猶猶猶猶猶猶
不	아닐 불	一 총 4획	不不不不
及	미칠 급	又 총 4획	及及及及

鷄	卵	有	骨
닭 계	알 란	있을 유	뼈 골

계란유골 계란에도 뼈가 있다는 뜻으로, 재수가 없으면 좋은 기회를 만나도 되는 일이 하나도 없다는 말.

鷄	卵	有	骨

苦	盡	甘	來
괴로울 고	다할 진	달 감	올 래

고진감래 쓴 것이 다하면 달콤함이 온다는 뜻으로, 어려움을 견뎌내면 좋은 일이 생긴다는 말.

苦	盡	甘	來

公	平	無	私
공변 공	평평할 평	없을 무	사사로울 사

공평무사 공평하게 처리하고 행한다는 뜻으로, 어느 한쪽에 치우치지 않게 바르고 사사로움이 없다는 말.

公	平	無	私

過	猶	不	及
지나칠 과	같을 유	아닐 불	미칠 급

과유불급 지나침은 미치지 못함과 같다. 즉 '중용(中庸)'을 가리킴.

過	猶	不	及

管鮑之交 관포지교

'관중과 포숙아 같은 사귐'이라는 뜻으로, 아주 친한 친구 사이의 두터운 우정을 일컫는 말임.

[故事] 춘추전국시대 초엽, 제나라에 관중과 포숙아라는 두 관리가 있었다. 이들은 죽마고우(竹馬故友)였다. 관중이 규(糾), 포숙아가 규의 이복동생인 소백(小白)의 측근으로 있을 때, 규의 아버지 양공(襄公)이 사촌동생 공손무지(公孫無知)에게 시해되자, 관중과 포숙아는 각각 두 공자를 따라 이웃 노(魯)와 거(莒)나라로 망명했다.

이듬해 공손무지가 살해되자, 두 공자는 다투어 귀국했고, 본의 아니게 대립하는 관계가 되고 말았다. 관중이 한때 소백을 암살하려 했으나, 소백이 먼저 귀국하여 환공(桓公)이라 일컫고 노나라에 규의 처형과 관중의 압송(押送)을 요구했다. 환공이 압송된 관중을 죽이려 하자, 포숙아는 이렇게 간했다.

"전하, 제나라만 다스리신다면 신(臣)으로도 충분할 것입니다. 하오나 천하의 패자(霸者)가 되시려면 관중을 기용하십시오."

환공은 그 진언을 받아들였다. 재상이 된 관중은 덕본주의(德本主義)의 선정을 베풀어 마침내 환공으로 하여금 춘추(春秋)시대의 첫 패자로 군림케 하였다. 그것은 환공의 관용과 관중의 재능이 한데 어우러진 결과지만, 그 출발점은 역시 관중에 대한 포숙아의 변함없는 우정이었다. 관중은 훗날 포숙아에 대해 이렇게 술회했다.

"젊어서 포숙아와 장사를 할 때 늘 이익금을 내가 더 가졌으나 욕심쟁이라 하지 않았다. 내가 가난하다는 걸 알기 때문이었다. 또 그를 궁지에 빠뜨렸지만, 용렬하다 하지 않았다. 일에는 성패(成敗)가 있다고 생각했기 때문이다. 또 내가 관직에서 물러나곤 했지만, 무능하다 하지 않았다. 내게 운이 없다고 생각했기 때문이다. 그뿐이랴. 내가 싸움터에서 도망쳤지만, 겁쟁이라고 하지 않았다. 내게 노모가 있다는 걸 알았기 때문이다. 나를 낳아 준 사람은 부모지만, 나를 알아준 사람은 포숙아다[生我者父母 知我者鮑淑牙]."

출전 : 《사기(史記) 관안열전(管晏列傳)》

한자 배우기

管	대롱 관	竹총14획	管管管管管管管管管管管管
鮑	생선 포	魚총16획	鮑鮑鮑鮑鮑鮑鮑鮑鮑鮑鮑鮑鮑
之	갈 지	丿총4획	之之之之
交	사귈 교	亠총6획	交交交交交交
友	벗 우	又총4획	友友方友
以	써 이	人총5획	以以以以以
信	믿을 신	人총9획	信信信信信信信信信
教	가르침 교	攵총11획	教教教教教教教教教教教
學	배울 학	子총16획	學學學學學學學學學學學學
相	서로 상	目총9획	相相相相相相相相相
長	긴 장	長총8획	長長長長長長長長
句	글귀 구	口총5획	句句句句句
節	마디 절	竹총15획	節節節節節節節節節節節節節

管	鮑	之	交
대롱 관	생선 포	갈 지	사귈 교

관포지교 춘추시대 제나라의 관중과 포숙아가 나눈 절친한 사귐이란 뜻으로, 우정이 돈독한 친구를 이르는 말.

管	鮑	之	交

交	友	以	信
사귈 교	벗 우	써 이	믿을 신

교우이신 벗을 믿음으로써 사귀어야 한다는 뜻으로, 세속오계(世俗五戒)의 하나.

交	友	以	信

教	學	相	長
가르침 교	배울 학	서로 상	긴 장

교학상장 가르치면서 배우고 배우는 자에게도 가르침을 받는다는 뜻으로, 서로 성장한다는 말.

教	學	相	長

句	句	節	節
글귀 구	글귀 구	마디 절	마디 절

구구절절 모든 구절마다라는 뜻으로, 말이나 글 따위의 전부를 가리킴.

句	句	節	節

九死一生 구사일생

'아홉 번 죽어 한 번 살아난다.'는 뜻으로, 죽을 고비를 여러 번 넘기고 간신히 살아난다는 말.

[故事] 1 이 말이 처음 등장한 것은 중국 전국시대 말기 초나라의 명신이자 문인이던 굴원이었다고 한다. 굴원은 이소라는 명시를 남겼는데 이소의 한 구절 가운데 "雖九死 猶未其悔(수구사 유미기회)"라는 말이 있다. 즉, "아홉 번 죽을지라도 후회할 일은 하지 않으리라."라는 뜻이다.

후에 중국의 명문장들을 모은 문헌인 문선1에 이소를 수록했는데 문선을 편집한 유량주는 이소의 저 구절을 해석하면서 "아홉 번 죽어서 한 번을 살아남지 못한다 할지라도 아직 후회하고 원한을 품기에는 족하지 못하다."라고 주를 달았는데 그 이후로 구사일생이라는 말이 회자되었다.

굴원이나 유량주의 본래 의도는 "절대적으로 죽음에 처하더라도 깨끗하고 선하게 살아간다."라는 의미였으나, 세월이 지나면서 온갖 죽을 고비를 넘기고 살아남는 파란만장한 인생을 일컫는 말로 변형되어 사용되고 있다

2 전국시대 초나라의 시인이자 정치가인 굴원은 학식과 재주가 뛰어났으나, 그만큼 주위의 모략 또한 만만치 않았다.

굴원은 임금이 신하의 말을 가려 분간하지 못하고, 참언(중상함)과 아첨하는 말이 임금의 지혜를 가리고, 간사하고 왜곡된 언사가 임금의 공명정대함을 훼손시켜 행실이 방정한 선비들이 용납되지 못하는 것을 싫어하였다. 이와 같은 우려의 마음을 담아 '이소(離騷)' 한 편을 지었다.

"긴 한숨을 쉬며 눈물을 감춤이여, 백성들 힘든 삶이 서럽기 때문이지. 내 비록 고결하고 조심하려 했지만, 아침에 바른말을 하여 저녁에 쫓겨났네. 혜초(蕙草)를 둘렀다고 나를 버리셨는가. 나는 구리 띠까지 두르고 있었네. 그래도 내게는 아름다운 것이기에, 비록 아홉 번 죽어도 후회하지 않으리라(雖九死其猶未悔)."

출전 : 《초사(楚辭) – 이소(離騷)·왕일주(王逸注)》
유의어 : 백사일생(百死一生), 십생구사(十生九死), 만사일생(萬死一生)

한자배우기

九	아홉 구	乙 총2획	九九
死	죽을 사	歹 총6획	死死死死死死
一	한 일	一 총1획	一
生	날 생	生 총5획	生生生生生
群	무리 군	羊 총13획	群群群群群群群群群群群群群
鷄	닭 계	鳥 총21획	鷄鷄鷄鷄鷄鷄鷄鷄鷄鷄鷄鷄鷄鷄
鶴	학 학	鳥 총21획	鶴鶴鶴鶴鶴鶴鶴鶴鶴鶴鶴鶴鶴鶴

君	임금 군	口 총7획	君君君君君君君
臣	신하 신	臣 총6획	臣臣臣臣臣臣
有	있을 유	月 총6획	有有有有有有
義	옳을 의	羊 총13획	義義義義義義義義義義義義義
爲	할 위	爪 총12획	爲爲爲爲爲爲爲爲爲爲爲爲
綱	벼리 강	糸 총14획	綱綱綱綱綱綱綱綱綱綱綱綱綱綱

九	死	一	生
아홉 구	죽을 사	한 일	날 생

구사일생 아홉 번 죽어 한 번 살아난다는 뜻으로, 죽을 고비를 여러 번 넘기고 간신히 살아난다는 말.

九	死	一	生

群	鷄	一	鶴
무리 군	닭 계	한 일	학 학

군계일학 닭 무리 중에 섞여 있는 한 마리 학이라는 뜻으로, 여러 평범한 사람들 가운데 뛰어난 한 사람을 일컫는 말.

群	鷄	一	鶴

君	臣	有	義
임금 군	신하 신	있을 유	옳을 의

군신유의 오륜의 하나로 임금과 신하의 도리는 의리에 있음을 가리킴.

君	臣	有	義

君	爲	臣	綱
임금 군	할 위	신하 신	벼리 강

군위신강 임금은 신하의 벼리중심체라는 뜻으로, 신하는 임금을 섬기는 것이 근본이라는 말.

君	爲	臣	綱

勸善懲惡 권선징악

선을 권하고 악을 벌한다는 뜻으로, 착한 행실을 널리 권장하고 악한 행실을 벌준다는 말.

[故事] 노(魯)나라 성공(成公) 14년 9월에 제(齊) 나라로 공녀(公女)를 맞이하러 가 있던 교여(僑如 : 宣伯)가 부인 강씨(姜氏)를 제나라로 데리고 돌아왔다. 교여라고 높여서 부른 것은 부인을 안심시켜 슬며시 데리고 오기 위해서였다. 이보다 앞서 선백(宣伯)이 제나라로 공녀(公女)를 맞이하러 갔었을 때는 선백을 숙손(叔孫)이라고 불러 군주(君主)의 사자로 높여 부르는 방법을 사용했다. 그러므로 군자는 이렇게 말한다. "춘추(春秋) 시대의 호칭은 알기 어려운 것 같으면서도 알기 쉽고 쉬운 것 같으면서도 뜻이 깊고 빙글빙글 도는 것 같으면서도 정돈되어 있고 노골적인 표현을 쓰지만 품위가 없지 않으며 악행을 징계하고 선행을 권한다(勸善懲惡). 성인이 아니고서야 누가 이렇게 지을 수 있겠는가?" 권선징악은 여기서 유래되었다.

출전 : 《춘추좌씨전(春秋左氏傳)》

金蘭之交 금란지교

'금처럼 견고하고 난초처럼 향기로운 사귐'이라는 뜻으로, 굳게 맺은 우정을 가리킴.

[설명] 벗의 아름다움이 마치 '난초가 방향을 뿜는 것과 같다.'는 뜻으로부터, 지극히 친하고 두터운 사귐, 두 사람 사이의 마음이 서로 통하고 우정이 두터워서 아무리 어려운 일이라도 헤쳐나갈 만큼 깊은 사이를 이른다는 의미로, 이를 '금란지교'라고 한다. 이와 비슷한 표현으로 '단금지계'라는 말도 있다. 이것은 우정이 하도 깊고 굳어서 금속을 뚫을 정도라는 뜻으로서 역시 두터운 우정을 말한다. 이 말은 《주역》의 〈계사상전(繫辭上傳)〉에 '두 사람이 마음을 합치면 그 굳기가 쇠붙이도 끊을 정도이고, 그 마음이 하나가 되면 말의 아름다움은 향기 높은 난과 같다'에서 나왔다.

출전 : 《주역(周易) 계사전(繫辭傳)》

한 자 배 우 기

勸	권할 권	力총20획	勸勸勸勸勸勸勸勸勸勸勸勸勸勸勸
善	착할 선	口총12획	善善善善善善善善善善善善
懲	혼날 징	心총19획	懲懲懲懲懲懲懲懲懲懲懲懲懲
惡	악할 악	心총12획	惡惡惡惡惡惡惡惡惡惡惡惡
金	쇠 금	金총8획	金金金金金金金金
蘭	난초 란	++총21획	蘭蘭蘭蘭蘭蘭蘭蘭蘭蘭蘭蘭
之	갈 지	ノ총4획	之之之之
交	사귈 교	亠총6획	交交交交交交
今	이제 금	人총4획	今今今今
昔	옛 석	日총8획	昔昔昔昔昔昔昔昔
感	느낄 감	心총13획	感感感感感感感感感感感感感
石	돌 석	石총5획	石石石石石

勸	善	懲	惡
권할 권	착할 선	혼날 징	악할 악

권선징악 선을 권하고 악을 벌한다는 뜻으로, 착한 행실을 널리 권장하고 악한 행실을 벌준다는 말.

勸	善	懲	惡

金	蘭	之	交
쇠 금	난초 란	갈 지	사귈 교

금란지교 금처럼 견고하고 난초처럼 향기로운 사귐이라는 뜻으로, 굳게 맺은 우정을 가리킴.

金	蘭	之	交

今	昔	之	感
이제 금	옛 석	갈 지	느낄 감

금석지감 지금과 옛날을 비교해 생각할 때, 그 차이가 심함을 보고 느껴지는 감정.

今	昔	之	感

金	石	之	交
쇠 금	돌 석	갈 지	사귈 교

금석지교 쇠와 돌의 사귐이라는 뜻으로, 쇠와 돌처럼 변함없는 굳은 사귐을 말함.

金	石	之	交

1 단계

2 단계

3 단계

金枝玉葉 금지옥엽

금으로 된 나뭇가지에 옥으로 된 잎을 단 나무처럼 귀한 자식을 이르는 말.

[설명] 진나라의 최표가 쓴《고금주》에서 화개의 유래에 대하여 설명하면서, 황제와 치우가 탁록 벌판에서 싸울 때, 그 위에 오색구름 기운이 금 가지에 옥 이파리처럼 머물렀는데 꽃 같은 모양이라 이에 화개를 만들었다고 하였다. '금으로 된 가지와 옥으로 된 잎'이라는 뜻으로, 임금의 가족을 높여 이르는 말이며, 일반적으로 귀한 자손을 이르는 말로 쓰인다. 또한 구름의 아름다운 모양을 이르는 말이기도 하다.

유의어 : 경지옥엽(瓊枝玉葉), 왕손(王孫), 금자(金紫), 옥수경지(玉樹瓊枝)

起死回生 기사회생

절망적인 상태에서 다시 살아남. 죽어가고 있는 환자를 살림.

[故事] 오왕 부차는, 과거 그의 아버지 합려가 월나라에 의해 죽었음에도 불구하고 월왕 구차에게 은혜를 베풀었다.

"군왕(君王)이 월나라에 있어서는 죽은 것이나 다름없는 이 사람을 일으켜서 백골에 살을 붙인 것과 같습니다. 과인은 감히 하늘의 재앙을 잊지 못하고 감히 군왕의 은혜를 잊을 수 없습니다."
라고 말했다. 오왕 부차는 월나라에 대하여 그만큼 큰 은혜를 베푼 것이다.

기사회생이란 말은 '죽음에 임박한 환자를 되살린다'든가, '위기상황에서 구원해 사태를 호전시킨다'는 뜻으로 쓰인다.

출전 : 《사기(史記)》

한자배우기

金	쇠 금 金총8획 金金金金金金金金	杞	나라 이름 기 木총7획 杞杞杞杞杞杞杞
枝	가지 지 木총8획 枝枝枝枝枝枝枝枝	人	사람 인 人총2획 人人
玉	구슬 옥 玉총5획 玉玉玉玉玉	之	갈 지 丿총4획 之之之之
葉	잎사귀 엽 艹총13획 葉葉葉葉葉葉葉葉葉葉葉葉葉	憂	근심 우 心총15획 憂憂憂憂憂憂憂憂憂憂憂憂憂憂憂
起	일어날 기 走총10획 起起起起起起起起起起	難	어려울 난 隹총19획 難難難難難難難難難難難難難難難難難難難
死	죽을 사 歹총6획 死死死死死死	兄	맏 형 儿총5획 兄兄兄兄兄
回	돌아올 회 囗총6획 回回回回回回	弟	아우 제 弓총7획 弟弟弟弟弟弟弟
生	날 생 生총5획 生生生生生		

金	枝	玉	葉
쇠 금	가지 지	구슬 옥	잎사귀 엽

금지옥엽 황금빛 나뭇가지와 옥빛 나는 잎사귀라는 뜻으로, 임금의 자손이나 집안, 귀여운 자식.

金	枝	玉	葉

起	死	回	生
일어날 기	죽을 사	돌아올 회	날 생

기사회생 죽음에서 삶을 회복한다는 뜻으로, 절망적인 상태에서 다시 살아난다는 말.

起	死	回	生

杞	人	之	憂
나라 이름 기	사람 인	갈 지	근심 우

기인지우 기나라 사람의 근심이라는 뜻으로, 쓸데없는 군걱정.

杞	人	之	憂

難	兄	難	弟
어려울 난	맏 형	어려울 난	아우 제

난형난제 형이라 하기도 어렵고 아우라 하기도 어렵다는 뜻으로, 두 사물이 서로 엇비슷하여 낫고 못함을 가리기 어려움을 뜻함.

難	兄	難	弟

1 단계

2 단계

3 단계

大器晚成 대기만성

큰 그릇은 늦게 만들어진다는 뜻으로, 크게 될 사람은 늦게 성공한다는 말.
만년(晚年)이 되어 성공하는 일이나 과거에 낙방한 선비를 위로하여 이르던 말.

[故事] 옛 중국의 삼국시대, 위(魏)나라에 최염(崔琰)이란 풍채 좋은 유명한 장군이 있었다. 그러나 그의 사촌 동생인 최림(崔林)은 외모가 시원치 않아서인지 출세를 못 하고 일가친척들한테서도 멸시를 당했다. 하지만 최염은 최림의 인물됨을 알고는 이렇게 말했다.

"큰 종(鐘)이나 솥은 그렇게 쉽사리 만들어지는 게 아니네. 그와 마찬가지로 큰 인물도 대성하기까지는 오랜 시간이 걸리지. 자네도 그처럼 '대기만성'하는 그런 형이야. 두고 보세. 틀림없이 큰 인물이 될 테니…."

과연 그 말대로 최림은 훗날 마침내 천자(天子)를 보좌하는 삼공(三公) 중의 한 사람이 되었다.

옛 중국의 후한을 세운 광무제(光武帝) 때 마원(馬援)이란 명장이 있었다. 그는 변방의 관리로 출발하여 복파장군(伏波將軍)까지 된 인물인데, 복파장군이란 전한(前漢) 이후 큰 공을 세운 장군에게만 주어지는 칭호였다.

마원이 생전 처음 지방 관리가 되어 부임을 앞두고 형인 최황(崔況)을 찾아가자, 그는 이렇게 충고했다.

"자네는 이른바 '대기만성' 형일세. 솜씨 좋은 대목이 산에서 막 베어낸 거친 원목을 좋은 재목으로 다듬어내듯이 자네의 재능을 살려 꾸준히 노력하면 큰 인물이 될 것이네. 부디 자중(自重)하게."

노자(老子)에도 '큰 네모[四角]는 모서리가 없으며, 큰 그릇은 늦게 만들어진다[大方無隅 大器晚成]'는 말이 있다. 큰 인물은 짧은 시간에 만들어지는 것이 아니라는 말이다.

출전 : 《노자(老子)》

한자 배우기

男	사내 남	田총7획	男男男男男男男
女	달 녀	女총3획	女女女
老	늙을 노(로)	耂총6획	老老老老老老
少	적을 소	小총4획	少少少少
多	많을 다	夕총6획	多多多多多多
益	더할 익	皿총10획	益益益益益益益益益益
善	좋을 선	口총12획	善善善善善善善善善善善善
單	홑 단	口총12획	單單單單單單單單單單單單

刀	칼 도	刀총2획	刀刀
直	곧을 직	目총8획	直直直直直直直直
入	들 입	入총2획	入入
大	큰 대	大총3획	大大大
器	그릇 기	口총16획	器器器器器器器器器
晚	늦을 만	日총11획	晚晚晚晚晚晚晚晚晚晚晚
成	이룰 성	戈총6획	成成成成成成

男	女	老	少
사내 남	달 녀	늙을 노(로)	적을 소

남녀노(로)소 남자와 여자와 늙은이와 젊은이라는 뜻으로, 모든 사람을 가리킴.

男	女	老	少

多	多	益	善
많을 다	많을 다	더할 익	좋을 선

다다익선 많으면 많을수록 좋다는 뜻으로, 병력을 몇 명이나 지휘할 능력이 있느냐는 한나라 유방의 질문에 장수인 한신이 답한 말.

多	多	益	善

單	刀	直	入
홑 단	칼 도	곧을 직	들 입

단도직입 단칼로 쳐들어간다는 뜻으로, 곧바로 요점이나 본론으로 들어간다는 말.

單	刀	直	入

大	器	晩	成
큰 대	그릇 기	늦을 만	이룰 성

대기만성 큰 그릇은 늦게 만들어진다는 뜻으로, 크게 될 사람은 늦게 성공한다는 말.

大	器	晩	成

讀書亡羊 독서망양

책을 읽다가 지키던 양을 잃어버림. 다른 일에 정신을 빼앗겨 중요한 일을 소홀히 함.

[故事]《장자(莊子)》〈외편(外篇)〉〈駢拇篇(병무편)〉에 다음과 같은 이야기가 실려 있다. 장(臧)과 곡(穀) 두 남녀가 한 집에 살면서 양을 돌보는 일을 하고 있었다. 그런데 어느 날 두 사람 다 양을 잃어버리게 되었다. 장에게 "왜 양을 잃어 버렸느냐?"고 묻자 대나무 쪽을 들고 거기 쓰여진 글을 읽고 있었다고 했다. 여자 곡에게 양을 잃은 이유를 물으니 주사위 놀이를 하며 놀았다고 했다. 두 사람이 한 일은 같지 아니했지만 양을 놓쳐버린 것만은 같다.(俱亡羊 問臧奚事 則挾莢讀書 問穀奚事 則博賽以遊 二人事業不同 其於亡羊均也). 책을 읽다가, 주사위 놀이를 하다가 양을 잃어버렸다는 것은 "마음이 밖에 있어 도리를 잃어버리는 행위." 또는 "다른 일에 정신이 빼껴 중요한 일을 소홀이 하면 일을 망치게 된다."는 비유다. 여기서 장(臧)은 하인(下人)이고, 곡(穀)은 하녀(下女)를 가리킨다.

출전 :《장자(莊子)–병무편(駢拇篇)》

東問西答 동문서답

동쪽을 물었는데 서쪽을 대답한다는 뜻으로,
묻는 내용과 전혀 관련이 없는 엉뚱한 대답을 하는 것을 말함.

[설명] 말 그대로 해석하면 동쪽(에 관한 것)을 물어봤는데 서쪽(에 관한 것)으로 답한다는 뜻으로, 질문과 대답이 전혀 맞지 않는 상황을 말한다. 즉 질문에 대해서 엉뚱한 대답을 하거나 질문자가 바라는 해답을 말하지 않는 상황을 가리킨다. '혼사 말하는데 상사 말한다.'는 말도 있다. 혼사(婚事)는 결혼이고 상사(喪事)는 초상이니까 물은 것에 대해 너무도 다른 대답을 하는 경우를 말한다.

한자 배우기

讀	읽을 독	言 총22획	讀讀讀讀讀讀讀讀讀讀讀讀
書	글 서	日 총10획	書書書書書書書書書書
亡	망할 망	亠 총3획	亡亡亡
羊	양 양	羊 총6획	羊羊羊羊羊羊
冬	겨울 동	冫 총5획	冬冬冬冬冬
去	갈 거	厶 총5획	去去去去去

春	봄 춘	日 총9획	春春春春春春春春春
來	올 래	人 총8획	來來來來來來來來
問	물을 문	口 총11획	問問問問問問問問問問問
答	답할 답	竹 총12획	答答答答答答答答答答答答
燈	등잔 등	火 총16획	燈燈燈燈燈燈燈燈燈燈燈燈
明	밝을 명	日 총8획	明明明明明明明明

讀	書	亡	羊
읽을 독	글 서	망할 망	양 양

독서망양 책을 읽다가 양을 잃었다는 뜻으로, 다른 일에 정신이 팔려 중요한 일을 소홀히 함.

讀	書	亡	羊

冬	去	春	來
겨울 동	갈 거	봄 춘	올 래

동거춘래 겨울이 가고 봄이 온다는 뜻으로 고생 끝에 낙이 온다.

冬	去	春	來

東	問	西	答
동녘 동	물을 문	서녘 서	답할 답

동문서답 동을 물었는데 서를 답한다는 뜻으로, 묻는 내용과는 전혀 관련이 없는 엉뚱한 대답을 하는 것을 말함.

東	問	西	答

燈	下	不	明
등잔 등	아래 하	아닐 불	밝을 명

등하불명 등잔 밑이 어둡다는 뜻으로, 가까이 있는 것을 찾기가 오히려 힘들거나 남의 일은 잘 알아도 제 일은 모른다는 말.

燈	下	不	明

望雲之情 망운지정

구름을 바라보며 그리워한다는 뜻으로,
객지에 나온 자식이 고향의 부모를 그리는 정을 가리키는 말.

[故事]《당서(唐書)》에 보면, 당나라 때 적인걸(狄仁傑)은 고종 때 대리승이 되어 1년 동안 1만 7000명을 올바르게 재판하였다. 그 뒤 강남순무사가 되어서는 음란하거나 민심을 미혹하는 사당 1,700개소를 없애고 예주자사로 있을 때 무고한 죄로 사형을 선고받은 사람 2,000명을 구제해 사람들로부터 칭송을 들었다. 그러나 후일 모함으로 측천무후(則天武后)에 의해 투옥되었다가 지방으로 좌천되었다. 그가 병주(幷州)의 법조참군(法曹參軍)으로 임명되어 부임하였을 때, 그의 부모는 하양(河陽)의 별장에 머물고 있었다. 어느 날 적인걸이 타이항산[太行山]에 올라 주위를 돌아보니 한 조각 흰구름이 두둥실 떠 있었다. 그것을 본 그는 옆에 있는 사람을 돌아보며 말했다. "우리 부모님은 저 구름 아래 살고 계시겠지." 그리고는 흰구름을 쳐다보면서 부모님을 생각하고(望雲之情) 비탄에 잠겼다.

망운지정은 이렇게 타향에서 자신도 어려움을 겪지만 고향의 부모를 그리는 자식의 정을 가리키는 말로 사용되었다. 나중에 측천무후는 그를 재상으로 등용하였고, 부패한 정치를 바로잡아 측천무후의 신임을 얻었다고 한다. 망운지회(望雲之懷)라고도 한다.

출전 : 《구당서(舊唐書)》

한자배우기

燈	등잔 등	火총16획	燈燈燈燈燈燈燈燈燈燈燈燈燈燈
火	불 화	火총4획	火火火火
可	옳을 가	口총5획	可可可可可
親	친할 친	見총16획	親親親親親親親親親親親親
馬	말 마	馬총10획	馬馬馬馬馬馬馬馬馬馬
耳	귀 이	耳총6획	耳耳耳耳耳耳
東	동쪽 동	木총8획	東東東東東東東東
風	바람 풍	風총9획	風風風風風風風風風

莫	없을 막	++총11획	莫莫莫莫莫莫莫莫莫莫莫
逆	거스를 역	⻌총10획	逆逆逆逆逆逆逆逆逆逆
之	갈 지	ノ총4획	之之之之
友	벗 우	又총4획	友友友友
望	바랄 망	月총11획	望望望望望望望望望望望
雲	구름 운	雨총12획	雲雲雲雲雲雲雲雲雲雲雲雲
情	뜻 정	忄총11획	情情情情情情情情情情情

燈	火	可	親
등잔 등	불 화	옳을 가	친할 친

등화가친 등불을 가까이 할 수 있다는 말로, 학문을 탐구하기에 좋다는 뜻.

燈	火	可	親

馬	耳	東	風
말 마	귀 이	동쪽 동	바람 풍

마이동풍 말의 귀에 동풍(東風 : 春風)이 불어도 전혀 느끼지 못한다는 뜻으로, 남의 말을 귀담아 듣지 않고 그대로

馬	耳	東	風

莫	逆	之	友
없을 막	거스를 역	갈 지	벗 우

막역지우 서로 거스르지 않는 친구라는 뜻으로, 아무 허물없이 친한 친구를 가리키는 말.

莫	逆	之	友

望	雲	之	情
바랄 망	구름 운	갈 지	뜻 정

망운지정 구름을 바라보며 그리워한다는 뜻으로, 객지에 나온 자식이 고향의 부모를 그리는 정을 가리키는 말.

望	雲	之	情

麥秀之嘆 맥수지탄

보리 이삭이 무성함을 탄식한다는 뜻으로, 곧 고국이 멸망한 것을 탄식함.

[故事] 중국 고대 3왕조의 하나인 은(殷)나라 주왕이 음락에 빠져 폭정을 일삼자, 이를 지성으로 간한 신하 중 삼인(三仁)으로 불리던 세 왕족이 있었다. 미자(微子), 기자(箕子), 비간(比干)이 그들이다. 미자는 주왕의 형으로서 누차 간했으나 듣지 않자 기자와 국외로 망명했다. 그러나 왕자 비간은 끝까지 간하다가 결국 가슴을 찢기는 극형을 당하고 말았다. 이윽고 주왕은 삼공(三公:왕을 보좌하던 세 제후)의 한 사람이었던 서백(西伯)의 아들 발(發)에게 주살(誅殺)당하고, 주왕조(周王朝)로 바뀌었다. 주나라의 시조가 된 무왕(武王) 발은 은왕조의 봉제사(奉祭祀)를 위해 미자를 송왕(宋王)으로 봉했다. 그리고 기자도 조선왕(朝鮮王)으로 책봉했다. 이에 앞서 기자가 망명지에서 무왕의 부름을 받고 주나라의 도움으로 가던 중 은나라의 옛 도읍지를 지나게 되었다. 옛 모습은 간데없고 궁궐 터엔 보리와 기장만이 무성했다. 금석지감(今昔之感)을 금치 못한 기자는 시 한 수를 읊었다.

麥秀漸漸兮(맥수점점혜)　　禾黍油油兮(화서유유혜)
彼狡童兮(피교동혜)　　　不與我好兮(불여아호혜)

보리 이삭은 무럭무럭 자라나고 벼와 기장도 윤기가 흐르는구나.
교활한 저 철부지(주왕)가 내 말을 듣지 않았음이 슬프구나.

* 기자 동래설(箕子東來說) : 기자가 조선에 들어와 예의 · 밭갈이 · 누에치기 · 베짜기와 팔조지교(八條之敎)를 가르쳤다고 하나 이는 후세 사람들에 의한 조작이라는 설이 지배적이다. 왜냐 하면 진(晉)나라의 두예(杜預)가 그의 저서 〈춘추석례(春秋釋例)〉의 주(註)에서 "기자의 무덤이 양(梁)나라의 몽현(夢縣)에 있다"고 적은 만큼 '기자 동래설'은 사실이 아니라는 것이다.

출전 :《사기(史記)—송징자세가(宋徵子世家)》

한자배우기

亡	망할 망	ㅗ총3획	亡亡亡
子	아들 자	子총3획	子子子
計	셈할 계	言총9획	計計計計計計計計計
齒	이 치	齒총15획	齒齒齒齒齒齒齒齒齒齒齒齒
梅	매화 매	木총11획	梅梅梅梅梅梅梅梅梅梅梅
蘭	난초 란	ㅛ총21획	蘭蘭蘭蘭蘭蘭蘭蘭蘭蘭蘭蘭
菊	국화 국	ㅛ총12획	菊菊菊菊菊菊菊菊菊菊菊菊
竹	대나무 죽	竹총15획	竹竹竹竹竹竹
麥	보리 맥	麥총11획	麥麥麥麥麥麥麥麥麥麥麥
秀	빼어날 수	禾총7획	秀秀秀秀秀秀秀
之	갈 지	ノ총4획	之之之之
嘆	탄식할 탄	口총14획	嘆嘆嘆嘆嘆嘆嘆嘆嘆嘆嘆嘆
明	밝을 명	日총8획	明明明明明明明明
白	흰 백	白총5획	白白白白白

亡	子	計	齒
망할 망	아들 자	셈할 계	이 치

망자계치 죽은 자식의 나이를 세어본다는 뜻으로, 이미 지나간 쓸데없는 일을 생각하고 애석하게 생각한다는 말.

亡	子	計	齒

梅	蘭	菊	竹
매화 매	난초 란	국화 국	대나무 죽

매란국죽 매화와 난초와 국화와 대나무라는 뜻으로, 사군자(四君子)를 가리킴.

梅	蘭	菊	竹

麥	秀	之	嘆
보리 맥	빼어날 수	갈 지	탄식할 탄

맥수지탄 보리 이삭이 더부룩하게 자란 모습을 한탄한다는 뜻으로, 고국의 멸망을 탄식함을 일컫는 말.

麥	秀	之	嘆

明	明	白	白
밝을 명	밝을 명	흰 백	흰 백

명명백백 의심의 여지가 없이 매우 뚜렷하다는 뜻으로 명백하다는 말.

明	明	白	白

目不識丁 목불식정

고무래를 보고도 정자를 알지 못한다는 뜻으로, 일자무식인 사람을 가리키는 말.

[故事] 당나라 때 지방에 절도사로 파견된 장홍정이라는 사람이 있었다. 그는 배운 것도 많지 않고 무능했지만, 집안이 대대로 나라에 공을 세워, 그 덕으로 벼슬길에 나아가게 되었다. 부유한 집에서 본 바 없이 자란 그는 성품이 오만불손하여 주위 사람의 질책을 신경쓰지 않았다. 그렇게 겸손하지 못한 성품을 가진 그가 절도사로 권력을 잡자, 방약무인한 행동이 걷잡을 수 없었다. 보다 못한 주위 사람들이 이를 간하기라도 하면, 반성하기는커녕 오히려 화를 내면서 "네놈들은 글자도 모르는 목불식정만도 못해!" 하고 업신여기기 일쑤였다. 참다못한 부하 관리들이 반란을 일으켜 장홍정을 잡아 가두자, 이 소식을 들은 황제는 장홍정의 직책을 박탈하고 이렇게 말하였다 한다. "그놈이야말로 목불식정이로고."

우리 속담에 '낫 놓고 기역자도 모른다.'는 말이 있다. 또한 불학무식(不學無識:배우지 못해 아는 것이 없음), 일자무식(一字無識:한 자도 아는 것이 없음)을 가리키는 말이다. 불식일정(不識一丁)도 같은 의미이다.

출전 : 《당서(唐書)-장홍정전(張弘靖傳)》

한자 배우기

名	이름 명	口 총6획	名名名名名名
山	메 산	山 총3획	山山山
大	큰 대	大 총3획	大大大
川	내 천	川 총3획	川川川
明	밝을 명	日 총8획	明明明明明明明明
若	같을 약	⾋ 총9획	若若若若若若若若若
觀	볼 관	見 총25획	觀觀觀觀觀觀觀觀觀觀觀觀
火	불 화	火 총4획	火火火火
目	눈 목	目 총5획	目目目目目
不	아닐 불	一 총4획	不不不不
識	알 식	言 총19획	識識識識識識識識識識識識
丁	고무래 정	一 총2획	丁丁
文	글월 문	文 총4획	文文文文
房	방 방	戶 총8획	房房房房房房房房
四	넉 사	口 총5획	四四四四四
友	벗 우	又 총4획	友友友友

名	山	大	川
이름 명	메 산	큰 대	내 천

명산대천 이름난 산과 큰 내라는 뜻으로, 경치 좋고 이름 난 산천의 자연을 일컫는 말.

名	山	大	川

明	若	觀	火
밝을 명	같을 약	볼 관	불 화

명약관화 불을 보는 것 같이 밝게 보인다는 뜻으로, 더 말 할 나위없이 명백하다.

明	若	觀	火

目	不	識	丁
눈 목	아닐 불	알 식	고무래 정

목불식정 한자 고무래 정(丁)자를 알아보지 못한다는 뜻으 로, 글자를 전혀 모르거나 그런 사람을 비유하여 일컫는 말.

目	不	識	丁

文	房	四	友
글월 문	방 방	넉 사	벗 우

문방사우 글방의 네가지 친구라는 뜻으로, 종이, 붓, 벼 루, 먹을 가리킴.

文	房	四	友

尾生之信 미생지신

'미생의 믿음'이란 뜻으로, 약속을 굳게 지키거나 고지식하여 융통성이 없음을 비유한 말.

[故事] 춘추전국시대 노(魯)나라에 미생(尾生：尾生高)이란 사람이 있었다. 그는 어떤 일이 있어도 약속을 어기는 법이 없는 사람이었다.

어느 날 미생은 애인과 다리 밑에서 만나기로 약속했다. 그는 정시에 약속 장소에 나갔으나 웬일인지 그녀는 나타나지 않았다. 미생이 계속 그녀를 기다리고 있는데 갑자기 장대비가 쏟아져 개울물이 불어나기 시작했다. 그러나 미생은 약속 장소를 떠나지 않고 기다리다가 결국 다리를 끌어안은 채 익사하고 말았다.

춘추전국시대의 종횡가로 유명한 소진은 연나라 소왕을 설파할 때 신의 있는 사나이의 본보기로 미생의 이야기를 들었다. 그러나 같은 전국시대를 살다간 장자의 견해는 그와 반대로 부정적이었다. 장자는 그의 우화가 실려 있는 〈장자 '도척편(盜跖篇)'〉에서 근엄 그 자체인 공자와 대화를 나누는 유명한 도둑 도척(盜跖)의 입을 통해 미생을 이렇게 비평하고 있다.

"이런 인간은 책형(磔刑：죄인을 기둥에 묶고 창으로 찔러 죽이던 형벌)당한 개나 물에 떠내려간 돼지 아니면 쪽박을 들고 빌어먹는 거지와 마찬가지다. 쓸데없는 명목에 구애되어 소중한 목숨을 소홀히 하는 인간은 진정한 삶의 길을 모르는 놈이다."

출전 : 《장자(莊子)-도척편(盜跖篇)》

한자 배우기

聞	들을 문	耳총14획	聞聞聞聞聞聞聞聞聞聞聞聞聞聞
一	한 일	一총1획	一
知	알 지	矢총8획	知知知知知知知知
十	열 십	十총2획	十十
尾	꼬리 미	尸총7획	尾尾尾尾尾尾尾
生	날 생	生총5획	生生生生生
之	갈 지	丿총4획	之之之之
信	믿을 신	人총9획	信信信信信信信信信

反	돌이킬 반	又총4획	反反反反
哺	먹일 포	口총10획	哺哺哺哺哺哺哺哺哺哺
孝	효도 효	子총7획	孝孝孝孝孝孝孝
拔	뽑을 발	扌총8획	拔拔拔拔拔拔拔拔
本	근본 본	木총5획	本本本本本
塞	막을 색	土총13획	塞塞塞塞塞塞塞塞塞塞塞塞塞
源	근원 원	氵총13획	源源源源源源源源源源源源源

聞	一	知	十
들을 문	한 일	알 지	열 십

문일지십 한 가지를 듣고 열 가지를 미루어 안다는 뜻으로, 매우 총명함을 일컫는 말.

聞	一	知	十

尾	生	之	信
꼬리 미	날 생	갈 지	믿을 신

미생지신 너무 고지식해서 융통성이 없다는 뜻으로, 미련하고 우직하게 약속을 지킨다는 말.

尾	生	之	信

反	哺	之	孝
돌이킬 반	먹일 포	갈 지	효도 효

반포지효 까마귀 새끼가 자란 뒤에 늙은 어미에게 먹을 것을 물어다 주는 효라는 뜻으로, 자식이 커서 부모를 봉양함을 말함.

反	哺	之	孝

拔	本	塞	源
뽑을 발	근본 본	막을 색	근원 원

발본색원 뿌리를 뽑고 근원을 막는다는 뜻으로, 잘못된 것의 근본적인 원인을 찾아 뿌리째 없애 버린다는 뜻.

拔	本	塞	源

背水之陣 배수지진

'물을 등지고 친 진지'라는 뜻으로, 목숨을 걸고 어떤 일에 대처하는 경우를 비유한 말.

[故事] 중국의 한나라 고조 유방이 제위에 오르기 2년 전의 일이다.

명장 한신은 유방의 명에 따라 위나라를 쳐부순 다음 조나라로 쳐들어갔다. 그러자 조나라에서는 20만의 군사를 동원하여 조나라로 들어오는 길목인 정형(井陘)의 협도(狹道) 출구 쪽에 방어선을 폈다. 군략가 이좌거가 한나라 군사가 협도를 통과할 때 들이치자고 건의했으나 채택되지 않았다. 간첩을 통해 이 사실을 안 한신은 서둘러 협도를 통과하다가 출구를 10리쯤 앞둔 곳에서 일단 행군을 멈췄다. 밤이 깊어지자, 한신은 2,000여 기병을 조나라의 성채 바로 뒷산에 매복시키고 명했다.

"본대는 내일 싸움에서 도망치는 척한다. 그러면 적군은 추적하려고 성채를 비울 것이다. 그때 성채를 점령하도록 하라."

한신은 1만여 군사를 협도 출구 쪽으로 보내어 강을 등지고 진을 치게 한 다음 자신은 본대를 이끌고 성채를 향해 나아갔다.

이윽고 날이 밝았다. 한나라 군사가 진격하자, 조나라 군사는 성채를 나와 응전했다. 2, 3차 접전 끝에 한나라 군사는 퇴각하여 강가에 진을 친 부대에 합류했고, 조나라 군사는 맹렬히 추격했다. 그 틈에 한의 2,000여 기병대는 성채를 점령하고 한나라 깃발을 세웠다. 강을 등진 한나라 군사는 필사적으로 싸웠다. 이에 견디지 못한 조나라 군사가 성채로 돌아와 보니 한나라 깃발이 나부끼고 있지 않은가. 전쟁은 한신의 대승리로 끝났다. 전승 축하연 때 부하들이 배수진을 친 이유를 묻자 한신은 이렇게 대답했다.

"우리 군사는 이번에 급히 편성한 오합지졸(烏合之卒)이 아닌가?"

출전 : 《사기(史記)-회음후열전(淮陰侯列傳)》

한자배우기

蚌 방합 방 虫총10획 蚌蚌蚌蚌蚌蚌蚌蚌蚌蚌

鷸 도요새 휼 鳥총23획 鷸鷸鷸鷸鷸鷸鷸鷸鷸鷸

之 갈 지 丿총4획 之之之之

爭 다툴 쟁 爪총8획 爭爭爭爭爭爭爭爭

背 등 배 月총9획 背背背背背背背

水 물 수 水총4획 水水水水

陣 진칠 진 阝총10획 陣陣陣陣陣陣陣陣陣陣

百 일백 백 白총6획 百百百百百百

年 해 년 干총6획 年年年年年年

大 큰 대 大총3획 大大大

計 꾀 계 言총9획 計計計計計計計計計

河 황하 하 氵총8획 河河河河河河河河

淸 맑을 청 氵총11획 淸淸淸淸淸淸淸淸淸淸淸

蚌	鷸	之	爭
방합 방	도요새 휼	갈 지	다툴 쟁

방휼지쟁 조개와 도요새의 다툼이라는 뜻으로, 서로 버티고 물러서지 않고 싸움.

蚌	鷸	之	爭

背	水	之	陣
등 배	물 수	갈 지	진칠 진

배수지진 물을 등지고 진친다는 뜻으로, 위태한 일을 모험적으로한다. 또는 최후에 목숨을 걸고 성패(成敗)를 결한다.

背	水	之	陣

百	年	大	計
일백 백	해 년	큰 대	꾀 계

백년대계 백년에 걸치는 큰 계획이라는 뜻으로, 먼 장래를 내다보고 긴 안목에서 세우는 중요한 계획을 말함.

百	年	大	計

百	年	河	淸
일백 백	해 년	황하 하	맑을 청

백년하청 백년을 기다린다 해도 황하의 물이 맑아지지 않는다는 뜻으로, 아무리 기다려도 바라는 것이 이루어지기 어렵다는 말.

百	年	河	淸

夫婦有別 부부유별

가정윤리의 실천덕목인 오륜의 하나로 남편과 아내 사이에는 서로 침범하지 못할 인륜의 분별이 있어야 한다는 뜻.

[설명] 남자로서의 남편[夫]과 여자로서의 아내[婦]가 부부로서 살아가는 데 분별함이 있어야 한다는 뜻이다. 여기에서 분별함이란 남편은 남편으로서 본분이 있고 아내는 아내로서 본분이 따로 있으니, 이를 잘 헤아려서 서로 침범하지 않고 잘 지켜야 한다는 말이다.

이 항목은 자녀를 낳아 기르고 교육하는 데에도 아버지로서의 남편과 어머니로서 아내의 본분이 서로 다르다는 점을 강조한다. 아버지는 자녀를 엄격하게 대하고 어머니는 자애로 감싸 주어 자녀가 강직하고도 훌륭한 인격을 갖출 수 있도록 한다. 부부 사이가 비록 사랑하는 사이라 할지라도, 서로 인격을 존중하고 자신들의 본분을 서로 지키는 분별함이 있어야 부부간의 사랑도 영원할 수 있는 것이며, 가정생활도 원만해지고 사회도 좋아진다.

핵가족이 늘어나고 해마다 이혼율이 높아지는 현대사회에 더욱 필요한 윤리라 할 수 있다.

출전 : 《삼강행실도(三綱行實圖), 오륜행실도(五倫行實圖), 악장가사(樂章歌詞)》

한자배우기

步	걸을 보 止 총7획 步步步步步步步	別	다를 별 刂 총7획 別別別別別別別
武	호반 무 止 총8획 武武武武武武武武	爲	할 위 爪 총12획 爲爲爲爲爲爲爲爲爲爲爲爲
堂	집 당 土 총11획 堂堂堂堂堂堂堂堂堂堂堂	綱	벼리 강 糸 총14획 綱綱綱綱綱綱綱綱綱綱綱綱綱綱
夫	지아비 부 大 총4획 夫夫夫夫	父	아비 부 父 총4획 父父父父
婦	지어미 부 女 총11획 婦婦婦婦婦婦婦婦婦婦婦	子	아들 자 子 총3획 子子子
有	있을 유 月 총6획 有有有有有有		

步	武	堂	堂
걸을 보	호반 무	집 당	집 당

보무당당 걸음이 씩씩하고 당당함.

步	武	堂	堂

夫	婦	有	別
지아비 부	지어미 부	있을 유	다를 별

부부유별 남편과 아내는 구별이 있어야 한다는 뜻으로, 과거 오륜(五倫)의 하나로 엄격한 구별이 있어야 하는 내외 간의 도리를 말함.

夫	婦	有	別

夫	爲	婦	綱
지아비 부	할 위	지어미 부	벼리 강

부위부강 남편은 아내의 벼리가 된다는 뜻으로, 남편이 아내의 모범이 되어야 한다는 부부간에 관한 유교 도덕의 기본 가치 덕목을 말함.

夫	爲	婦	綱

父	爲	子	綱
아비 부	할 위	아들 자	벼리 강

부위자강 아버지가 자식의 벼리가 된다는 뜻으로, 아버지가 아들의 모범이 되어야 한다는 부자간에 관한 유교 도덕의 기본 가치 덕목을 말함.

父	爲	子	綱

1 단계

2 단계

3 단계

舍己從人 사기종인

자기의 이전 행위를 버리고 남의 착한 행동을 따르는 것을 이르는 말.

[설명] '자기를 버리고 타인(他人)을 좇는다'는 뜻으로, 자기 개인의 이익과 욕심을 버리고 다른 사람의 선량한 행실을 본떠서 따른다는 것을 말한다.

> 不能舍己從人(불능사기종인)　　學者之大病(학자지대병)
> 天下之義理無窮(천하지의리무궁)　豈可是己而非人(기사시기이비인)
> 人有質問(인유질문) 則淺近說(칙천근설)　必留意(필류의)　少間而答之(소간이답지)
> 未嘗應聲而對(미상응성이대)
> 자기를 버리고 다른 사람을 따르지 못하는 것은 배우는 사람의 큰 병이다.
> 천하의 의리는 끝이 없는데 어떻게 자기 자신만 옳고 남을 옳지 않다고 할 수 있는가?
> 사람이 질문을 하면, 곧 얕고 가까운 말이라도 반드시 마음에 담아두고 잠깐 뒤에 대답하며, 즉시 질문에 응하여 답하지 말라.

즉, 자기 자신의 생각이나 의견만을 내세우지 않고 다른 사람의 뜻을 좇는다는 뜻인데, 타인의 말과 행동을 본받아 자신의 언행(言行)을 바로잡는다는 말이다.

출전 : 《이황(李滉)-퇴계집(退溪集)》

한자배우기

父 아비 부	父 총4획	父父父父
子 자식 자	子 총3획	子子子
有 있을 유	月 총6획	有有有有有有
親 친할 친	見 총16획	親親親親親親親親親親親親親親親親
朋 벗 붕	月 총8획	朋朋朋朋朋朋朋朋
友 벗 우	又 총4획	友友友友
信 믿을 신	人 총9획	信信信信信信信信信
非 아닐 비	非 총8획	非非非非非非非非
一 한 일	一 총1획	一
再 두번 재	冂 총6획	再再再再再再
舍 집 사	舌 총8획	舍舍舍舍舍舍舍舍
己 자기 기	己 총3획	己己己
從 좇을 종	彳 총11획	從從從從從從從從從從從
人 사람 인	人 총2획	人人

父	子	有	親
아비 부	자식 자	있을 유	친할 친

부자유친 아버지와 자식간에는 친함이 있어야 한다는 뜻으로, 부자간의 도리는 사랑과 공경의 친애함에 있다는 인간의 기본 도리인 오륜(五倫) 중의 하나.

父	子	有	親

朋	友	有	信
벗 붕	벗 우	있을 유	믿을 신

붕우유신 친구 사이에는 믿음이 있어야 한다는 뜻으로, 인간 사이의 윤리인 오륜(五倫)의 하나.

朋	友	有	信

非	一	非	再
아닐 비	한 일	아닐 비	두번 재

비일비재 한두 번도 아니고 많다는 뜻으로, 한둘이 아니고 많음을 가리킴.

非	一	非	再

舍	己	從	人
집 사	자기 기	좇을 종	사람 인

사기종인 자기의 이전 행위를 버리고 타인의 선행을 본떠 행함.

舍	己	從	人

砂上樓閣 사상누각

모래 위의 누각이라는 뜻으로,
기초가 튼튼하지 못하여 오래 견디지 못할 일이나 물건을 비유하는 헛된 것을 의미함.

[설명] '사상'은 '모래 위'라는 뜻이고, '누각'은 궁궐·관아·성곽·사찰·서원 등에 행사나 놀이를 위해 사방이 탁 트인 상태로 높다랗게 지은 집으로, 정자와는 형태가 비슷하나 규모는 좀 더 크다. 따라서 해석하자면 모래라는 엉성한 기초 위에 지은 크고 아름다운 집이라는 뜻으로, 허술한 기본을 그저 형식이나 겉치레 등으로 화려하게 치장하여 이를 어떻게든 겨우 만회해보려 하지만, 그래도 그 부실함이 대번에 보이거나 그 말로 누가 보아도 예상이 될 때 이러한 사자성어를 쓴다.

事必歸正 사필귀정

모든 일은 바르게 되돌아간다는 뜻으로,
무릇 모든 일은 결국에 가서는 바르게 시비가 가려지게 된다는 말.

[설명] 처음에는 옳고 그름을 가리지 못하여 올바르지 못한 일이 일시적으로 통용되거나 득세할 수는 있지만 오래가지 못하고 모든 일은 결국에는 반드시 바른 길로 돌아가게 되어 있음을 비유하는 말이다.

유의어 : 사불범정(邪不犯正), 인과응보(因果應報), 종두득두(種豆得豆)

한자 배우기

砂	모래 사	石 총9획	砂砂砂砂砂砂砂砂砂
上	위 상	一 총3획	上上上
樓	다락 누	木 총15획	樓樓樓樓樓樓樓樓樓樓樓
閣	집 각	門 총14획	閣閣閣閣閣閣閣閣閣閣閣閣閣閣
師	스승 사	巾 총10획	師師師師師師師師師師
弟	아우 제	弓 총7획	弟弟弟弟弟弟弟
同	한 가지 동	口 총6획	同同同同同同
行	갈 행	行 총6획	行行行行行行

事	일 사	亅 총8획	事事事事事事事事
親	친할 친	見 총16획	親親親親親親親親親親親親親親
以	써 이	人 총5획	以以以以以
孝	효도 효	획	孝孝孝孝孝孝孝
必	반드시 필	心 총5획	必必必必必
歸	돌아갈 귀	止 총18획	歸歸歸歸歸歸歸歸歸歸歸歸歸歸
正	바를 정	止 총5획	正正正正正

砂	上	樓	閣
모래 사	위 상	다락 누	집 각

사상누각 모래 위의 누각이라는 뜻으로, 기초가 튼튼하지 못하여 오래 견디지 못할 일이나 물건을 비유하는 헛된 것을 의미함.

砂	上	樓	閣

師	弟	同	行
스승 사	아우 제	한 가지 동	갈 행

사제동행 스승과 제자가 함께 행동한다는 뜻으로, 스승과 제자가 같이 학문에 힘쓴다는 말.

師	弟	同	行

事	親	以	孝
일 사	친할 친	써 이	효도 효

사친이효 부모 섬기기를 효도로써 한다는 뜻으로, 세속오계(世俗五戒)의 하나.

事	親	以	孝

事	必	歸	正
일 사	반드시 필	돌아갈 귀	바를 정

사필귀정 모든 일은 바르게 되돌아간다는 뜻으로, 무릇 모든 일은 결국에 가서는 바르게 시비가 가려지게 된다는 말.

事	必	歸	正

殺身成仁 살신성인

몸을 죽여서 어진 일을 이룬다는 뜻으로, 다른 사람 또는 대의를 위해 목숨을 버린다는 말.

[故事] 이 말은 중국 춘추전국시대에 인(仁)을 이상의 도덕으로 삼는 공자(孔子)의 언행을 수록한 〈논어(論語)〉 '위령공편(衛靈公篇)'에 나오는 한 구절이다.

> 志士仁人(지사인인) 無求生以害仁(무구생이해인) 有殺身以成仁(유살신이성인)
> 높은 뜻을 지닌 선비와 어진 사람은 삶을 구하여 '인'을 저버리지 않으며 스스로 몸을 죽여서 '인'을 이룬다.

공자 사상의 중심을 이루는 '인'의 도는 제자인 증자(曾子)가 〈논어(論語) '이인편(里仁篇)'〉에 지적했듯이 '충(忠)'과 '서(恕)'에 귀착한다.

> 夫子之道 忠恕而已矣(부자지도 충서이이의)
> 부자(夫子 : 공자에 대한 경칭)의 도는 '충', '서'일 뿐.

'충'이란 자기 자신의 최선을 다하는 정신이고, '서'란 '충'의 정신을 타인에게 미치게 하는 마음이다. 증자는 공자의 '인'이 곧 이 '충서'를 가리키는 것으로 보았다.

* 증자 : 춘추시대의 유학자(儒學者). 공자의 제자 중에서 가장 나이가 어렸으나 효성이 지극하고 행동거지(行動擧止)가 온후독실(溫厚篤實)해서 죽을 때까지 몸에 작은 상처 하나 남기지 않았다고 함. 공자의 덕행과 학설을 정통으로 주술(祖述)하여 공자의 손자 자사(子思 : 孔汲)에게 전했음. 맹자는 자사의 계통을 이은 것으로 알려짐. 〈효경(孝經)〉의 저자로 알려짐.

출전 : 《논어(論語) – 위령공(衛靈公)》

한자 배우기

山	메 산	山총3획	山山山	仁	어질 인	人총4획	仁仁仁仁

山 메 산 山총3획 山山山

高 높을 고 高총10획 高高高高高高高高高高

水 물 수 水총4획 水水水水

長 길 장 長총8획 長長長長長長長長

殺 죽일 살 殳총11획 殺殺殺殺殺殺殺殺殺殺殺

身 몸 신 身총7획 身身身身身身身

成 이룰 성 戈총6획 成厂厂成成成

仁 어질 인 人총4획 仁仁仁仁

三 석 삼 一총3획 三三三

馬 말 마 馬총10획 馬馬馬馬馬馬馬馬馬馬

太 클 태 大총4획 太大大太

守 지킬 수 宀총6획 守守守守守守

五 다섯 오 二총4획 五五五五

山	高	水	長
메 산	높을 고	물 수	길 장

산고수장 군자의 덕이 높고 끝없음을 산의 우뚝 솟음과 큰 냇물의 흐름에 비유한 말.

山	高	水	長

殺	身	成	仁
죽일 살	몸 신	이룰 성	어질 인

살신성인 자신을 죽여서라도 인(仁)을 이룬다는 뜻으로, 바른 일을 위해 자기를 희생한다는 말.

殺	身	成	仁

三	馬	太	守
석 삼	말 마	클 태	지킬 수

삼마태수 세 마리의 말만 거느린 태수의 뜻으로 조선 중종 때 송흠이 행차 때 겨우 말 세 필만 거느렸다고 하는 데서 나온 말.

三	馬	太	守

三	三	五	五
석 삼	석 삼	다섯 오	다섯 오

삼삼오오 셋씩 또는 다섯씩이라는 뜻으로, 사람들이 무리 지어 다니거나 무슨 일을 하는 모양을 일컫는 말.

三	三	五	五

三人成虎 삼인성호

'세 사람이 짜고 말하면 저잣거리에 호랑이가 나타났다는 말'도 할 수 있다는 뜻으로,
거짓말이라도 여러 사람이 하면 곧이듣는다는 말.

[故事] 춘추전국시대, 위(魏：梁)나라 혜왕(惠王) 때의 일이다. 태자와 중신 방총(龐葱)이 인질[人質]로 조(趙)나라의 도읍 한단(邯鄲)으로 가게 되었다. 출발을 며칠 앞두고 방총이 심각한 얼굴로 혜왕에게 이렇게 물었다.

"전하, 지금 누가 저잣거리에 호랑이가 나타났다고 한다면 전하께서는 믿으시겠습니까?"

"누가 그런 말을 믿겠소."

"하오면, 두 사람이 똑같이 저잣거리에 호랑이가 나타났다고 한다면 어찌하시겠습니까?"

"역시 믿지 않을 것이오."

"만약, 세 사람이 똑같이 아뢴다면 그땐 믿으시겠습니까?"

"그땐 믿을 것이오."

"전하, 저잣거리에 호랑이가 나타날 수 없다는 것은 불을 보듯 명백한 사실입니다. 하오나 세 사람이 똑같이 아뢴다면 저잣거리에 호랑이가 나타난 것이 됩니다. 신은 이제 한단으로 가게 되었는데, 한단은 저잣거리보다 억만 배나 멀리 떨어져 있습니다. 신이 떠난 뒤 신에 대해서 참언(讒言)을 하는 자가 세 사람만은 아닐 것입니다. 전하, 바라옵건대 그들의 헛된 말을 귀담아듣지 마십시오."

"염려 마오. 과인은 두 눈으로 본 것이 아니면 믿지 않을 것이오."

그런데 방총이 한단으로 떠나자마자 혜왕에게 참언을 하는 자가 있었다. 수년 후 볼모에서 풀려난 태자는 귀국했으나 혜왕에게 의심을 받은 방총은 끝내 귀국할 수 없었다고 한다.

* 방총 : 〈韓非子〉에는 방공(龐恭), 〈戰國策〉에는 방총(龐葱)이라고 씌어 있음.

한자배우기

三 석 삼　一총3획　三三三

人 사람 인　人총2획　人人

成 이룰 성　戈총6획　成成成成成成

虎 범 호　虍총8획　虎虎虎虎虎虎虎虎

日 날 일　日총4획　日日日日

天 하늘 천　大총4획　天天天天

下 아래 하　一총3획　下下下

尺 자 척　尸총4획　尺尺尺尺

童 아이 동　立총12획　童童童童童童童童童童童童

子 아들 자　子총3획　子子子

遷 옮길 천　辶총15획　遷遷遷遷遷遷遷遷遷遷遷遷

之 갈 지　丿총4획　之之之之

教 가르침 교　攵총11획　教教教教教教教教教教教

三	人	成	虎
석 삼	사람 인	이룰 성	범 호

삼인성호 세 사람이 하는 똑같은 말이면 호랑이도 만든다는 뜻으로, 근거 없는 말도 여러 사람이 같은 말을 하면 사실로 된다는 말.

三	人	成	虎

三	日	天	下
석 삼	날 일	하늘 천	아래 하

삼일천하 사흘 동안 천하를 얻는다는 뜻으로, 아주 짧은 기간 동안 정권을 잡았다가 무너짐을 가리킴.

三	日	天	下

三	尺	童	子
석 삼	자 척	아이 동	아들 자

삼척동자 키가 석 자밖에 안 되는 아이라는 뜻으로, 철부지 어린아이를 일컫는 말.

三	尺	童	子

三	遷	之	敎
석 삼	옮길 천	갈 지	가르칠 교

삼천지교 세 번 이사하여 가르쳤다는 뜻으로, 맹자의 어머니가 아들의 교육을 위해 세 번 이사를 함을 말함.

三	遷	之	敎

塞翁之馬 새옹지마

세상만사가 변전무상(變轉無常)해서 인생의 길흉화복(吉凶禍福)을 예측할 수 없다는 뜻으로,
길흉화복의 덧없음을 비유해서 가르치는 말.

[故事] 옛날 중국 북방의 요새(要塞) 근처에 점을 잘 치는 한 노옹(老翁)이 살고 있었다.

어느 날 이 노옹의 말[馬]이 오랑캐 땅으로 달아났다. 마을 사람들이 이를 위로하자, 노옹은 조금도 애석한 기색 없이 태연하게 말했다.

"누가 아오? 이 일이 복이 되는지."

몇 달이 지난 어느 날 그 말이 오랑캐의 준마(駿馬)를 데리고 돌아왔다. 마을 사람들이 이를 치하하자, 노옹은 조금도 기쁜 기색 없이 태연하게 말했다.

"누가 아오? 이 일이 화가 되는지."

그런데 어느 날 말 타기를 좋아하는 노옹의 아들이 그 오랑캐의 준마를 타다가 떨어져 다리가 부러졌다. 마을 사람들이 이를 위로하자, 노옹은 조금도 슬픈 기색 없이 태연하게 말했다.

"누가 아오? 이 일이 복이 되는지."

그로부터 1년이 지난 즈음 오랑캐가 대거 침입해 오자, 마을 장정들은 징집되어 전선에 나가 싸우다가 모두 전사(戰死)했다. 그러나 노옹의 아들만은 절름발이었기 때문에 무사했다고 한다.

출전 : 《회남자(淮南子) – 인간훈(人間訓)》
유의어 : 전화위복(轉禍爲福).

한자배우기

塞	변방 새	土총13획	塞塞塞塞塞塞塞塞塞塞塞塞
翁	늙은이 옹	羽총10획	翁翁翁翁翁翁翁翁翁翁
之	갈 지	ノ총4획	之之之之
馬	말 마	馬총10획	馬馬馬馬馬馬馬馬馬馬
先	먼저 선	儿총6획	先先先先先先
見	볼 견	見총7획	見見見見見見見
明	밝을 명	日총8획	明明明明明明明明

公	공평할 공	八총4획	公公公公
後	뒤 후	彳총9획	後後後後後後後後後
私	개인 사	禾총7획	私私私私私私私
雪	눈 설	雨총11획	雪雪雪雪雪雪雪雪雪雪雪
膚	살갗 부	月총15획	膚膚膚膚膚膚膚膚膚膚膚膚膚膚
花	꽃 화	艹총8획	花花花花花花花花
容	얼굴 용	宀총10획	容容容容容容容容容容

塞	翁	之	馬
변방 새	늙은이 옹	갈 지	말 마

새옹지마 변방 늙은이의 말이라는 뜻으로, 길흉화복이 시시각각으로 변화함을 가리킴.

塞	翁	之	馬

先	見	之	明
먼저 선	볼 견	갈 지	밝을 명

선견지명 앞을 내다보는 안목이란 뜻으로 닥쳐올 일을 미리 아는 슬기로움을 말함.

先	見	之	明

先	公	後	私
먼저 선	공평할 공	뒤 후	개인 사

선공후사 공공의 일과 이익을 앞세우고 개인의 일과 이익은 나중으로 돌린다는 뜻.

先	公	後	私

雪	膚	花	容
눈 설	살갗 부	꽃 화	얼굴 용

설부화용 눈처럼 흰 살결과 꽃같이 예쁜 얼굴이라는 뜻으로, 아름다운 여인의 모습을 비유하는 말.

雪	膚	花	容

水魚之交 수어지교

물고기가 물을 떠나서 살 수 없듯이 떨어질 수 없는 아주 가까운 사이.
부부가 화목하거나 임금과 신하 사이의 두터운 교분을 일컬음.

[故事] 유비에게는 관우와 장비와 같은 용장이 있었지만, 천하의 계교를 세울 만한 지략이 뛰어난 모사가 없었다. 이럴 때 제갈공명과 같은 사람을 얻었으므로 유비는 매우 기뻤다. 그리고 제갈공명이 금후에 취해야 할 방침으로 형주와 익주를 눌러서 그곳을 근거지로 할 것과 서쪽과 남쪽의 이민족을 어루만져 뒤의 근심을 끊을 것과 손권과 결탁하여 조조를 고립시킨 후 시기를 보아 조조를 토벌할 것 등의 천하 평정의 계책을 말하자 유비는 그 계책에 전적으로 찬성하여 그 실험에 힘을 다하게 되었다.

그래서 유비는 제갈공명을 절대적으로 신뢰하게 되어 두 사람의 교분은 친밀해졌다. 그러자 관우나 장비는 불만을 품게 되었다. 새로 들어온 젊은 제갈공명만 귀중하게 여기고 자기들은 가볍게 취급받는 줄로 생각했기 때문이다. 일이 이렇게 되자 유비는 관우와 장비 등을 위로하여 이렇게 말했다.

"내가 제갈공명을 얻은 것은 마치 물고기가 물을 얻은 것과 같다. 즉 나와 제갈공명은 물과 물고기 같은 사이이다. 앞으로는 아무 말도 하지 말기를 바란다." 그 뒤부터 관우와 장비도 다시는 불평하지 않았다. 군신의 사이가 친밀한 것을 가리키는 말이다.

출전 : 《삼국지(三國志)》
유의어 : 유어지유수(猶魚之有水).

한자 배우기

雪 눈 설 雨총11획	雪雪雪雪雪雪雪雪雪雪雪	手 손 수 手총4획 手手手手
上 위 상 一총3획	上上上	不 아닐 불 一총4획 不不不不
加 더할 가 力총5획	加加加加加	釋 풀 석 采총20획 釋釋釋釋釋釋釋釋釋釋釋
霜 서리 상 雨총17획	霜霜霜霜霜霜霜霜霜霜霜霜	卷 책 권 卩총8획 卷卷卷卷卷卷卷卷
送 보낼 송 辶총10획	送送送送送送送送送送	水 물 수 水총4획 水水水水
舊 옛 구 臼총18획	舊舊舊舊舊舊舊舊舊舊舊	魚 물고기 어 魚총11획 魚魚魚魚魚魚魚魚魚魚魚
迎 맞을 영 辶총8획	迎迎迎迎迎迎迎迎	之 갈 지 丿총4획 之之之之
新 새 신 斤총13획	新新新新新新新新新新新新	交 사귈 교 亠총6획 交交交交交交

雪	上	加	霜
눈 설	위 상	더할 가	서리 상

설상가상 눈 위에 서리가 더해진다는 뜻으로, 어려운 일이나 상황이 거듭해서 발생함을 말함.

雪	上	加	霜

送	舊	迎	新
보낼 송	옛 구	맞을 영	새 신

송구영신 옛 것을 보내고 새 것을 맞이한다는 뜻으로, 묵은 해를 보내고 새 해를 맞음.

送	舊	迎	新

手	不	釋	卷
손 수	아닐 불	풀 석	책 권

수불석권 책을 손에서 떼지 않는다는 뜻으로, 부지런히 학문에 힘쓴다는 의미. 즉 책을 늘 가까이 한다는 말.

手	不	釋	卷

水	魚	之	交
물 수	물고기 어	갈 지	사귈 교

수어지교 물과 물고기의 사귐이란 뜻으로, 임금과 신하 사이의 두터운 교분. 부부의 친밀함.

水	魚	之	交

1 단계

2 단계

3 단계

脣亡齒寒 순망치한

입술을 잃으면 이가 시리다는 뜻으로, 서로 도우며 떨어질 수 없는 밀접한 관계,
또는 서로 도움으로써 성립되는 관계를 비유한 말.

[故事] 중국 춘추전국시대 말엽, 오패(五霸)의 한 사람인 진나라 문공(文公)의 아버지 헌공(獻公)이 괵(虢)·우(虞) 두 나라를 공략할 때의 일이다. 괵나라를 치기로 결심한 헌공은 통과국인 우나라의 우공(虞公)에게 길을 빌려주면 많은 재보(財寶)를 주겠다고 제의했다. 우공이 이 제의를 수락하려 하자, 중신 궁지기(宮之奇)가 극구 간했다.

"전하, 괵나라와 우나라는 한 몸이나 다름없는 사이라 괵나라가 망하면 우나라도 망할 것입니다. 옛속담에도 덧방나무와 수레는 서로 의지하고[輔車相依], '입술이 없어지면 이가 시리다[脣亡齒寒]'란 말이 있는데, 이는 곧 괵나라와 우나라를 두고 한 말이라 생각됩니다. 그런 가까운 사이인 괵나라를 치려는 진나라에 길을 빌려준다는 것은 언어도단(言語道斷)입니다."

"경은 진나라를 오해하고 있는 것 같소. 진나라와 우나라는 모두 주황실(周皇室)에서 갈라져 나온 동종(同宗)의 나라가 아니오? 그러니 해를 줄 리가 있겠소?"

"괵나라 역시 동종입니다. 하오나 진나라는 동종의 정리를 잃은 지 오래입니다. 예컨대 지난날 진나라는 종친인 제나라 환공(桓公)과 초나라 장공(莊公)의 겨레붙이까지 죽인 일도 있지 않습니까? 전하, 그런 무도한 진나라를 믿어선 안 됩니다."

그러나 재물에 눈이 먼 우공은 결국 진나라에 길을 내주고 말았다. 그러자 궁지기는 화가 미칠 것을 두려워하여 일가권속을 이끌고 우나라를 떠났다. 그해 12월, 약속대로 우나라에 많은 재물을 주고 괵나라를 멸한 뒤 돌아가던 진나라 군사는 궁지기의 예언대로 우나라를 공략하고 우공을 포로로 잡아갔다.

출전 : 《춘추좌씨전(春秋左氏傳)》
유의어 : 순치지국(脣齒之國), 순치보거(脣齒輔車).

한자 배우기

守	지킬 수	宀총6획	守守守守守守
株	그루터기 주	木총10획	株株株株株株株株株株
待	기다릴 대	彳총9획	待待待待待待待待待
兎	토끼 토	儿총8획	兎兎兎兎兎兎兎兎
脣	입술 순	月총11획	脣脣脣脣脣脣脣脣脣脣脣
亡	잃을 망	亠총3획	亡亡亡
齒	이 치	齒총15획	齒齒齒齒齒齒齒齒齒齒齒齒

寒	찰 한	宀총12획	寒寒寒寒寒寒寒寒寒寒寒寒
是	이 시	日총9획	是是是是是是是是是
非	아닐 비	非총8획	非非非非非非非非
始	비로소 시	女총8획	始始始始始始始始
終	마칠 종	糸총11획	終終終終終終終終終終終
如	같을 여	女총6획	如如如如如如
一	한 일	一총1획	一

守	株	待	兔
지킬 수	그루터기 주	기다릴 대	토끼 토

수주대토 그루터기를 지켜 토끼를 기다린다는 뜻으로, 융통성 없이 옛 관습만 따진다는 말.

守	株	待	兔

脣	亡	齒	寒
입술 순	잃을 망	이 치	찰 한

순망치한 입술을 잃으면 이가 시리다는 뜻으로, 가까운 사이에서 한쪽이 망하면 다른 한쪽도 그 영향을 받아 온전치 못함을 말함.

脣	亡	齒	寒

是	是	非	非
이 시	이 시	아닐 비	아닐 비

시시비비 옳은 것은 옳고 그른 것은 그르다는 뜻으로, 특정의 입장에 얽매이지 않고 사물의 옳고 그른 것을 판단한다는 말.

是	是	非	非

始	終	如	一
비로소 시	마칠 종	같을 여	한 일

시종여일 처음과 끝이 한결같다는 뜻으로, 처음부터 끝까지 변하지 않고 한결같음을 가리키는 말.

始	終	如	一

安貧樂道 안빈낙도

가난을 편히 여겨 도를 즐긴다는 뜻으로,
가난한 생활을 불편하게 여기지 않고 즐기는 마음으로 살아간다는 말.

[설명] 가난한 생활 가운데서도 편안한 마음으로 도를 즐기는 것을 말하는 것으로, 공자가 제자들에게 강조했던 정신 중의 하나이다.

공자의 제자 중 특히 안회는 안빈낙도를 실천했던 사람으로 알려져 있다. 문학 작품의 주요한 소재였던 강호가도(江湖歌道 : 조선시대의 시가 문학은 자연을 예찬한 것들이 많은데, 이렇듯 자연을 예찬하고 자연과 더불어 살 것을 노래하는 시가 문학을 강호가도라 한다) 와도 관계가 있는 안빈낙도 사상은 조선 시대의 가사나 시조에서 많이 드러나고 있다.

조선 초기의 가사들은 안빈낙도(安貧樂道)하는 군자의 미덕을 자연 속에 묻혀 읊기도 하고, 군신 사이의 충의 이념을 남녀 사이의 애정에 비유하여 읊기도 하였다.

이 시기의 대표적인 작가는 정극인(丁克仁)·정철(鄭澈)·박인로(朴仁老)·송순(宋純)·백광홍(白光弘)·양사언(楊士彦) 등이다.

정극인의 〈상춘곡〉은 벼슬에서 물러나 자연에 묻혀 사는 은퇴한 관료의 생활을 읊은 대표적 작품이다.

출전 : 《논어—술이편(述而篇)》

유의어 : 안분지족(安分知足), 단표누항(簞瓢陋巷), 단사표음(簞食瓢飲), 일단사일표음(一簞食一瓢飲)

한자배우기

身	몸 신 身총7획	身身身身身身身
言	말씀 언 言총7획	言言言言言言言
書	글 서 日총10획	書書書書書書書書書書
判	판단할 판 刂총7획	判判判判判判判
十	열 십 十총2획	十十
中	가운데 중 丨총4획	中中中中
八	여덟 팔 八총2획	八八
九	아홉 구 乙총2획	九九
我	나 아 戈총7획	我我我我我我我
田	밭 전 田총5획	田田田田田
引	당길 인 弓총4획	引引引引
水	물 수 水총4획	水水水水
安	편안할 안 宀총6획	安安安安安安
貧	가난할 빈 貝총11획	貧貧貧貧貧貧貧貧貧貧貧
樂	즐길 낙 木총15획	樂樂樂樂樂樂樂樂樂樂樂樂樂樂樂
道	길 도 辶총13획	道道道道道道道道道道道道道

身	言	書	判
몸 신	말씀 언	글 서	판단할 판

신언서판 신수와 말씨, 그리고 글씨와 판단력이라는 뜻으로, 당나라 시대에 관리를 뽑을 때 인물을 평가하던 네 가지 기준을 말함.

身	言	書	判

十	中	八	九
열 십	가운데 중	여덟 팔	아홉 구

십중팔구 열 중 여덟이나 아홉이라는 뜻으로, 거의 예외 없이 그러할 것이라는 추측을 말함.

十	中	八	九

我	田	引	水
나 아	밭 전	당길 인	물 수

아전인수 나의 밭에 물을 끌어댄다는 뜻으로, 자기에게 이로울 대로만 일을 굽혀서 말하거나 행동함을 가리키는 말.

我	田	引	水

安	貧	樂	道
편안할 안	가난할 빈	즐길 낙	길 도

안빈낙도 가난을 편히 여겨 도를 즐긴다는 뜻으로, 가난한 생활을 불편하게 여기지 않고 즐기는 마음으로 살아간다는 말.

安	貧	樂	道

藥房甘草 약방감초

한방에 꼭 들어가는 약재인 감초라는 뜻으로,
어떤 일에나 빠짐없이 끼어드는 사람. 또는 그 사물을 일컫는 말.

[설명] 감초는 뿌리를 채취하여 한약재, 감미료 등으로 사용한다. 감초 안에 들어 있는 약용 성분은 여러 질환에 효과가 있으며, 감초를 넣지 않은 한약은 매우 써서 먹기 힘들다고 한다. 어디에나 다 들어간다 하여 '약방에 감초'라는 속담이 있을 정도이다. 옛날이야기에는 약방의 아내가 병자에게 멋모르고 감초를 줬는데 신기하게도 병이 나았다고 한다. '플라시보 효과'일 수도 있겠으나 어지간한 병에도 효과가 있다는 의미이다.

감초의 뿌리는 옆으로 뻗는 것과, 밑으로 뻗는 것이 있는데 이중 밑으로 뻗는 것을 약재로 사용하고, 옆으로 뻗는 것은 가을에 채취하여 봄 등에 심는다.

약재로서의 직접적인 효능은 위장 보호 및 독성 중화. 특히 다른 약재의 독을 중화하고 효능을 완화시켜 효능이 적절히 배합되도록 하는 역할을 주로 한다. 또한 맛이 달아 탕약의 쓴맛을 줄이는 역할도 한다. 그러므로 한방에서 약재 처방을 할 때 비교적 자주 들어간다. 약방의 감초라는 속담은 이것을 비유한 것으로 필수적이지는 않지만 꼭 끼어야 하는 것, 또는 어떤 일에나 빠짐없이 끼어드는 사람을 가리킬 때도 쓰이며 그냥 '감초'라고만 하기도 한다. 한의학에서는 감초가 끌어당기는 성질을 갖고 있다고 본다. 그래서 서로 다른 재료들을 융합해서 시너지 효과를 최대화하기 위해 한약을 만들 때마다 감초를 넣는다고 한다.

출전 : 《서경—진서(秦誓)》

한자 배우기

眼	눈 안	目 총11획	眼眼眼眼眼眼眼眼眼眼
下	아래 하	一 총3획	下下下
無	없을 무	灬 총12획	無無無無無無無無無無無無
人	사람 인	人 총2획	人人
愛	사랑 애	心 총13획	愛愛愛愛愛愛愛愛愛愛愛愛愛
如	같을 여	女 총6획	如如如如如如
己	몸 기	己 총3획	己己己
之	갈 지	丿 총4획	之之之之
重	무거울 중	里 총9획	重重重重重重重重重
藥	약 약	艹 총19획	藥藥藥藥藥藥藥藥藥藥藥藥藥
房	방 방	戶 총8획	房房房房房房房房
甘	달 감	甘 총5획	甘甘甘甘甘
草	풀 초	艹 총10획	草草草草草草草草草草

眼	下	無	人
눈 안	아래 하	없을 무	사람 인

안하무인 눈 아래에 사람이 없다는 뜻으로, 방자하고 교만하여 다른 사람을 업신여긴다는 뜻.

眼	下	無	人

愛	人	如	己
사랑 애	사람 인	같을 여	몸 기

애인여기 남을 사랑하기를 제 몸 사랑하듯 함.

愛	人	如	己

愛	之	重	之
사랑 애	갈 지	무거울 중	갈 지

애지중지 매우 사랑하고 소중히 여긴다는 뜻으로, 어떤 사람이나 물건을 무척 아끼고 소중히 여긴다는 말.

愛	之	重	之

藥	房	甘	草
약 약	방 방	달 감	풀 초

약방감초 한방에 꼭 들어가는 약재인 감초라는 뜻으로, 어떤 일에나 빠짐없이 끼어드는 사람. 또는 그 사물을 일컫는 말.

藥	房	甘	草

漁夫之利 어부지리

어부의 이득이라는 뜻으로, 쌍방이 다투는 사이에 제삼자가 힘들이지 않고 이득을 챙긴다는 말.

[故事] 중국 춘추전국시대, 제나라에 많은 군사를 파병한 연나라에 기근이 들자, 이웃 조(趙)나라 혜문왕(惠文王)은 기다렸다는 듯이 침략을 서둘렀다. 그래서 연나라 소왕(昭王)은 종횡가(縱橫家)로서 연나라를 위해 견마지로(犬馬之勞)를 다해 온 소대(蘇代)에게 혜문왕을 설득해주도록 부탁했다. 조나라에 온 소대는 혀 하나로 합종책(合縱策)을 펴 6국의 재상을 겸임했던 소진(蘇秦)의 동생답게 거침없이 혜문왕을 설득했다.

"오늘 귀국에 돌아오는 길에 역수(易水 : 연·조와 국경을 이루는 강)를 지나다가 문득 강변을 바라보니 조개[蚌蛤(방합)]가 조가비를 벌리고 햇볕을 쬐고 있었습니다. 이때 갑자기 도요새[鷸(휼)]가 날아와 뾰족한 부리로 조갯살을 쪼았습니다. 깜짝 놀란 조개는 화가 나서 조가비를 굳게 닫고 부리를 놓아주지 않았습니다. 그러자 다급해진 도요새가 '이대로 오늘도 내일도 비가 오지 않으면 너는 말라 죽고 말 것이다'라고 하자, 조개도 지지 않고 '내가 오늘도 내일도 놓아주지 않으면 너야말로 굶어 죽고 말 것이다' 하고 맞받았습니다. 이렇게 양보 없이 팽팽히 맞서 옥신각신하는 사이에 이곳을 지나가던 어부에게 그만 둘 다 잡혀 버리고 말았습니다.

전하께서는 지금 연나라를 치려고 하십니다만, 연나라가 조개라면 조나라는 도요새입니다. 연·조 두 나라가 공연히 싸워 백성들을 피폐하게 한다면, 귀국과 접해 있는 저 강대한 진나라가 어부가 되어 맛있는 국물을 다 마셔 버리고 말 것이옵니다."

혜문왕도 명신으로 이름난 인상여(藺相如)와 염파(廉頗)를 중용했던 현명한 왕이니 소대의 말을 못 알아들을 리가 없었다.

"과연 옳은 말이오."

이리하여 혜문왕은 그 즉시 침공 계획을 철회했다.

출전 : 《전국책(戰國策)》

유의어 : 어인지공(漁人之功). 견토지쟁(犬兎之爭).

한자배우기

漁	고기잡을 어	氵총14획	漁漁漁漁漁漁漁漁漁漁漁漁漁漁
夫	사내 부	大총4획	夫夫夫夫
之	갈 지	丿총4획	之之之之
利	이익 리	刂총7획	利利利利利利利
言	말씀 언	言총7획	言言言言言言言
中	가운데 중	丨총4획	中中中中
有	있을 유	月총6획	有有有有有有
骨	뼈 골	骨총10획	骨骨骨骨骨骨骨骨骨骨
易	바꿀 역	日총8획	易易易易易易易易
地	땅 지	土총6획	地地地地地地
思	생각 사	心총9획	思思思思思思思思思
年	해 년	干총6획	年年年年年年
歲	해 세	止총13획	歲歲歲歲歲歲歲歲歲歲歲歲歲

漁	夫	之	利
고기잡을 어	사내 부	갈 지	이익 리

어부지리 어부의 이익이라는 뜻으로, 둘이 다투고 있는 사이에 엉뚱한 사람이(어부가) 애쓰지 않고 이익을 얻게 된다는 말.

漁	夫	之	利

言	中	有	骨
말씀 언	가운데 중	있을 유	뼈 골

언중유골 말 속에 뼈가 있다는 뜻으로, 평범한 말 속에 비범한 뜻이 담겨 있다는 말.

言	中	有	骨

易	地	思	之
바꿀 역	땅 지	생각 사	갈 지

역지사지 처지를 바꾸어 생각하라는 뜻으로, 자신의 생각이나 판단에 앞서 상대의 입장을 염두에 두라는 뜻.

易	地	思	之

年	年	歲	歲
해 년	해 년	해 세	해 세

연년세세 '매년'을 힘주어 이름.

年	年	歲	歲

1 단계 / 2 단계 / 3 단계

五里霧中 오리무중

사방(四方) 5리에 걸쳐서 덮여 있는 안개 속이라 뜻으로,
사물의 행방이나 사태의 추이를 알 길이 없음을 비유함.

[故事] 중국 후한(後漢)시대 순제(順帝) 때 학문이 뛰어난 장해(張楷)라는 선비가 있었다. 순제가 여러 번 등용하려 했지만, 그는 병을 핑계 대고 끝내 출사(出仕)하지 않았다.

장해는 〈춘추(春秋)〉, 〈고문상서(古文尚書)〉에 통달한 학자로서 평소 거느리고 있는 문하생만 해도 100명이 넘을 정도였다. 게다가 전국 각처의 숙유(夙儒·宿儒 : 학식과 명망이 높은 선비)들을 비롯하여 귀족·고관대작·환관(宦官)들까지 다투어 그의 문을 두드렸으나 그는 이를 싫어하여 화음산(華陰山) 기슭에 자리한 고향으로 낙향하고 말았다. 그러자 장해를 좇아온 문하생과 학자들로 인해 그의 집은 저자를 이루다시피 붐볐다. 나중에는 화음산 남쪽 기슭에 장해의 자(字)를 딴 공초(公超)라는 저잣거리까지 생겼다고 전한다.

그런데 장해는 학문뿐 아니라 도술에도 능해서 쉽사리 '오리무(五里霧)'를 만들었다고 한다. 즉 방술(方術)로 사방 5리에 걸쳐서 안개를 일으켰다는 것이다.

* '오리무중(五里霧中)'이란 말은 '오리무'에 '중(中)'자를 더한 것인데 처음부터 '중'자가 붙어 있던 것은 아니라고 함.
방술 : 신선의 술법을 닦는 방사(方士)의 술법.

출전 : 《후한서(後漢書)》 – 장해전(張楷傳)》

한자 배우기

榮	영화 영	木총14획	榮榮榮榮榮榮榮榮榮榮
枯	마를 고	木총9획	枯枯枯枯枯枯枯枯枯
盛	성할 성	皿총11획	丿厂厃成成成盛盛盛盛
衰	쇠할 쇠	衣총10획	衰衰衰衰衰衰衰衰衰衰
五	다섯 오	二총4획	五五五五
里	마을 리	里총7획	里里里里里里里
霧	안개 무	雨총19획	霧霧霧霧霧霧霧霧霧霧霧霧
中	가운데 중	ㅣ총4획	中中中中

吾	나 오	口총7획	吾吾吾吾吾吾吾
鼻	코 비	鼻총14획	鼻鼻鼻鼻鼻鼻鼻鼻鼻鼻鼻鼻鼻鼻
三	석 삼	一총3획	三三三
尺	자 척	尸총4획	尺尺尺尺
烏	까마귀 오	灬총10획	烏烏烏烏烏烏烏烏烏烏
飛	날 비	飛총9획	飛飛飛飛飛飛飛飛飛
梨	배 이	木총11획	梨梨梨梨梨梨梨梨梨梨梨
落	떨어질 락	++총13획	落落落落落落落落落落落落落

榮	枯	盛	衰
영화 영	마를 고	성할 성	쇠할 쇠

영고성쇠 영화롭고 쇠하며, 융성하고 쇠락하다는 뜻으로, 성함과 쇠함이 무상하여 일정하지 않음과 같이 성함과 쇠함이 서로 뒤바뀌면서 세상의 변화가 무상함을 일컬음.

榮	枯	盛	衰

五	里	霧	中
다섯 오	마을 리	안개 무	가운데 중

오리무중 사방 오 리에 걸친 깊은 안개 속이라는 뜻으로, 사물의 행방이나 사태의 추이가 어디에 있는지 찾을 길이 없음을 일컫는 말.

五	里	霧	中

吾	鼻	三	尺
나 오	코 비	석 삼	자 척

오비삼척 내 코가 석 자라는 뜻으로, 내 일도 힘들어 타인을 돌볼 여유가 없다는 말.

吾	鼻	三	尺

烏	飛	梨	落
까마귀 오	날 비	배 이	떨어질 락

오비이락 까마귀 날자 배 떨어진다는 뜻으로, 공교롭게 우연의 일치로 어떤 일이 일어나 의심을 받게 됨을 말함.

烏	飛	梨	落

臥薪嘗膽 와신상담

섶 위에서 잠을 자고 쓸개를 핥는다는 뜻으로,
목적을 달성하기 위해 온갖 고난을 참고 견딘다는 말.

[故事] 춘추전국시대, 월왕(越王) 구천(勾踐)과 취리(檇李)에서 싸워 크게 패한 오왕(吳王) 합려(闔閭)는 적의 화살에 부상한 손가락의 상처가 악화하는 바람에 목숨을 잃고 말았다. 임종 때 합려는 태자인 부차(夫差)에게 반드시 구천을 쳐서 원수를 갚으라고 부탁하고 유명(遺命)했다.

오왕이 된 부차는 부왕(父王)의 유명을 잊지 않으려고 '섶 위에서 잠을 자고[臥薪]' 자기 방을 드나드는 신하들에게는 방문 앞에서 부왕의 유명을 외치게 했다.

"월왕 구천이 너의 아버지를 죽였다는 것을 잊어서는 안 된다!"

이처럼 밤낮없이 복수를 맹세한 부차는 은밀히 군사를 훈련시키면서 때가 오기만을 기다렸다.

이 사실을 안 월왕 구천은 참모 범려(范蠡)의 말을 듣지 않고 선제공격을 감행했다. 그러나 월나라 군사는 오나라 군사에 대패하여 회계산으로 도망갔다. 오나라 군사가 포위하자, 구천은 범려의 말을 듣고 오나라의 재상 백비(伯嚭)에게 뇌물을 준 뒤 부차에게 항복을 청원했다. 이때 오나라의 중신 오자서가 '후환을 남기지 않으려면 지금 구천을 내쳐야 한다'고 간했으나 부차는 백비의 진언에 따라 구천의 청원을 받아들이고 귀국까지 허락했다. 구천은 오나라의 속령이 된 고국으로 돌아오자 항상 곁에다 쓸개를 놔두고 그 쓴맛을 맛보며 회계의 치욕을 상기했다. 그리고 복수의 기회를 노렸다.

회계산 치욕의 날로부터 12년이 지난 해 봄에 부차가 천하에 패권(覇權)을 일컫기 위해 기(杞) 땅의 황지(黃地)에서 제후들과 회맹(會盟)하고 있는 사이에 구천은 군사를 이끌고 오나라로 쳐들어가서 그로부터 7년 만에 오왕 부차를 굴복시켰다.

출전 : 《십팔사략(十八史略) – 춘추전국(春秋戰國)》
유의어 : 회계지치(會稽之恥)

한자배우기

五	다섯 오	二 총4획	五五五五
十	열 십	十 총2획	十十
步	걸을 보	止 총7획	步步步步步步步
百	일백 백	白 총6획	百百百百百百
烏	까마귀 오	灬 총10획	烏烏烏烏烏烏烏烏烏烏
合	합할 합	口 총6획	合合合合合合
之	갈 지	丿 총4획	之之之之
卒	군사 졸	十 총8획	卒卒卒卒卒卒卒卒

溫	따뜻할 온	氵 총13획	溫溫溫溫溫溫溫溫溫溫溫溫溫
故	옛 고	攵 총9획	故故故故故故故故故
知	알 지	矢 총8획	知知知知知知知知
新	새 신	斤 총13획	新新新新新新新新新新新新新
臥	누울 와	臣 총8획	臥臥臥臥臥臥臥臥
薪	땔나무 신	++ 총17획	薪薪薪薪薪薪薪薪薪薪
嘗	맛볼 상	口 총14획	嘗嘗嘗嘗嘗嘗嘗嘗嘗嘗嘗嘗嘗嘗
膽	쓸개 담	月 총17획	膽膽膽膽膽膽膽膽膽膽膽膽膽

五	十	步	百	步
다섯 오	열 십	걸을 보	일백 백	걸을 보

오십보백보 오십보 도망한 자가 백보 도망한 자를 비웃는다는 뜻으로, 조금 낫고 못한 차이는 있지만 본질은 같은 것.

五	十	步	百	步

烏	合	之	卒
까마귀 오	합할 합	갈 지	군사 졸

오합지졸 까마귀가 모인 것처럼 아무렇게나 모인 병졸이라는 뜻으로, 규율도 통일성도 없는 군중.

烏	合	之	卒

溫	故	知	新
따뜻할 온	옛 고	알 지	새 신

온고지신 옛 것을 익히고 새 것을 안다는 뜻으로, 옛 지식을 통해 현재에도 적용할 수 있는 새 지혜를 얻는다는 말.

溫	故	知	新

臥	薪	嘗	膽
누울 와	땔나무 신	맛볼 상	쓸개 담

와신상담 섶에 누워 잠을 자고 쓸개를 맛본다는 뜻으로, 어떤 목적을 이루거나 원수를 갚기 위해 괴로움을 참고 견딘다는 말.

臥	薪	嘗	膽

欲速不達 욕속부달

일을 속히 하려고 하면 도리어 이루지 못함.

[故事] 일을 빨리 처리하려 하지 말고 작은 이익을 보지 말라. 빨리 하려 하면 일이 잘 되지 않고, 작은 이익을 보면 오히려 큰일이 이루어지지 않는다.

공자의 제자로 자하(子夏)가 있었다. 그는 본명이 복상(卜商)이며 자하는 字이다. 자하가 노(魯)나라의 작은 고을 원님으로 취임하여 그 고을에 가게 되어 있었다.

그는 어떻게 하면 그 고을을 잘 다스릴까 궁리하다가 스승인 공자에게 정책을 물었다.

이에 공자는 다음과 같이 일러 주었다.

"정치할 때 공적을 올리려고 고을 일을 너무 급히 서둘러서 하면 안 된다. 또한 조그만 이득을 탐내지 말아야 한다. 일을 급히 서둘러 공적을 올리려고 하다가는 도리어 목적을 이루지 못하고 조그만 이득을 탐내다가는 온 세상에 도움이 될 큰일을 이루지 못하는 법이다."

너무 서두르면 도리어 일이 진척되지 않는 것이 '欲速不達(욕속부달)'이고, 너무 좋게 만들려다가 도리어 그대로 둔 것만 못한 결과를 가져오게 되는 것이 '欲巧反拙(욕교반졸)'이다. 《論語(논어)》 子路篇(자로편)에 나오는 이야기이다. 공자의 제자 자하(子夏)가 거보라는 고을의 장관이 되자, 공자를 찾아와 정치하는 방법을 물었다. 그러자 공자는 이렇게 말했다. "빨리 하려고 서둘지 말고 작은 이익을 보지 마라. 빨리 하려고 서둘면 일이 잘되지 않고, 작은 이익을 보면 큰일이 이루어지지 않는다." 공자는 자하가 눈앞에 보이는 빠른 효과와 작은 이익에 집착하는 성격을 가지고 있기 때문에 이 같은 말을 하게 된 것이다.

출전 : 《논어(論語) – 자로편》
유의어 : 욕교반졸(欲巧反拙)

한자 배우기

王 임금 왕　玉총4획　王王王王

兄 맏 형　儿총5획　兄兄兄兄兄

佛 부처 불　人총7획　佛佛佛佛佛佛佛

外 바깥 외　夕총5획　外外外外外

柔 부드러울 유　木총9획　柔柔柔柔柔柔柔柔柔

内 안 내　入총4획　内内内内

剛 굳셀 강　刂총10획　剛剛剛剛剛剛剛剛剛剛

樂 좋아할 요　木총15획　樂樂樂樂樂樂樂樂樂樂樂樂

山 메 산　山총3획　山山山

水 물 수　水총4획　水水水水

欲 하고자할 욕　欠총11획　欲欲欲欲欲欲欲欲欲欲欲

速 빠를 속　辶총11획　速速速速速速速速速速速

不 아닐 부　一총4획　不不不不

達 이를 달　辶총13획　達達達達達達達達達達達達達

王	兄	佛	兄
임금 왕	맏 형	부처 불	맏 형

왕형불형 죽어서는 부처의 형이 되고, 살아서는 왕의 형이 된다는 뜻으로 부러운 것이 없고 거리낌이 없음.

王	兄	佛	兄

外	柔	内	剛
바깥 외	부드러울 유	안 내	굳셀 강

외유내강 겉은 부드러우나 속은 곧고 굳다는 뜻으로, 겉으로는 부드럽고 순해 보이나 속마음은 단단하고 굳세다는 말.

外	柔	内	剛

樂	山	樂	水
좋아할 요	메 산	좋아할 요	물 수

요산요수 산을 좋아하고 물을 좋아한다는 뜻으로, 산수(山水 : 자연)를 좋아함을 말함.

樂	山	樂	水

欲	速	不	達
하고자할 욕	빠를 속	아닐 부	이를 달

욕속부달 빨리 하고자 하면 도달하지 못한다는 뜻으로, 너무 급하게 서두르다 보면 오히려 일을 그르치게 된다는 말.

欲	速	不	達

龍頭蛇尾 용두사미

머리는 용이고 꼬리가 뱀이라는 뜻으로, 처음은 좋으나 끝이 좋지 않음을 가리키는 말.

[故事] 옛날 중국의 용흥사라는 절에 진존자(陳尊者)라는 스님이 있었다. 어느 날, 진존자는 처음 보는 스님과 상대방의 도를 알아보는 선문답을 하게 되었다. 진존자가 한 마디 건네자 그 스님은 버럭 소리를 질렀다.

"야단을 맞았네. 도를 아주 많이 닦은 스님이신가 보구나."

진존자는 그 스님을 좋게 생각했다. 잠시 뒤 그 스님은 또 다짜고짜 소리를 질렀다.

'겉보기에는 용의 머리처럼 훌륭한 스님같이 보이지만 실제로는 뱀의 꼬리처럼 형편없는 사람인지도 모르겠구나.'

이렇게 생각한 진존자는 스님에게 말했다.

"소리를 쳤으면 무엇 때문에 그랬는지 마무리를 지어야지요!"

그러자 그 스님은 슬그머니 자리를 피했다. 자기가 소리를 지르면 다들 대단한 인물인 줄 알고 슬금슬금 피했는데 진존자는 그렇지 않았기 때문이다. 그 모습을 지켜보던 사람들은 '용두사미'라고 하며 그 스님을 비웃었다.

시작은 용의 머리처럼 웅장하나 끝은 뱀의 꼬리처럼 빈약하기 그지없다는 뜻으로, 초심을 유지한 끝맺음의 중요성을 나타낸 말이다. 중국에서는 호두사미(虎頭蛇尾)라고도 부른다. 비슷한 의미로 사용되는 말이 유야무야(有耶無耶)가 있으나, 사실 전혀 다른 뜻으로 용두사미 기준으로 비교하면 오히려 사두사미에 가깝다.[의미] 간혹 말을 비틀어서 반대의 경우를 사두용미라고 하는 경우도 있으며, 처음부터 끝까지 다 좋다는 의미로 용두용미, 처음부터 끝까지 다 안 좋다는 뜻으로 사두사미로 변형해서 쓰기도 한다. 한편 기존의 고사성어 중에 용두사미와 뜻이 반대되는 말을 찾자면 대기만성이나 철두철미가 있다.

출전 : 《벽암집(碧岩集)》

한자 배우기

龍	용 용 龍 총16획	龍龍龍龍龍龍龍龍龍龍龍
頭	머리 두 頁 총16획	頭頭頭頭頭頭頭頭頭頭頭
蛇	뱀 사 虫 총11획	蛇蛇蛇蛇蛇蛇蛇蛇蛇蛇蛇
尾	꼬리 미 尸 총7획	尾尾尾尾尾尾尾
牛	소 우 牛 총4획	牛牛牛牛
耳	귀 이 耳 총6획	耳耳耳耳耳耳
讀	읽을 독 言 총22획	讀讀讀讀讀讀讀讀讀讀讀
經	경서 경 糸 총13획	經經經經經經經經經經經
衛	지킬 위 行 총15획	衛衛衛衛衛衛衛衛衛衛
正	바를 정 止 총5획	正正正正正
斥	자를 척 斤 총5획	斥斥斥斥斥
邪	간사할 사 阝 총7획	邪邪邪邪邪邪邪
韋	가죽 위 韋 총9획	韋韋韋韋韋韋韋韋韋
編	엮을 편 糸 총15획	編編編編編編編編編編編編
三	석 삼 一 총3획	三三三
絶	끊을 절 糸 총12획	絶絶絶絶絶絶絶絶絶絶絶

龍	頭	蛇	尾
용 용	머리 두	뱀 사	꼬리 미

용두사미 머리는 용이고 꼬리는 뱀이라는 뜻으로, 처음은 좋으나 끝이 좋지 않음을 가리키는 말.

龍	頭	蛇	尾

牛	耳	讀	經
소 우	귀 이	읽을 독	경서 경

우이독경 쇠귀에 경 읽기라는 뜻으로, 아무리 가르치고 일러 주어도 알아듣지 못함의 비유하는 말.

牛	耳	讀	經

衛	正	斥	邪
지킬 위	바를 정	자를 척	간사할 사

위정척사 바른 것은 보호하고 간사한 것은 내친다는 뜻으로, 조선 후기에 유교적인 질서를 보존하고 외국 세력을 배척한 운동을 말함.

衛	正	斥	邪

韋	編	三	絶
가죽 위	엮을 편	석 삼	끊을 절

위편삼절 가죽으로 맨 책의 끈이 세 번이나 닳아 끊어지다는 뜻으로, 독서에 힘씀을 이르는 말.

韋	編	三	絶

有備無患 유비무환

무슨 일이든지 미리 준비가 되어 있으면 근심할 것이 없다는 말.

[故事] 출전(出典)은《서경(書經)》과《좌씨전(左氏傳)》이다. 춘추시대에 진(晉)나라의 도공(悼公)에게는 사마 위강(司馬魏絳)이라는 유능한 신하가 있었는데 그는 법을 엄히 적용하는 것으로 이름이 났다. 그런 그가 도공의 동생인 양간(楊刊)이 군법을 어기자 그의 마부를 대신 잡아다 목을 베어 죽인 일이 있었다. 양간이 형에게 호소하기를 "지금 사마 위강에게는 눈에 뵈는 것이 없나 봅니다. 감히 제 마부를 목을 베어 죽여 우리 왕실을 욕보였습니다." 도공은 자초지종을 듣지도 않고 사마 위강을 잡아 오라고 하였다. 이때 곁에 있던 양설이라는 신하가 위강을 변호하였다. "위강은 충신으로 그가 그런 일을 했다면 반드시 연유가 있었을 것입니다." 이 말을 듣고 도공이 내막을 알게 되어 위강은 더욱 신임을 받게 되었다.

어느 해 정나라가 송(宋)나라를 침략하자 송은 진나라에 구원을 요청하였다. 진의 도공은 즉시 노(魯)와 제(齊), 조(曹)나라 등 12개국에 사신을 보내 연합군을 편성하여 위강의 지휘로 도성을 에워싸고 항복을 요구하여 마침내 정나라는 연합국과 불가침조약을 맺게 되었다. 한편 초(楚)나라는 정나라가 북방과 화친을 맺자 이에 불만을 품고 정나라를 침공하였다. 초나라의 군대가 강성함을 안 정나라는 초나라와도 화의를 맺었다. 이러한 정의 태도에 화가 난 12개국이 정나라를 다시 쳤으나 이번에도 진의 주선으로 화의를 맺자 정나라는 도공에게 감사의 뜻으로 값진 보물과 궁녀를 선물로 보내 왔고 도공은 이것을 다시 위강에게 하사하려고 했다. 그러자 사마 위강은 "편안할 때에 위기를 생각하십시오(居安思危). 그러면 대비를 하게 되며(思則有備), 대비태세가 되어 있으면 근심이 사라지게 됩니다(有備則無患)"라며 거절하였다.

출전 :《서경(書經) – 열명(說命)》
유의어 : 거안사위(居安思危).

한자 배우기

有	있을 유	月 총6획	有有有有有有
口	입 구	口 총3획	口口口
無	없을 무	灬 총12획	無無無無無無無無無無無無
言	말씀 언	言 총7획	言言言言言言言
名	이름 명	口 총6획	名名名名名名
實	열매 실	宀 총14획	實實實實實實實實實實實實

備	갖출 비	人 총12획	備備備備備備備備備備
患	근심 환	心 총11획	患患患患患患患患患患患
柳	버들 류(유)	木 총9획	柳柳柳柳柳柳柳柳柳
暗	어두울 암	日 총13획	暗暗暗暗暗暗暗暗暗暗暗暗暗
花	꽃 화	++ 총8획	花花花花花花花花
明	밝을 명	日 총8획	明明明明明明明明

有	口	無	言
있을 유	입 구	없을 무	말씀 언

유구무언 입은 있으나 말이 없다는 뜻으로, 변명할 말이 없다는 의미의 말.

有	口	無	言

有	名	無	實
있을 유	이름 명	없을 무	열매 실

유명무실 소문난 잔치에 먹을 것 없다는 뜻으로, 명성은 높은데 실속은 없다는 말.

有	名	無	實

有	備	無	患
있을 유	갖출 비	없을 무	근심 환

유비무환 미리 준비가 되어 있으면 근심할 것이 없다는 뜻으로, 모든 것은 갖춘 것이 있어야만 근심이 없게 된다는 말.

有	備	無	患

柳	暗	花	明
버들 류(유)	어두울 암	꽃 화	밝을 명

유암화명 버들이 무성하여 그늘이 짙고, 꽃이 활짝 피어 환하게 아름답다.

柳	暗	花	明

1단계

2단계

3단계

意氣揚揚 의기양양

별 것도 아닌게 시건방을 떤다는 의미가 내포되어 있음. 뜻한 바를 이루어 만족한 마음이
얼굴에 나타난 모양이라는 뜻으로, 자랑스럽게 행동하는 것을 뜻하는 말.

[故事] 안자(안영)가 제나라의 재상이 되어 국정을 다스릴 때, 아침마다 그를 궁으로 모시는 마부가 있었다. 이 마부가 마차를 끌고 안영을 모실 때 마부의 아내가 그 모습을 보아하니 마부의 모습이 참으로 의기양양한 것이 아닌가.(意氣揚揚, 甚自得也) 그날 일을 마치고 돌아온 마부에게 마부의 아내는 이혼을 요청하였고 이에 놀란 마부가 그 까닭을 묻자 이유를 답하였다.

"당신은 일개 마부로서 마차를 끄는 것에 뽐내지만 당신이 모시는 안자께옵선 키가 6자도 채 안 되심에도 일국의 재상이십니다. 안자께서 승거하실 때는 늘 나랏일에 걱정하시고 저 초왕도 두려워하는 인재시지만 당신은 키가 8자나 되면서 마부인 것에 시건방진 모습이니 저는 이 부끄러움을 견딜 수가 없습니다. 그러니 이혼을 해 주셨으면 합니다."

이후의 이야기는 안영이 태도가 변한 마부를 보고 대부로 천거한다는 이야기로 끝을 맺는다. 의기양양이란 고사는 기가 산 모양으로 뽐내는 모양새를 뜻하며 보통 좋은 의미가 아니라 부정적인 용어로 많이 쓰인다.

사마천은 이 일화를 소개한 이후 다음과 같은 평을 남겼는데, 내용이 누가 보아도 안영을 흠모하고 있음을 알 수 있다.

假令晏子而在(가령안자이재)　余雖爲之執鞭(여수위지집편)　所忻慕焉(소흔모언)

만일 안자(안영)가 지금 이 자리에 있다면, 내 비록 그를 위해 채찍을 잡는다 할지라도
기꺼이 받아들일 만큼 그를 흠모하고 있다.

출전 : 《사기(史記)》

한자 배우기

唯	오직 유	口 총11획	唯唯唯唯唯唯唯唯唯唯唯
一	한 일	一 총1획	一
無	없을 무	灬 총12획	無無無無無無無無無無無無
二	두 이	二 총2획	二二
有	있을 유	月 총6획	有有有有有有
害	해로울 해	宀 총10획	害害害害害害害害害害
益	더할 익	皿 총10획	益益益益益益益益益益
陰	그늘 음	阝 총11획	陰陰陰陰陰陰陰陰陰陰陰
德	큰 덕	彳 총15획	德德德德德德德德德德德
陽	볕 양	阝 총12획	陽陽陽陽陽陽陽陽陽陽陽陽
報	갚을 보	土 총12획	報報報報報報報報報報報報
意	뜻 의	心 총13획	意意意意意意意意意意意意
氣	기운 기	气 총10획	氣氣氣氣氣氣氣氣氣氣
揚	날릴 양	扌 총12획	揚揚揚揚揚揚揚揚揚揚揚揚

唯	一	無	二
오직 유	한 일	없을 무	두 이

유일무이 오직 하나요 둘도 없다는 뜻으로, '유일(唯一)하다'의 강조어.

唯	一	無	二

有	害	無	益
있을 유	해로울 해	없을 무	더할 익

유해무익 해롭기만 하고 이로움은 없다는 뜻으로 아무 이로움이 없음.

有	害	無	益

陰	德	陽	報
그늘 음	큰 덕	볕 양	갚을 보

음덕양보 사람이 보지 않는 곳에서 좋은 일을 베풀면 반드시 그 일이 드러나서 갚음을 받는다.

陰	德	陽	報

意	氣	揚	揚
뜻 의	기운 기	날릴 양	날릴 양

의기양양 뜻한 바를 이루어 만족한 마음이 얼굴에 나타난 모양이라는 뜻으로, 자랑스럽게 행동하는 것을 뜻하는 말.

意	氣	揚	揚

1단계

2단계

3단계

以心傳心 이심전심

마음에서 마음으로 뜻이 통한다는 말.

[故事] 중국 송나라 시대의 중 도언(道彦)이 석가 이후 고승들의 법어(法語)를 기록한 《전등록(傳燈錄)》에서 보면 석가가 제자인 가섭(迦葉)에게 말이나 글이 아니라 '이심전심'의 방법으로 불교의 진수(眞髓)를 전했다는 이야기가 나온다.

이에 대해 송나라의 중 보제(普濟)의 《오등회원(五燈會元)》에는 다음과 같이 적혀 있다.

어느 날 석가는 제자들을 영산(靈山)에 불러 모았다. 그리고 그들 앞에서 손가락으로 '연꽃 한 송이를 집어 들고 말없이 약간 비틀어 보였다[拈華].' 제자들은 석가가 왜 그러는지 그 뜻을 알 수 없었다. 그러나 가섭만은 그 뜻을 깨닫고 '빙긋이 웃었다[微笑].' 그제야 석가는 가섭에게 말했다.

"나에게는 정법안장[正法眼藏 : 인간이 원래 갖추고 있는 마음의 묘덕(妙德)]과 열반묘심[涅槃妙心 : 번뇌(煩惱)를 벗어나 진리에 도달한 마음], 실상무상(實相無相 : 불변의 진리), 미묘법문(微妙法門 : 진리를 아는 마음), 불립문자 교외별전(不立文字 敎外別傳 : 모두 언어나 경전에 의하지 않고 '이심전심'으로 전하는 오묘한 뜻. 곧, 진리는 마음에 의해서만 전해지고 받아들여지기 때문에 이렇게 말함)이 있다. 이것을 너에게 전해 주마."

여기서 말하는 '정법안장'이란 사람이 원래 갖추고 있는 매우 뛰어난 마음의 덕을 말하고, '열반묘심'은 번뇌를 벗어나서 진리에 도달하는 마음을 말하며, '실상무상'은 영원히 변하지 않는 진리를, '미묘법문'은 그 진리를 아는 마음을 뜻하고, '불립문자 교외별전'은 '어떤 언어나 문자에 의하지 않고 마음에서 마음으로 통해 전하는' 오묘한 뜻을 말한다.

출전 : 《전등록(傳燈錄)》
유의어 : 염화미소(拈華微笑), 심심상인(心心相印).

한자배우기

以	써 이 人 총5획	以以以以以
德	덕 덕 彳 총15획	德德德德德德德德德德德
服	옷 복 月 총8획	服服服服服服服服
人	사람 인 人 총2획	人人
心	마음 심 心 총4획	心心心心
傳	전할 전 人 총13획	傳傳傳傳傳傳傳傳傳傳

熱	더울 열 灬 총15획	熱熱熱熱熱熱熱熱熱熱熱
治	다스릴 치 氵 총8획	治治治治治治治治
利	이로울 리 刂 총7획	利利利利利利利
害	해로울 해 宀 총10획	害害害害害害害害害害
得	얻을 득 彳 총11획	得得得得得得得得得得
失	잃을 실 大 총5획	失失失失失

以	德	服	人
써 이	덕 덕	옷 복	사람 인

이덕복인 무력이 아니라 사람 된 도리로 상대방이 자신을 따르게 함.

以	德	服	人

以	心	傳	心
써 이	마음 심	전할 전	마음 심

이심전심 불도, 즉 부처의 마음이 제자인 가섭의 마음에 전해진다는 뜻으로, 마음에서 마음으로 전한다는 말.

以	心	傳	心

以	熱	治	熱
써 이	더울 열	다스릴 치	더울 열

이열치열 열로써 열을 다스린다는 뜻으로, 어떤 작용에 대하여 그것과 같은 수단으로 대응한다는 것을 비유한 말.

以	熱	治	熱

利	害	得	失
이로울 이	해로울 해	얻을 득	잃을 실

이해득실 이로움과 해로움 및 얻음과 잃음이라는 뜻으로, 이득과 손해가 있음을 따진다는 말.

利	害	得	失

一擧兩得 일거양득

한 가지 일로 두 가지 이익을 거둔다는 뜻.

[故事] 중국 진나라시대 혜문왕(惠文王) 때의 일이다. 중신 사마조(司馬錯)는 어전에서 '중원으로의 진출이야말로 조명시리(朝名市利)에 부합하는 패업(霸業)'이라며 중원으로의 출병을 주장하는 재상 장의(張儀)와는 달리 혜문왕에게 이렇게 진언했다.

"신이 듣기로는 부국을 원하는 군주는 먼저 국토를 넓히는 데 힘써야 하고, 강병(强兵)을 원하는 군주는 먼저 백성의 부(富)에 힘써야 하며, 패자(霸者)가 되기를 원하는 군주는 먼저 덕을 쌓는 데 힘써야 한다고 합니다. 이 세 가지 요건이 갖춰지면 패업은 자연히 이루어지는 법입니다. 하오나, 지금 진나라는 국토도 협소하고 백성들은 빈곤합니다. 그래서 이 두 가지 문제를 한꺼번에 해결하려면 먼저 막강한 진나라의 군사로 촉(蜀) 땅의 오랑캐를 정벌하는 길밖에 달리 좋은 방법이 없는 줄로 압니다. 그러면 국토는 넓어지고 백성들의 재물은 쌓일 것입니다. 이야말로 '일거양득'이 아니겠습니까?

그러나 지금 천하를 호령하기 위해 천하의 종실(宗室)인 주(周)나라와 동맹을 맺고 있는 한(韓)나라를 침범하면, 한나라는 제(齊)나라와 조(趙)나라를 통해서 초(楚)나라와 위(魏)나라에 구원을 청할 게 분명하며, 더욱이 주나라의 *구정(九鼎)은 초나라로 옮겨질 것입니다. 그땐 진나라가 공연히 천자를 위협한다는 악명(惡名)만 얻을 뿐입니다."

혜문왕은 사마조의 진언에 따라 촉 땅의 오랑캐를 정벌하고 국토를 넓혔다.

* 우왕(禹王) 때에 당시 전 중국 대륙인 아홉 고을[九州]에서 바친 금(金, 일설에는 구리)으로 만든 솥. 하(夏)·은(殷) 이래 천자(天子)에게 전해 오는 상징적 보물이었으나 주왕조(周王朝) 때에 없어졌다고 함.

출전 : 《춘추후어(春秋後語)》
유의어 : 일전쌍조(一箭雙鵰), 일석이조(一石二鳥)
반의어 : 일거양실(一擧兩失)

한자배우기

人 사람 인	人총2획	人人
之 갈 지	ノ총4획	之之之之
常 떳떳할 상	巾총11획	常常常常常常常常常常常
情 뜻 정	忄총11획	情情情情情情情情情情情
一 한 일	一총1획	一
擧 들 거	手총18획	擧擧擧擧擧擧擧擧擧擧擧擧擧
雨 두 양	入총8획	雨雨雨雨雨雨雨雨

得 얻을 득	彳총11획	得得得得得得得得得得得
石 돌 석	石총5획	石石石石石
二 두 이	二총2획	二二
鳥 새 조	鳥총11획	鳥鳥鳥鳥鳥鳥鳥鳥鳥鳥鳥
進 나아갈 진	辶총12획	進進進進進進進進
退 물러날 퇴	辶총10획	退退退退退退退退退退

人	之	常	情
사람 인	갈 지	떳떳할 상	뜻 정

인지상정 사람의 보통 인정이라는 뜻으로, 사람이면 누구나 가지는 보통 마음이나 생각의 의미를 가리킴.

人	之	常	情

一	擧	兩	得
하나 일	들 거	두 양	얻을 득

일거양득 하나를 노려서 두 개를 얻는다는 뜻으로, 한 가지 일로 두 가지 이득을 본다는 말.

一	擧	兩	得

一	石	二	鳥
하나 일	돌 석	두 이	새 조

일석이조 한 개의 돌로 두 마리 새를 잡는다는 뜻으로, 한 가지 일로 두 가지 이득을 얻는다는 말.

一	石	二	鳥

一	進	一	退
하나 일	나아갈 진	하나 일	물러날 퇴

일진일퇴 한 번 나아가고 한 번 물러섬의 뜻으로 상대와 경쟁을 벌이는 과정에서 전진과 후퇴를 반복한다는 말.

一	進	一	退

一片丹心 일편단심

한 조각의 붉은 마음이라는 뜻으로, 변하지 않는 참된 마음을 의미하는 말.

[설명] 붉은 마음이란 참된 마음, 충성심처럼 변치 않는 마음을 가리킨다. 선비들은 이러한 마음을 매우 소중하게 여겼다. 고려 말의 충신 정몽주 선생의 시조 한 편을 감상해보자.

> 이 몸이 죽고 죽어 일백 번 고쳐 죽어
> 백골(白骨)이 진토(塵土)되어 넋이라도 있고 없고
> 임 향한 일편단심(一片丹心)이야 가실 줄이 있으랴.

백골(白骨)은 사람이 죽어 시간이 지나 뼈만 남은 것이고, 진토(塵土)는 흙먼지란 뜻이므로, 죽은 지 오랜 시간이 흘러 뼈가 먼지로 변한다 할지라도 충정(忠情)은 변하지 않는다는 말이다.
그렇다면 이번에는 사육신 가운데 한 분인 박팽년의 일편단심을 살펴보자.

> 까마귀 눈비 맞아 희는 듯 검노매라
> 야광명월이 밤인들 어두우랴
> 임 향한 일편단심이야 고칠 줄이 있으랴.

눈비가 내려도 검은 까마귀와 밤하늘 속 달빛처럼 임을 향한 마음은 변치 않는다는 말이다. 세조의 회유에 답한 이 시는 박팽년의 절개를 잘 보여준다.

출전 : 《박팽년의 시조》

한자 배우기

日 날 일 日총4획 日 日 日 日		立 설 입 立총5획 立 立 立 立 立
就 나아갈 취 尤총12획 就 就 就 就 就 就 就 就 就 就		身 몸 신 身총7획 身 身 身 身 身 身 身
月 달 월 月총4획 月 月 月 月		揚 오를 양 扌총12획 揚 揚 揚 揚 揚 揚 揚 揚 揚 揚
將 장차 장 寸총11획 將 將 將 將 將 將 將 將 將 將		名 이름 명 口총6획 名 名 名 名 名 名
片 조각 편 片총4획 片 片 片 片		自 스스로 자 自총6획 自 自 自 自 自 自
丹 붉을 단 丶총4획 丹 丹 丹 丹		強 굳셀 강 弓총12획 強 強 強 強 強 強 強 強 強 強
心 마음 심 心총4획 心 心 心 心		息 쉴 식 心총10획 息 息 息 息 息 息 息 息 息 息

日	就	月	將
날 일	나아갈 취	달 월	장차 장

일취월장 날마다 달마다 성장하고 발전한다는 뜻으로, 학업이 날이 가고 달이 갈수록 진보, 발전함을 일컫는 말.

日	就	月	將

一	片	丹	心
한 일	조각 편	붉을 단	마음 심

일편단심 한 조각의 붉은 마음이라는 뜻으로, 변하지 않는 참된 마음을 의미하는 말.

一	片	丹	心

立	身	揚	名
설 입	몸 신	오를 양	이름 명

입신양명 출세하여 이름을 세상에 떨친다는 뜻으로, 사회적으로 인정을 받고 출세한다는 말.

立	身	揚	名

自	强	不	息
스스로 자	굳셀 강	아닐 불	쉴 식

자강불식 스스로 힘쓰며 쉬지 아니한다는 뜻으로, 스스로 쉬지 않고 끊임없이 노력함을 말함.

自	强	不	息

1 단계

2 단계

3 단계

作心三日 작심삼일

마음 먹은 지 삼일이 못간다는 말로, 결심이 얼마 되지 않아 흐지부지 된다는 말.

[설명] 보통은 '마음 먹은 게 사흘을 못 가서 흐지부지되는 행태'를 이르는 말이다. 아주 간혹 '사흘 간의 고심 끝에 비로소 결정할 정도의 신중함을 의미'하기도 하지만 보통은 전자의 의미로 사용되는 경우가 압도적으로 많다.

작심삼일에서 작심이라는 말은 《맹자》의 등문공(騰文公) 하편의 호변장(好辯章)에서 언급된 구절로서 "그 마음에 일어나고 그 마음에 해치며 그 일에 일어나서 그 정치를 해친다."는 의미이다.

가장 흔한 게, 새해 첫날 금주나 금연을 결심하는 경우가 많은데, 사실 사회생활하면서 술을 멀리하기는 어려운 노릇이고, 금연도 필요성이 절박하지 않은 이상 실천하기가 어렵다. 새해 첫날이라고 무작정 실천하지도 못할 그럴싸한 계획을 세우는 게 잘못이라는 말이다. 그러므로 무엇을 하려면 사흘 간의 고심 끝에 비로소 결정을 하는 신중함처럼, 정말로 신중하게 생각하고 계획하는 게 바람직하다. 또한 본인에게 가능할 법한 계획을 세우는 건 두말하면 잔소리이다.

출전 : 《맹자(孟子)－등문공(騰文公)하(下)》

한자 배우기

子	아들 자	子 총3획	子子子
孫	손자 손	子 총10획	孫孫孫孫孫孫孫孫孫孫
作	지을 작	人 총7획	作作作作作作作
心	마음 심	心 총4획	心心心心
三	석 삼	一 총3획	二三三
日	날 일	日 총4획	日日日日
長	어른 장	長 총8획	長長長長長長長長

幼	어릴 유	幺 총5획	幼幼幼幼幼
有	있을 유	月 총6획	有有有有有有
序	차례 서	广 총7획	序序序序序序序
前	앞 전	刂 총9획	前前前前前前前前前
途	길 도	辶 총11획	途途途途途途途途途途途
望	바랄 망	月 총11획	望望望望望望望望望望望

子	子	孫	孫
아들 자	아들 자	손자 손	손자 손

자자손손 자손의 여러 대라는 뜻으로, 후세까지 대를 이어 줄곧 이어진다는 말.

子	子	孫	孫

作	心	三	日
지을 작	마음 심	석 삼	날 일

작심삼일 품은 마음이 삼 일을 못 간다는 뜻으로, 결심이 굳지 못함을 일컫는 말.

作	心	三	日

長	幼	有	序
어른 장	어릴 유	있을 유	차례 서

장유유서 어른과 어린이는 차례가 있다는 뜻으로, 연장자와 연소자 사이에는 지켜야 할 차례가 있음을 이르는 오륜(五倫)의 하나.

長	幼	有	序

前	途	有	望
앞 전	길 도	있을 유	바랄 망

전도유망 앞길에 희망이 있음. 장래가 유망함.

前	途	有	望

切磋琢磨 절차탁마

자르고 깎고 갈고 닦아서 빛을 낸다는 뜻으로, 수양에 수양을 쌓는다는 말.
학문, 기예 따위를 힘써 갈고 닦음을 비유한 말.

[故事] 언변과 재기가 뛰어난 자공(子貢)이 어느 날 스승인 공자에게 이렇게 물었다.

"선생님, 가난하더라도 남에게 아첨하지 않으며[빈어무첨(貧而無諂)], 부자가 되더라도 교만하지 않는 사람이 있다면[부이무교(富而無驕)], 그건 어떤 사람일까요?"

"좋긴 하지만, 가난하면서도 도를 즐기고[빈어락도(貧而樂道)], 부자가 되더라도 예를 좋아하는 사람만은 못하느니라[부이호례(富而好禮)]."

공자의 대답에 이어 자공은 또 이렇게 물었다.

"〈시경(詩經)〉에 '선명하고 아름다운 군자는 뼈나 상아(象牙)를 잘라서 줄로 간 것[切磋]처럼 또한 옥이나 돌을 쪼아서 모래로 닦은 것[琢磨]처럼 밝게 빛나는 것 같다'고 나와 있는데 이는 선생님이 말씀하신 '수양에 수양을 쌓아야 한다'는 것을 말한 것일까요?"

공자는 이렇게 대답했다.

"사(賜 : 자공의 이름)야, 이제 너와 함께 〈시경〉을 말할 수 있게 되었구나. 과거의 것을 알려주면 미래의 것을 안다고 했듯이 너야말로 하나를 듣고 둘을 알 수 있는 인물이로다."

톱으로 자르고 줄로 쓸고, 끌로 쪼며 숫돌에 간다. 끊고 닦고 쪼고 갈듯이 학문·도덕·기예 등을 열심히 닦는다. 뼈나 상아나 옥돌로 물건을 만들 때, 순서를 밟아 다듬고 또 다듬어 완전무결한 물건으로 만들어 내는 것처럼 학문을 닦고 수양을 쌓는 데도 똑같은 과정을 거쳐야 한다.

출전 : 《시경(詩經) – 위풍(衛風)》
유의어 : 절마(切磨)

한 자 배 우 기

切 끊을 절	刀 총 4획 切 切 切 切	針 바늘 침	金 총 10획 針 針 針 針 針 針 針 針 針 針
磋 갈 차	石 총 15획 磋 磋 磋 磋 磋 磋 磋 磋 磋 磋 磋 磋	正 바를 정	止 총 5획 正 正 正 正 正
琢 쪼을 탁	口 총 11획 琢 琢 琢 琢 琢 琢 琢 琢 琢 琢 琢	堂 집 당	土 총 11획 堂 堂 堂 堂 堂 堂 堂 堂 堂 堂 堂
磨 갈 마	石 총 16획 磨 磨 磨 磨 磨 磨 磨 磨 磨 磨 磨 磨	朝 아침 조	月 총 12획 朝 朝 朝 朝 朝 朝 朝 朝 朝 朝 朝
頂 정수리 정	頁 총 11획 頂 頂 頂 頂 頂 頂 頂 頂 頂 頂 頂	令 하여금 령	人 총 5획 令 令 令 令 令
門 문 문	門 총 8획 門 門 門 門 門 門 門 門	暮 저녁 모	日 총 15획 暮 暮 暮 暮 暮 暮 暮 暮 暮 暮 暮 暮
一 한 일	一 총 1획 一	改 고칠 개	攵 총 7획 改 改 改 改 改 改 改

切	磋	啄	磨
끊을 절	갈 차	쪼을 탁	갈 마

절차탁마 옥이나 돌 따위를 자르고 닦아 쪼며 갈아 빛을 낸다는 뜻으로, 학문이나 인격을 갈고 닦음을 나타내는 말.

切	磋	啄	磨

頂	門	一	針
정수리 정	문 문	한 일	바늘 침

정문일침 정수리에 침을 놓다는 뜻으로, 남의 잘못에 대한 따끔한 비판이나 타이름을 한다는 말.

頂	門	一	針

正	正	堂	堂
바를 정	바를 정	집 당	집 당

정정당당 태도나 수단이 공정하고 떳떳하다는 뜻으로, 공명정대한 모습을 일컫는 말.

正	正	堂	堂

朝	令	暮	改
아침 조	하여금 령	저녁 모	고칠 개

조령모개 아침에 내린 명령을 저녁에 다시 바꾼다는 뜻으로, 일관성이 없이 법령이나 명령을 자주 바꿈을 일컫는 말.

朝	令	暮	改

朝三暮四 조삼모사

아침에 세 개, 저녁에 네 개라는 뜻으로, 당장 눈앞의 차별만을 알고 그 결과가 같음을 모름을 비유한 말. 또는 간사한 잔꾀로 남을 속여 희롱함을 이르는 말.

[故事] 전국 송나라시대에 저공(狙公)이라는 사람이 있었다. 저(狙)란 원숭이를 뜻한다. 그 이름이 말해 주듯이 저공은 많은 원숭이를 기르고 있었는데 그는 가족의 양식까지 퍼다 먹일 정도로 원숭이를 좋아했다. 그래서 원숭이들은 저공을 따랐고 마음까지 알았다고 한다.

그런데 워낙 많은 원숭이를 기르다 보니 먹이를 대는 일이 날로 어려워졌다. 그래서 저공은 원숭이에게 나누어 줄 먹이를 줄이기로 했다. 그러나 먹이를 줄이면 원숭이들이 싫어할 것 같아 우선 원숭이들에게 이렇게 말했다.

"너희들에게 나누어 주는 도토리를 앞으로는 '아침에 세 개, 저녁에 네 개[朝三暮四]'씩 줄 생각인데 어떠냐?"

그러자 원숭이들은 하나같이 화를 냈다. '아침에 도토리 세 개로는 배가 고프다'는 불만임을 안 저공은 '됐다' 싶어 이번에는 이렇게 말했다.

"그럼, 아침에 네 개, 저녁에 세 개[朝四暮三]씩 주마."

그러자 원숭이들은 모두 기뻐했다고 한다.

아침에 3개 저녁에 4개를 주나 아침에 4개 저녁에 3개를 주나, 먹이의 갯수는 똑같지만, 그걸 모르고 당장 눈앞에 닥친 현실에만 급급해하는 어리석은 상황을 묘사할 때 흔히 사용된다. 또는 잔 술수로 상대방을 현혹시키는 모습을 비유하기도 한다.

현대 중국어에서는 변덕이 심하다는 의미로 더 많이 쓰인다. 사실 이런 의미로는 아침에는 진나라에 붙고 저녁에는 초나라에 붙는다는 의미의 고사성어인 '조진모초'가 있다.

출전 : 《열자(列子) - 황제(黃帝), 장자(莊子) - 제물론(齊物論)》

한 자 배 우 기

朝	아침 조	月 총12획	朝朝朝朝朝朝朝朝朝朝朝朝
變	바꿀 변	言 총23획	變變變變變變變變變變變變變
夕	저녁 석	夕 총3획	夕夕夕
改	고칠 개	攵 총7획	改改改改改改改
三	석 삼	一 총3획	三三三
暮	저녁 모	日 총15획	暮暮暮暮暮暮暮暮暮暮暮暮暮暮暮
四	넉 사	口 총5획	四四四四四
坐	앉을 좌	土 총7획	坐坐坐坐坐坐坐
不	아닐 불	一 총4획	不不不不
安	편안할 안	宀 총6획	安安安安安安
席	자리 석	巾 총10획	席席席席席席席席席席
井	우물 정	二 총4획	井井井井
觀	볼 관	見 총25획	觀觀觀觀觀觀觀觀觀觀觀觀
天	하늘 천	大 총4획	天天天天

朝	變	夕	改
아침 조	바꿀 변	저녁 석	고칠 개

조변석개 아침저녁으로 뜯어 고친다는 뜻으로, 결정이나 계획을 자주 바꾼다는 말.

朝	變	夕	改

朝	三	暮	四
아침 조	석 삼	저녁 모	넉 사

조삼모사 아침에 세 개 저녁에 네 개라는 뜻으로, 간사한 꾀로 남을 속인다는 말.

朝	三	暮	四

坐	不	安	席
앉을 좌	아닐 불	편안할 안	자리 석

좌불안석 자리에 편안히 앉지 못한다는 뜻으로, 마음에 불안이나 근심 등이 있어 한 자리에 오래 앉아 있지 못함을 말함.

坐	不	安	席

坐	井	觀	天
앉을 좌	우물 정	볼 관	하늘 천

좌정관천 우물 속에 앉아 하늘을 본다는 뜻으로, 견문이 좁음을 일컫는 말. 또는 세상일에 어두운 것.

坐	井	觀	天

酒池肉林 주지육림

술로 못을 이루고 고기로 숲을 이룬다는 뜻으로, 극히 호사스럽고 방탕한 주연(酒宴)을 일컫는 말.

[故事] 고대 중국의 하나라 걸왕(桀王)과 은나라 주왕(紂王)은 원래 현주(賢主)였으나 말희(妹喜), 달기(妲己)라는 요녀독부(妖女毒婦)에게 빠져 사치와 주색을 탐닉하다가 결국 폭군음주(暴君淫主)로 나라를 망치고 말았다.

걸왕은 자신이 정복한 오랑캐의 유시씨국(有施氏國)에서 공물로 바친 희대의 요녀 말희에게 반해서 보석과 상아로 장식한 궁전을 짓고 옥으로 만든 침대에서 밤마다 일락(逸樂)에 빠졌다.

또 무악에 싫증이 난 말희의 요구에 따라 궁정 한 모퉁이에 큰 못을 판 다음 바닥에 새하얀 모래를 깔고 향기로운 미주(美酒)를 가득 채웠다. 그리고 못 둘레에는 고기로 동산을 쌓고 포육(脯肉)으로 숲을 만들어 즐겼다. 이 같은 사치음일(奢侈淫佚) 속에서 걸왕은 하나라에 복속(服屬)했던 은나라 탕왕(湯王)에게 주벌(誅伐)당하고 말았다.

또한 은나라 마지막 군주인 주왕의 마음을 사로잡은 달기는 주왕이 정벌한 오랑캐의 유소씨국(有蘇氏國)에서 공물로 보내온 희대의 독부였다. 주왕은 그녀의 끝없는 욕망을 만족시키기 위해 가렴주구를 일삼았고, 국력을 기울여 호화찬란한 궁정을 짓고 미주와 포육으로 '주지육림'을 만들었다. 이같이 상식을 벗어난 미친 짓을 보다 못해 충신들이 간하면 주왕은 도리어 그들을 제왕의 행동을 비방하는 불충자로 몰아 가차 없이 포락지형(炮烙之刑 : 기름칠한 구리 기둥[銅柱]을 숯불 위에 걸쳐놓고 죄인을 그 위로 건너가게 하는 형벌)에 처하곤 했다. 이렇듯 폭군 음주로 악명을 떨치던 주왕도 결국 걸왕의 전철을 밟아 주(周)나라 시조인 무왕(武王)에게 멸망하고 말았다.

출전 : 《사기(史記) – 은본기(殷本紀)》
유의어 : 육산주지(肉山酒池), 육산포림(肉山脯林)

한자배우기

左	왼 좌	工 총5획	左左左左左
衝	찌를 충	行 총15획	衝衝衝衝衝衝衝衝衝衝衝衝衝衝衝
右	오른 우	口 총5획	右右右右右
突	부딪칠 돌	穴 총9획	突突突突突突突突突
晝	낮 주	日 총11획	晝晝晝晝晝晝晝晝晝晝晝
耕	밭갈 경	耒 총10획	耕耕耕耕耕耕耕耕耕耕
夜	밤 야	夕 총8획	夜夜夜夜夜夜夜夜
讀	읽을 독	言 총22획	讀讀讀讀讀讀讀讀讀讀讀
走	달릴 주	走 총7획	走走走走走走走
馬	말 마	馬 총10획	馬馬馬馬馬馬馬馬馬馬
看	볼 간	目 총9획	看看看看看看看看看
山	메 산	山 총3획	山山山
酒	술 주	酉 총10획	酒酒酒酒酒酒酒酒酒酒
池	못 지	氵 총6획	池池池池池池
肉	고기 육	肉 총6획	肉肉肉肉肉肉
林	수풀 림	木 총8획	林林林林林林林林

左	衝	右	突
왼 좌	찌를 충	오른 우	부딪칠 돌

좌충우돌 왼쪽으로 부딪치고 오른쪽으로 부딪친다는 뜻으로, 이리저리 구분하지 않고 함부로 맞닥뜨린다는 말.

左	衝	右	突

晝	耕	夜	讀
낮 주	밭갈 경	밤 야	읽을 독

주경야독 낮에는 농사를 짓고 밤에는 글을 읽는다는 뜻으로, 바쁘고 어려운 중에도 꿋꿋이 공부함을 이르는 말.

晝	耕	夜	讀

走	馬	看	山
달릴 주	말 마	볼 간	메 산

주마간산 달리는 말 위에서 산천을 구경한다는 뜻으로, 시간 들여 찬찬히 훑어보지 않고 서둘러 대충 보고 지나친다는 말.

走	馬	看	山

酒	池	肉	林
술 주	못 지	고기 육	수풀 림

주지육림 술로 못을 이루고 고기로 숲을 이룬다는 뜻으로, 극히 호사스럽고 방탕한 주연(酒宴)을 일컫는 말.

酒	池	肉	林

竹馬故友 죽마고우

어릴 때 같이 대나무로 만든 말을 타고 놀던 벗이란 뜻으로, 어렸을 때의 벗이나 소꿉동무,
또 어렸을 때 친하게 사귄 사이, 어렸을 때부터의 오랜 친구를 말함.

[故事] 중국 진(晉)나라 12대 황제인 간문제(簡文帝) 때의 일이다. 촉(蜀) 땅을 평정하고 돌아온 환온(桓溫)의 세력이 날로 커지자, 간문제는 환온을 견제하기 위해 은호(殷浩)라는 은사(隱士)를 건무장군(建武將軍) 양주자사(揚州刺史)에 임명했다. 그는 환온의 어릴 때 친구로서 학식과 재능이 뛰어난 인재였지만, 은호가 벼슬길에 나간 그 날부터 서로 정적이 되어 반목(反目)했다. 왕희지(王羲之)가 화해시키려고 했으나 은호가 듣지 않았다.

그 무렵에 오호십육국(五胡十六國) 중 하나인 후조(後趙)의 왕 석계룡(石季龍)이 죽고 호족(胡族) 사이에 내분이 일어나자, 진나라에서는 이 기회에 중원 땅을 회복하기 위해 은호를 중원 장군에 임명했다. 은호는 군사를 이끌고 출병했으나 도중에 말에서 떨어지는 바람에 제대로 싸우지도 못하고 결국 대패하고 돌아왔다.

환온은 기다렸다는 듯이 은호를 규탄하는 상소(上疏)를 올려 그를 변방으로 귀양 보내고 말았다. 그리고 환온은 사람들에게 이렇게 말했다.

"은호는 나와 '어릴 때 같이 죽마를 타고 놀던 친구[竹馬故友]'였지만 내가 죽마를 버리면 은호가 늘 가져가곤 했어. 그러니 그가 내 밑에서 머리를 숙여야 하는 것은 당연한 일이 아닌가."

환온이 끝까지 용서해 주지 않아 은호는 결국 변방의 귀양지에서 그의 생애를 마쳤다.

출전 : 《진서(珍書) – 은호전(殷浩傳)》
유의어 : 죽마지우(竹馬之友), 죽마지호(竹馬之好)

한자 배우기

竹	대 죽	竹총6획	竹竹竹竹竹竹
馬	말 마	馬총10획	馬馬馬馬馬馬馬馬馬馬
故	옛 고	攵총9획	故故故故故故故故故
友	벗 우	又총4획	友友友友
衆	무리 중	血총12획	衆衆衆衆衆衆衆衆衆衆衆衆
口	입 구	口총3획	口口口
難	어려울 난	隹총19획	難難難難難難難難難難難

防	막을 방	阝총7획	防防防防防防防
知	알 지	矢총8획	知知知知知知知知
己	자기 기	己총3획	己己己
之	갈 지	丿총4획	之之之之
指	가리킬 지	扌총9획	指指指指指指指指指
東	동녘 동	木총8획	東東東東東東東東
西	서녘 서	襾총6획	西西西西西西

竹	馬	故	友
대 죽	말 마	옛 고	벗 우

죽마고우 대나무로 만든 말을 타던 옛 벗이라는 뜻으로, 어릴 적부터 같이 놀며 자란 오랜 벗을 일컬음.

竹	馬	故	友

衆	口	難	防
무리 중	입 구	어려울 난	막을 방

중구난방 뭇사람의 말을 이루 다 막기가 어렵다는 뜻으로, 여러 명이 말을 마구 뱉어냄을 표현하는 말.

衆	口	難	防

知	己	之	友
알 지	자기 기	갈 지	벗 우

지기지우 자신을 알아주는 벗이라는 뜻으로, 자기의 진심과 진가를 알아주는 참다운 친구를 일컬음.

知	己	之	友

指	東	指	西
가리킬 지	동녘 동	가리킬 지	서녘 서

지동지서 동쪽을 가리키기도 하고 서쪽을 가리키기도 한다는 뜻으로, 근본에는 손을 못 대고 엉뚱한 것을 가지고 이러쿵저러쿵한다는 말.

指	東	指	西

指鹿爲馬 지록위마

사슴을 가리켜 말[馬]이라고 한다는 뜻으로, 윗사람을 농락하여 마음대로 휘두름을 비유한 말.
또는 위압적으로 남에게 잘못을 밀어붙여 끝까지 속이려 한다는 말.

[故事] 진나라 시황제가 죽자, 측근 환관 조고는 거짓 조서(詔書)를 꾸며 태자 부소를 죽이고 어린 호해를 세워 2세 황제로 삼았다. 현명한 부소보다 용렬한 호해가 다루기 쉬웠기 때문이다. 호해는 '천하의 모든 쾌락을 마음껏 즐기며 살겠다.'고 말했을 정도로 어리석었다.

조고는 어리석은 호해를 조종하여 경쟁자 승상 이사(李斯)를 비롯해서 그밖에 많은 옛날 신하들을 죽이고 조정의 실권을 장악했다. 그러자 역심이 생긴 조고는 중신들 가운데 자기를 반대하는 사람을 가려내기 위해 호해에게 사슴을 바치면서 이렇게 말했다.

"폐하, 말[馬]을 바치겠으니 거두어 주십시오."

"승상은 농담도 잘 하시오. 사슴을 가지고 말이라고 하다니[指鹿爲馬]……. 어떻소? 그대들 눈에도 말로 보이오?"

호해는 웃으며 좌우의 신하들을 둘러보았다. 잠자코 있는 사람보다 '그렇다'고 긍정하는 사람이 많았으나 '아니다'라고 부정하는 사람도 있었다. 조고는 그것을 기억해 두었다가 나중에 죽여 버렸다. 그 후 조고를 반대하는 사람이 하나도 없었다고 한다. 그러나 천하는 혼란에 빠졌다. 각처에서 반란이 일어났기 때문이다. 항우와 유방의 군사가 진격해 오자, 조고는 호해를 죽이고 부소의 아들 자영을 세워 3세 황제로 삼았다. 그러나 이번에는 자영이 조고의 죄를 물어 죽여버리고 말았다.

출전 : 《사기(史記) – 진시황본기(秦始皇本紀)》
유의어 : 위록위마(謂鹿爲馬)

한자배우기

芝	지초 지	⺿총8획	芝芝芝芝芝芝芝芝
蘭	난초 란	⺿총21획	蘭蘭蘭蘭蘭蘭蘭蘭蘭蘭蘭蘭
之	갈 지	丿총4획	之之之之
交	사귈 교	亠총6획	交交交交交交
指	가리킬 지	扌총9획	指指指指指指指指指
鹿	사슴 록	鹿총11획	鹿鹿鹿鹿鹿鹿鹿鹿鹿鹿鹿
爲	할 위	爪총12획	爲爲爲爲爲爲爲爲爲爲爲爲
馬	말 마	馬총10획	馬馬馬馬馬馬馬馬馬馬
知	알 지	矢총8획	知知知知知知知知
彼	저 피	彳총8획	彼彼彼彼彼彼彼彼
己	자기 기	己총3획	己己己
紙	종이 지	糸총10획	紙紙紙紙紙紙紙紙紙紙
筆	붓 필	竹총12획	筆筆筆筆筆筆筆筆筆筆筆筆
硯	벼루 연	石총12획	硯硯硯硯硯硯硯硯硯硯硯硯
墨	먹 묵	土총15획	墨墨墨墨墨墨墨墨墨墨墨墨墨墨墨

芝	蘭	之	交
지초 지	난초 란	갈 지	사귈 교

지란지교 지초와 난초 같은 향기로운 사귐이란 뜻으로, 벗 사이의 고상한 교제를 이르는 말.

芝	蘭	之	交

指	鹿	爲	馬
가리킬 지	사슴 록	할 위	말 마

지록위마 사슴을 가리켜 말이라고 우긴다는 뜻으로, 교묘한 꾀로 윗사람을 농락하며 권세를 마음대로 휘두름을 나태내는 말.

指	鹿	爲	馬

知	彼	知	己
알 지	저 피	알 지	자기 기

지피지기 적을 알고 나를 안다는 뜻으로, 상대를 제대로 알고 자신을 제대로 파악한다면, 아무리 싸우더라도 위태롭지 않다는 뜻.

知	彼	知	己

紙	筆	硯	墨
종이 지	붓 필	벼루 연	먹 묵

지필연묵 종이 · 붓 · 벼루 · 먹의 네 가지를 아울러 이르는 말.

紙	筆	硯	墨

1 단 계

2 단 계

3 단 계

知行合一 지행합일

지식과 행동이 하나로 합치된다는 뜻으로 이론과 실천은 일치되어야 한다는 말.

[설명] 유교에서는 일찍부터 인간의 인식과 실천의 상호관련성을 설명했는데, 그것이 지행론(知行論)의 형태로 체계적인 탐구의 대상이 된 것은 성리학이 발흥하면서부터이다. 주희는 "지가 행보다 앞서는 것이지만 중요성은 오히려 행에 있다"고 하여 행의 중요성을 강조했다. 그러나 왕수인은 지와 행이 본래 합일되어 있음을 주장하면서 주희의 지행론이 애초 분리될 수 없는 '지와 행'을 분리했다고 비판하고, 그 대신 지행합일론을 내세웠다. 주희의 지행론이 마음속에 존재하는 이의 실천, 즉 행이 사사물물에 존재하는 이(理)를 인식하는지의 결과에 따르도록 해야 한다는 당위를 말하는 것이라면, 왕수인의 지행합일론은 지와 행 양자의 근원적 통일성을 말하는 것이다. 왕수인에 의하면 지와 행은 심에 존재하는 양지의 발현이라는 형태로 처음부터 결합되어 있다.

출전 : 《왕양명(王陽明)—양명학(陽明學)》

千篇一律 천편일률

천 가지 작품이 한 가지 율조를 지닌다는 뜻으로, 여러 시문의 격조가 변화가 없이 똑같다는 말.

[설명] 각자 나름대로 작성한 시문이 판에 박은 듯이 똑같을 수는 없다. 따라서 실제로 천편일률이 일어날 확률은 거의 불가능하다. 결국 논리적으로 천편일률은 맞지 않고, 다만 비유적 표현으로만 성립한다. 여럿이 쓴 시문의 내용이 서로 비슷할 때 이를 비유하는 말로 사용된다. 또 사물이 모두 판에 박은 듯이 엇비슷할 때, 여러 사람의 생각이나 주장이 하나같이 개성이 없음을 뜻할 때 인용된다.

한자 배우기

知	알 지	矢총8획	知知知知知知知知
行	다닐 행	行총6획	行行行行行行
合	합할 합	口총6획	合合合合合合
一	한 일	一총1획	一
集	모을 집	隹총12획	集集集集集集集集集集集集
小	적을 소	小총3획	小小小
成	이룰 성	戈총6획	成成成成成成

天	하늘 천	大총4획	天天天天
長	길 장	長총8획	長長長長長長長長
地	땅 지	土총6획	地地地地地地
久	오랠 구	丿총3획	久久久
千	일천 천	十총3획	千千千
篇	책 편	竹총15획	篇篇篇篇篇篇篇篇篇篇篇篇篇
律	법칙 률	彳총9획	律律律律律律律律律

知	行	合	一
알 지	다닐 행	합할 합	한 일

지행합일 지식과 행동이 하나로 합치된다는 뜻으로 이론과 실천은 일치되어야 한다.

知	行	合	一

集	小	成	大
모을 집	적을 소	이룰 성	큰 대

집소성대 작은 것이 모여 큰 것을 이룬다.

集	小	成	大

天	長	地	久
하늘 천	길 장	땅 지	오랠 구

천장지구 하늘과 땅처럼 오래고 변함이 없음.

天	長	地	久

千	篇	一	律
일천 천	책 편	한 일	법칙 률

천편일률 천 가지 작품이 한 가지 율조를 지닌다는 뜻으로, 여러 시문의 격조가 변화가 없이 똑같다는 말.

千	篇	一	律

靑出於藍 청출어람

쪽[藍]에서 나온 푸른 물감이 쪽빛보다 더 푸르다는 뜻으로, 제자가 스승보다 더 나음을 이르는 말.

[故事] 이 말은 중국 춘추전국시대의 유학자로 성악설을 주창한 순자의 글에 나오는 한 구절이다. 학문은 끊임없이 계속되는 것이므로 중지해서는 안 된다(學不可以已). 푸른색은 쪽에서 취했지만 쪽빛보다 더 푸르고(靑取之於藍 而靑於藍), 얼음은 물이 이루었지만 물보다도 더 차다(氷水爲之 而寒於水).

학문이란 끊임없이 계속되는 것이므로 중도에 그쳐서는 안 된다는 뜻이다. 푸른색이 쪽빛보다 푸르듯이 얼음이 물보다 차듯이, 면학을 계속하면 스승을 능가하는 학문의 깊이를 가진 제자도 나타날 수 있다는 말이다. 여기서 제자가 스승보다 뛰어나다는 뜻인 청출어람(靑出於藍)이 나왔으며, 출람(出藍)이란 말도 여기서 비롯된 말이다. 또 이러한 재주 있는 사람을 출람지재(出藍之才)라고 한다.

비록 제자일지라도 열심히 하면 얼마든지 스승을 능가할 수 있음을 강조한 순자의 주장을 구체적으로 보여주는 예가 있다. 북조 북위의 이밀(李謐)은 어려서 공번을 스승으로 삼아 학문을 했다. 그는 학문의 발전 속도가 매우 빨라 열심히 노력한 결과 몇 년이 지나자 스승의 학문을 능가하게 되었다. 공번은 이제 그에게 더 이상 가르칠 것이 없다고 생각하고 도리어 그를 스승으로 삼기를 청했다. 그러자 친구들은 그의 용기를 높이 사고 또 훌륭한 제자를 두었다는 뜻에서 청출어람(靑出於藍)이라고 칭찬했다. 우리 속담에 '나중 난 뿔이 우뚝하다'는 말이 있는데, 이는 출람지재(出藍之才), 출람지예(出藍之譽) 등과 함께 청출어람(靑出於藍)과 같은 뜻으로 사용되는 말이다.

출전 : 《순자(荀子) – 권학(勸學)》
유의어 : 출람(出藍), 출람지예(出藍之譽)

한자 배우기

晴	갤 청	日 총12획	晴晴晴晴晴晴晴晴晴晴晴晴
耕	밭갈 경	耒 총10획	耕耕耕耕耕耕耕耕耕耕
雨	비 우	雨 총8획	雨雨雨雨雨雨雨雨
讀	읽을 독	言 총22획	讀讀讀讀讀讀讀讀讀讀讀讀
靑	푸를 청	靑 총8획	靑靑靑靑靑靑靑靑
松	소나무 송	木 총8획	松松松松松松松松
綠	초록색 록	糸 총14획	綠綠綠綠綠綠綠綠綠綠綠綠綠綠
竹	대나무 죽	竹 총15획	竹竹竹竹竹竹竹
雲	구름 운	雨 총12획	雲雲雲雲雲雲雲雲雲雲雲雲
之	갈 지	丿 총4획	之之之之
志	뜻 지	心 총7획	志志志志志志志
出	나올 출	凵 총5획	出出出出出
於	갈 어	方 총8획	於於於於於於於於
藍	쪽 람	++ 총18획	藍藍藍藍藍藍藍藍藍藍藍藍

晴	耕	雨	讀
갤 청	밭갈 경	비 우	읽을 독

청경우독 맑은 날은 논밭을 갈고 비 오는 날은 책을 읽는다는 뜻으로, 부지런히 일하며 공부함을 일컫는 말.

晴	耕	雨	讀

青	松	綠	竹
푸를 청	소나무 송	초록색 록	대나무 죽

청송녹죽 푸른 소나무와 푸른 대나무의 뜻으로 변하지 않는 절개.

青	松	綠	竹

青	雲	之	志
푸를 청	구름 운	갈 지	뜻 지

청운지지 푸른 구름의 뜻을 품었다는 뜻으로, 남보다 출세할 뜻을 가지고 있다.

青	雲	之	志

青	出	於	藍
푸를 청	나올 출	갈 어	쪽 람

청출어람 쪽에서 나온 푸른 물감이 쪽빛보다 더 푸르다는 뜻으로, 스승이나 선배보다 제자나 후배가 더 뛰어나다는 말.

青	出	於	藍

清風明月 청풍명월

맑은 바람과 밝은 달이라는 뜻으로 결백하고 온건한 성격을 이르는 말.

[故事] 조선 후기 인조반정으로 조선이 황폐화된 직후 공신들을 암살하는 청풍명월의 검을 지닌 자객과 반정 때 앞장서서 공을 세워 호위청의 지휘관이 된 인간 백정이라는 별명을 지닌 자의 이야기이다.

草綠同色 초록동색

풀과 푸름은 같은 색. 같은 처지나 경우의 사람들끼리 어울려 행동함.

[故事] "소녀 먹은 마음 수의 사또 출도 후에 세세원정(細細寃情)을 아뢴 후에 목숨이나 살어날까 바랬더니마는, 초록은 동색이요 가재는 게편이라, 양반은 도시 일반이오그려. 송장 임자가 문 밖에 있으니, 어서 수이 죽여 주오." 〈춘향가〉

[설명] 초색(草色)과 녹색(綠色)을 합하여 초록이라 하는 것처럼 서로 같은 종류끼리 잘 어울린다는 뜻이다. 다시 말해 부르는 말은 다르나, 내용을 살펴보면 동일한 것이라는 말로써 이와 비슷한 표현으로 가재는 게 편이요, 솔개는 매 편이요, 초록은 한 빛이라는 속담이 있다. 또 같은 고사성어로는 유유상종(類類相從)이 있다.

한자 배우기

清	맑을 청	氵총11획	清清清清清清清清清清清
風	바람 풍	風총9획	風風風風風風風風風
明	밝을 명	日총8획	明明明明明明明明
月	달 월	月총4획	月月月月
草	풀 초	⺿총10획	草草草草草草草草草草
綠	초록색 록	糸총14획	綠綠綠綠綠綠綠綠綠綠綠綠綠綠
同	한 가지 동	口총6획	同同同同同同
色	빛 색	色총6획	色色色色色色

初	처음 초	刀총7획	初初初初初初初
志	뜻 지	心총7획	志志志志志志志
不	아닐 불	−총4획	不不不不
變	변할 변	言총23획	變變變變變變變變變變變變變
推	밀 추	扌총11획	推推推推推推推
己	자기 기	己총3획	己己己
及	미칠 급	又총4획	及及及及
人	사람 인	人총2획	人人

清	風	明	月
맑을 청	바람 풍	밝을 명	달 월

청풍명월 맑은 바람과 밝은 달이라는 뜻으로, 풍자와 해학으로 세상사를 비판하거나 결백하고 온건한 성격을 비유하는 말.

清	風	明	月

草	綠	同	色
풀 초	초록색 록	같을 동	색 색

초록동색 풀과 녹색은 서로 같은 색이라는 뜻으로, 사람은 같은 처지에 있는 사람끼리 어울리거나 편들게 마련이라는 말.

草	綠	同	色

初	志	不	變
처음 초	뜻 지	아닐 불	변할 변

초지불변 처음의 뜻이 변하지 않는다는 뜻으로, 처음 계획한 뜻이 끝까지 바뀌지 않는다는 말.

初	志	不	變

推	己	及	人
밀 추	자기 기	미칠 급	사람 인

추기급인 자신을 미루어 다른 사람에게 미친다는 뜻으로 자신의 처지를 미루어 다른 사람의 형편을 헤아림.

推	己	及	人

泰山北斗 태산북두

태산과 북두칠성을 가리키는 말로, 권위자, 제일인자, 학문·예술 분야의 대가를 일컬음.
또는 세상 사람들이 우러러 받들거나 가장 존경받는 사람.

[故事] 중국 당나라 시대 당송팔대가 중 굴지의 명문장가로 꼽혔던 한유(韓愈)는 지금의 하남성에서 태어났다.

그는 9대 황제인 덕종 때 이부상서까지 되었으나 황제가 관여하는 불사(佛事)를 극간(極諫)하다가 조주자사(潮州刺史)로 좌천되었다. 천성이 강직했던 한유는 그 후에도 여러 차례 좌천·파직당했다가 재등용되곤 했는데, 만년에 이부시랑을 역임한 뒤 57세를 일기로 세상을 떠났다. 이처럼 순탄치 못했던 그의 벼슬살이와는 달리 절친한 벗 유종원과 함께 고문부흥 운동을 제창하는 등 학문에 힘썼다. 그 결과 후학들로부터 존경의 대상이 되었는데, 그에 대해 〈당서(唐書)〉 '한유전'에는 이렇게 적혀 있다.

"당나라가 흥성한 이래 한유는 육경(六經 : 춘추전국시대의 여섯 가지 경서)을 가지고 여러 학자들의 스승이 되었다. 한유가 죽은 뒤 그의 학문은 더욱 흥성했으며, 그래서 학자들은 한유를 '태산북두'를 우러러보듯 존경했다."

* 태산 : 중국 제일의 명산. 산동성의 태안에 있는 오악 중의 하나인 동악으로, 옛날부터 성산(聖山)으로 추앙해 왔음.
  북두 : 북두칠성을 가리키는 말. 북두칠성이 모든 별의 중심적인 존재인 것처럼 남에게 존경받는 훌륭한 인물에 비유하고 있음.

출전 : 《당서(唐書) 한유전찬(韓愈傳贊)》

한자 배우기

追	쫓을 추	⻌총10획	追追追追追追追追追追
遠	멀 원	⻌총14획	遠遠遠遠遠遠遠遠遠遠遠遠遠遠
報	갚을 보	土총12획	報報報報報報報報報報報報
本	근본 본	木총5획	本本本本本
秋	가을 추	禾총9획	秋秋秋秋秋秋秋秋秋
風	바람 풍	風총9획	風風風風風風風風風
落	떨어질 락	⼗총13획	落落落落落落落落落落落落落
葉	잎사귀 엽	⼗총13획	葉葉葉葉葉葉葉葉葉葉葉葉葉

他	다를 타	人총5획	他他他他他
山	메 산	山총3획	山山山
之	갈 지	ノ총4획	之之之之
石	돌 석	石총5획	石石石石石
泰	클 태	水총10획	泰泰泰泰泰泰泰泰泰泰
山	메 산	山총3획	山山山
北	북녘 북	匕총5획	北北北北北
斗	별이름 두	斗총4획	斗斗斗斗

追	遠	報	本
쫓을 추	멀 원	갚을 보	근본 본

추원보본 조상의 덕을 추모하는 제사를 지내고 자기의 태어난 근본을 잊지 않고 은혜를 갚음.

追	遠	報	本

秋	風	落	葉
가을 추	바람 풍	떨어질 낙	잎사귀 엽

추풍낙엽 가을바람에 흩어져 떨어지는 낙엽이라는 뜻으로, 세력 같은 것이 시들어 우수수 떨어짐의 비유하는 말.

秋	風	落	葉

他	山	之	石
다를 타	메 산	갈 지	돌 석

타산지석 남의 산에 있는 하찮은 돌도 자기의 옥(玉)을 가는 데 쓰인다는 뜻으로, 타인의 사소한 언행도 수양에 도움이 된다는 말.

他	山	之	石

泰	山	北	斗
클 태	메 산	북녘 북	별이름 두

태산북두 태산과 북두칠성을 가리키는 말로, 권위자, 제일인자, 학문 · 예술 분야의 대가를 일컬음.

泰	山	北	斗

1 단계

2 단계

3 단계

破竹之勢 파죽지세

대나무를 쪼개는 기세라는 뜻으로, 맹렬한 기세나 세력이 강대하여 적대하는 자가 없음을 비유함.
또는 무인지경을 가듯 아무런 저항도 받지 않고 진군함을 나타냄.

[故事] 중국 위나라의 권신 사마염은 원제를 폐한 뒤 스스로 제위에 올라 무제(武帝)라 일컫고, 국호를 진(晉)이라고 했다. 그래서 천하는 3국 중 남아 있는 오(吳)나라와 진나라로 나뉘어 대립하게 되었다.

무제는 진남 대장군 두예(杜預)에게 출병을 명했고, 이듬해 2월에 무창(武昌)을 점령한 두예는 휘하 장수들과 오나라를 일격에 공략할 마지막 작전회의를 열었다.

이때 한 장수가 이렇게 건의했다. "당장 오나라를 치기는 어렵습니다. 곧 잦은 봄비로 강물은 범람할 것이고, 또 언제 전염병이 발생할지 모르기 때문입니다. 일단 철군했다가 겨울에 다시 공격하는 것이 어떻겠습니까?"

찬성하는 장수들도 많았으나 두예는 단호히 말했다. "그건 안 될 말이오. 지금 아군의 사기는 마치 '대나무를 쪼개는 기세[破竹之勢]'요. 대나무란 처음 두세 마디만 쪼개면 그 다음부터는 칼날이 닿기만 해도 저절로 쪼개지는 법인데, 어찌 이런 절호의 기회를 버린단 말이오."

두예는 곧바로 휘하의 전군을 휘몰아 오나라의 도읍 건업[建業 : 남경(南京)]으로 쇄도하여 단숨에 공략했다. 이어 오왕 손호가 항복함에 따라 마침내 진나라는 삼국 시대에 종지부를 찍고 천하를 통일했다.

출전 : 《진서(晉書) 두예전(杜預傳)》

한자 배우기

破 깨뜨릴 파 石총10획	破破破破破破破破破破	
竹 대나무 죽 竹총6획	竹竹竹竹竹竹	
之 갈 지 丿총4획	之之之之	
勢 기세 세 力총13획	勢勢勢勢勢勢勢勢勢勢勢勢勢	
風 바람 풍 風총9획	風風風風風風風風風	
樹 나무 수 木총16획	樹樹樹樹樹樹樹樹樹樹樹樹樹樹	
之 갈 지 丿총4획	之之之之	
嘆 탄식할 탄 口총14획	嘆嘆嘆嘆嘆嘆嘆嘆嘆嘆嘆嘆	

前 앞 전 刂총9획	前前前前前前前前前	
燈 등잔 등 火총16획	燈燈燈燈燈燈燈燈燈燈燈燈燈燈	
火 불 화 火총4획	火火火火	
皮 가죽 피 皮총5획	皮皮皮皮皮	
骨 뼈 골 骨총10획	骨骨骨骨骨骨骨骨骨骨	
相 서로 상 目총9획	相相相相相相相相相	
接 이을 접 扌총11획	接接接接接接接接接接	

破	竹	之	勢
깨뜨릴 파	대나무 죽	갈 지	기세 세

파죽지세 대나무를 쪼개는 기세라는 뜻으로, 세력이 강대하여 적을 거침없이 물리치고 쳐들어가는 당당한 기세를 일컫는 말.

破	竹	之	勢

風	樹	之	嘆
바람 풍	나무 수	갈 지	탄식할 탄

풍수지탄 나무는 고요히 있기를 원하나 바람이 부는 것에 대한 한탄이라는 뜻으로, 부모를 봉양코자 하나 이미 돌아가심을 한탄하는 말.

風	樹	之	嘆

風	前	燈	火
바람 풍	앞 전	등잔 등	불 화

풍전등화 바람 앞의 등불이라는 뜻으로, 매우 위급한 처지에 있거나 사물의 덧없음을 말함.

風	前	燈	火

皮	骨	相	接
가죽 피	뼈 골	서로 상	이을 접

피골상접 살가죽과 뼈가 맞붙을 정도로 몹시 마름을 뜻함.

皮	骨	相	接

學如不及 학여불급

배움은 미치지 못하는 것같이 해야 한다는 뜻으로 배움이란 모자라는 듯이 열심히 해야 한다.

[故事] 공자께서 말씀하셨다. "배울 때에는 마치 힘이 미치지 않는 듯이 열심히 하며 그렇게 하여 배운 것은 잃어버리면 어쩌나 하고 두려워하며 소중히 간직한다."
학문은 쉬지 않고 노력해도 따라갈 수 없다는 뜻으로 곧 학문은 잠시라도 게을리해서는 안 된다는 뜻이다.

출전 : 《논어(論語)-태백편(太伯篇)》

螢雪之功 형설지공

온갖 고생하며 공부해서 얻은 성공, 즉 좋은 결과를 얻음을 일컬음.

[故事] 여름에는 반딧불로, 겨울에는 창가에 내린 눈[雪] 빛에 애써 공부한 보람이 있었다는 뜻으로, 어렵게 공부하는 것을 두고 말한다.
중국의 고사성어로 동진의 차윤은 어릴 때부터 부지런하고 학문을 좋아하였다. 그러나 매우 가난하여 기름을 사지 못해 밤에는 제대로 공부를 할 수가 없었다. 여름철에 반딧불로 공부해서 이부상서(행정안전부 장관)에 오른다. 손강 또한 차윤과 같이 가난하여 등불에 쓸 기름을 구할 수가 없었다. 그래서 그는 늘 눈 빛으로 책을 읽었으며 후에 어사대부에 올랐다. 두 사람은 어렵게 공부한 보람이 있어 후세의 수험생에게 표본이 되었다.

출전 : 《이한(李瀚)-몽구(蒙求)》

한자 배우기

學	배울 학 子총16획	學學學學學學學學學學學學	
如	같을 여 女총6획	如如如如如如	
不	아닐 불 一총4획	不不不不	
及	미칠 급 又총4획	及及及及	
漢	한수 한 氵총14획	漢漢漢漢漢漢漢漢漢漢漢漢	
江	강 강 氵총6획	江江江江江江	
投	던질 투 扌총7획	投投投投投投投	
石	돌 석 石총5획	石石石石石	
螢	반딧불 형 虫총16획	螢螢螢螢螢螢螢螢螢螢螢螢	
雪	눈 설 雨총11획	雪雪雪雪雪雪雪雪雪雪雪	
之	갈 지 丿총4획	之之之之	
功	공 공 力총5획	功功功功功	
兄	맏 형 儿총5획	兄兄兄兄兄	
弟	아우 제 弓총7획	弟弟弟弟弟弟弟	
金	쇠 금 金총8획	金金金金金金金金	

學	如	不	及
배울 학	같을 여	아닐 불	미칠 급

학여불급 배움은 미치지 못하는 것같이 해야 한다는 뜻으로 배움이란 모자라는 듯이 열심히 해야 한다.

學	如	不	及

漢	江	投	石
한수 한	강 강	던질 투	돌 석

한강투석 한강에 돌 던지기라는 뜻으로, 아무리 해도 헛될 일을 하는 어리석은 행동을 가리킴.

漢	江	投	石

螢	雪	之	功
반딧불 형	눈 설	갈 지	공 공

형설지공 반딧불과 눈[雪] 빛으로 공부한 공이라는 뜻으로, 온갖 고생을 하며 공부해서 얻은 성공을 일컫는 말.

螢	雪	之	功

兄	弟	投	金
맏 형	아우 제	던질 투	쇠 금

형제투금 형제가 금을 (강에) 던졌다는 뜻으로 갑자기 생긴 금으로 인해 형제끼리 싸우게 되자 그 금을 강물에 던져버렸다.

兄	弟	投	金

狐假虎威 호가호위

여우가 호랑이의 위세를 빌어 다른 짐승을 놀라게 한다는 뜻으로,
남의 권세를 빌어 위세를 부린다는 말.

[故事] 중국 춘추전국시대 기원전 4세기 초엽의 초(楚) 나라 선왕(宣王) 때의 일이다. 어느 날 선왕은 위(魏 : 梁) 나라에서 사신으로 왔다가 그의 신하가 된 강을(江乙)에게 물었다.

"위나라를 비롯한 북방 제국이 우리나라 재상 소해휼(昭奚恤)을 두려워하고 있다는데 그게 사실이오?"

"그렇지 않습니다. 북방 제국이 어찌 재상에 불과한 소해휼을 두려워하겠습니까. 전하, 혹 '호가호위' 란 말을 알고 계시는지요?"

"모르오."

"하오면 들어보십시오. 어느 날 호랑이한테 잡아먹히게 된 여우가 이렇게 말했나이다. '네가 나를 잡아먹으면 너는 나를 모든 짐승의 우두머리로 정하신 천제(天帝)의 명을 어기는 것이 되어 천벌을 받게 된다. 만약 내 말을 못 믿겠다면 당장 내 뒤를 따라와 봐라. 나를 보고 달아나지 않는 짐승은 단 한 마리도 없을 테니까.' 그래서 호랑이는 여우를 따라가 보았더니 과연 여우의 말대로 만나는 짐승마다 혼비백산(魂飛魄散)하여 달아나는 것이었습니다. 사실 짐승들을 달아나게 한 것은 여우 뒤에 있는 호랑이였는데도 호랑이 자신은 전혀 깨닫지 못했다고 합니다. 이런 경우도 마찬가집니다. 지금 북방 제국이 두려워하고 있는 것은 소해휼이 아니라 그 배후에 있는 초나라의 군세(軍勢), 즉 전하의 강병(强兵)이옵니다."

이처럼 강을이 소해휼을 폄(貶)한 이유는 아첨과 아부로 선왕의 영신(佞臣 : 간사하고 아첨하는 신하)이 된 강을에게 있어 왕족이자 명재상인 소해휼은 눈엣가시였기 때문이다.

출전 : 《전국책(戰國策)-초책(楚策)》

한자 배우기

形	형상 형 彡총7획	形形形形形形形
色	빛 색 色총6획	色色色色色色
狐	여우 호 犭총8획	狐狐狐狐狐狐狐狐
假	빌릴 가 人총11획	假假假假假假假假假假假
虎	범 호 虍총8획	虎虎虎虎虎虎虎虎
威	위엄 위 女총9획	威威威威威威威威威
畵	그림 화 田총13획	畵畵畵畵畵畵畵畵畵畵畵畵畵

龍	용 룡(용) 龍총16획	龍龍龍龍龍龍龍龍龍龍龍龍龍龍龍龍
點	점 점 黑총17획	點點點點點點點點點點點點點點點點
睛	눈동자 정 目총13획	睛睛睛睛睛睛睛睛睛睛睛睛
花	꽃 화 艹총8획	花花花花花花花花
朝	아침 조 月총12획	朝朝朝朝朝朝朝朝朝朝朝朝
月	달 월 月총4획	月月月月
夕	저녁 석 夕총3획	夕夕夕

形	形	色	色
형상 형	형상 형	빛 색	빛 색

형형색색 모양의 종류가 다른 여러 가지라는 뜻으로, 다채롭고 다양한 모양을 가리킴.

形	形	色	色

狐	假	虎	威
여우 호	빌릴 가	범 호	위엄 위

호가호위 여우가 호랑이의 위엄을 빌어 제 위엄으로 삼는다는 뜻으로, 남의 힘에 의지해 위세를 부린다는 말.

狐	假	虎	威

畵	龍	點	睛
그림 화	용 룡(용)	점 점	눈동자 정

화룡점정 용을 그리고 나서 마지막으로 눈동자를 그려 완성한다는 뜻으로, 가장 중요한 부분을 마무리함으로써 일을 완성시키고 일자체가 돋보이는 것을 비유한 말.

畵	龍	點	睛

花	朝	月	夕
꽃 화	아침 조	달 월	저녁 석

화조월석 꽃 피는 아침과 달 밝은 밤이라는 뜻으로, 경치가 좋은 시절을 이르는 말.

花	朝	月	夕

1단계 1단계 2단계 3단계

會者定離 회자정리

만나는 사람은 반드시 헤어질 운명에 처해있다는 뜻으로 인생의 무상함을 일컫는 말.

[故事] 석가모니는 자신의 임종을 지켜보기 위해 모인 제자들을 위로하며 마지막으로 한마디를 남겼다. "세상에 영원한 것은 없다. 만나면 반드시 이별이 있다."

'회자정리'는 만나면 언젠가는 헤어지게 된다는 뜻의 고사성어로, 사람의 힘으로는 어떻게 할 수 없는 이별의 아쉬움을 나타내는 말이다.

後生可畏 후생가외

젊은 후배들은 두려워할 만하다는 뜻으로,
젊은이는 장차 얼마나 큰 역량을 나타낼지 모르기 때문에 함부로 대하기가 어렵다는 말.

[故事] "뒤에 난 사람이 두렵다. 어떻게 앞으로 오는 사람들이 지금만 못할 줄을 알 수 있겠는가? 나이 4,50이 되었는데도 이렇다 할 이름이 알려져 있지 않은 사람은 두려워 할 것이 못된다(後生可畏 焉知來者之不如今也 四十五十而無聞焉 斯亦不足畏也)."

《논어(論語)》에 있는 공자의 말이다.

두려운 것은 무서운 것과 달라서, 뒤에 태어난 사람 후배들의 장래가 어디까지 뻗어 나갈지 헤아릴 수 없는 기대 섞인 두려움이다.

출전 : 《논어(論語)-자한편(子罕篇)》

한자 배우기

會 모일 회 日총13획	會會會會會會會會會會會會會	
者 놈 자 耂총9획	者者者者者者者者者	
定 반드시 정 宀총8획	定定定定定定定定	
離 떠날 리 隹총19획	離離離離離離離離離離離離離離離離離離離	
後 뒤 후 彳총9획	後後後後後後後後後	
生 날 생 生총5획	生生生生生	
可 옳을 가 口총5획	可可可可可	
畏 두려울 외 田총9획	畏畏畏畏畏畏畏畏畏	

興 흥할 흥 臼총16획	興興興興興興興興興興興興興興	
亡 망할 망 亠총3획	亡亡亡	
盛 성할 성 皿총11획	盛盛盛盛盛盛盛盛盛盛盛	
衰 쇠할 쇠 衣총10획	衰衰衰衰衰衰衰衰衰衰	
盡 다할 진 皿총14획	盡盡盡盡盡盡盡盡盡盡盡盡盡盡	
悲 슬플 비 心총12획	悲悲悲悲悲悲悲悲悲悲悲悲	
來 올 래 人총8획	來來來來來來來來	

會	者	定	離
모일 회	놈 자	반드시 정	떠날 리

회자정리 만나는 사람은 반드시 헤어질 운명에 있다는 뜻으로, 인생의 무상함을 일컫는 말.

會	者	定	離

後	生	可	畏
뒤 후	날 생	옳을 가	두려울 외

후생가외 젊은 후배들은 두려워할 만하다는 뜻으로, 젊은이는 장차 얼마나 큰 역량을 나타낼지 모르기 때문에 함부로 대하기가 어렵다는 말.

後	生	可	畏

興	亡	盛	衰
흥할 흥	망할 망	성할 성	쇠할 쇠

흥망성쇠 흥하고 망하고 성하고 쇠한다는 뜻으로, 사람의 운수는 돌고 돌아 늘 변한다는 말.

興	亡	盛	衰

興	盡	悲	來
흥할 흥	다할 진	슬플 비	올 래

흥진비래 즐거운 일이 다하고 슬픈 일이 닥쳐온다는 뜻으로, 세상이 돌고 돌아 순환됨을 가리키는 말.

興	盡	悲	來

喜怒哀樂 희로애락

기쁨과 노여움, 슬픔과 즐거움이라는 뜻으로, 곧 사람의 여러 가지 감정(感情)을 이르는 말

[설명] 〈중용〉에 "희로애락지미발(喜怒哀樂之未發)은 중(中)이요, 발해서 중절(中節)이 되면 달도(達道)"라고 하였다. 즉 '기쁨과 노여움과 슬픔과 즐거움이 아직 나타나지 않은 평정심의 상태가 중(中)이라는 것이요, 희로애락이 표현되어 알맞게 절도에 맞으면 도(道)의 경지에 이르게 된다.'는 뜻이다. 이는 평소에 안정된 마음으로 중용을 지키며 살면 어떤 일이 생겨도 지나치거나 모자람이 없이 중심을 잡을 수 있으므로 인생을 원만히 살아갈 수 있다는 이야기이다.

喜	怒	哀	樂
기쁠 희	성낼 로	슬플 애	즐길 락
희로애락 기쁨, 성냄, 슬픔, 즐거움이라는 뜻으로, 인간이 살아가면서 느끼는 온갖 감정을 가리킴.			
喜	怒	哀	樂

한자 배우기

喜 기쁠 희 口총12획 喜喜喜喜喜喜喜喜喜喜喜喜

怒 성낼 로 心총9획 怒怒怒怒怒怒怒怒怒

哀 슬플 애 口총9획 哀哀哀哀哀哀哀哀哀

樂 즐길 낙 木총15획 樂樂樂樂樂樂樂樂樂樂樂樂樂樂樂

3단계 필수 이야기 고사성어 故事成語 쓰기교본

Part II

2단계

● 중급 고사성어 ●

街談巷說　家藏什物　甘言利說

改過遷善　見物生心　孤軍奮鬪

管鮑之交　群鷄一鶴　錦衣還鄕

內憂外患　能小能大　大同小異

馬耳東風　名實相符　知彼知己

白骨難忘　靑山流水　不知其數

粉骨碎身　不俱戴天　因果應報

肝膽相照 간담상조

서로 간과 쓸개를 꺼내 보인다는 뜻으로 곧 진심을 터놓고 격의 없이 사귈 수 있는 사이를 말함.

[故事] 중국 당나라 11대 황제 헌종 때 유주자사(柳州刺史)로 좌천되었던 유종원이 죽자, 한유(韓愈)는 그 묘지명(墓地銘)을 썼다.

자신의 불우한 처지는 제쳐놓고 오히려 연로한 어머니를 두고 변경인 파주자사(播州刺史)로 좌천되는 친구 유몽득(劉夢得)을 크게 동정했던 유종원의 진정한 우정을 찬양하고, 이어 속세의 경박한 사귐을 비웃으며 이렇게 쓰고 있다.

"사람이란 곤경에 처했을 때라야 비로소 참다운 절의(節義)가 나타나는 법이다. 평소 평온하게 살아갈 때는 서로 그리워하고 기뻐하며 때로는 놀이나 술자리를 마련하여 부르곤 한다. 또 흰소리를 치기도 하고 지나친 우스갯소리도 하지만, 서로 양보하고 손을 맞잡기도 한다. 어디 그뿐인가. '서로 간과 쓸개를 꺼내 보이며(肝膽相照)', 해를 가리키며 살든 죽든 서로 배신하지 말자고 눈물로 맹세한다. 말은 제법 그럴듯하지만 일단 털끝만큼이라도 이해관계가 생기는 날에는 눈을 부릅뜨고 언제 봤냐는 듯 안면을 바꾼다. 더욱이 함정에 빠져도 손을 뻗쳐서 구해 주기는커녕 오히려 더 깊이 빠뜨리고 위에서 돌까지 던지는 인간들이 이 세상 곳곳에 널려 있다."

이 시는 1086년부터 1088년 사이에 지은 것이다.

출전 : 《당서(唐書)-한유(韓愈) 유자후묘지명(柳子厚墓誌銘)》

한자 배우기

街	거리 가	行 총12획	街街街街街街街街街街街街
談	말씀 담	言 총15획	談談談談談談談談談談談談談談
巷	거리 항	己 총9획	巷巷巷巷巷巷巷巷巷
說	말씀 설	言 총14획	說說說說說說說說說說說說說
佳	아름다울 가	人 총8획	佳佳佳佳佳佳佳佳
人	사람 인	人 총2획	人人
薄	엷을 박	++ 총17획	薄薄薄薄薄薄薄薄薄薄薄
命	목숨 명	口 총8획	命命命命命命命命
肝	간 간	月 총7획	肝肝肝肝肝肝肝
膽	쓸개 담	月 총17획	膽膽膽膽膽膽膽膽膽膽膽膽
相	서로 상	目 총9획	相相相相相相相相相
照	비출 조	灬 총13획	照照照照照照照照照照照照照
看	볼 간	目 총9획	看看看看看看看看看
雲	구름 운	雨 총12획	雲雲雲雲雲雲雲雲雲雲雲雲
步	걸을 보	止 총7획	步步步步步步步
月	달 월	月 총4획	月月月月

街	談	巷	說
거리 가	말씀 담	거리 항	말씀 설

가담항설 길거리나 항간에 떠도는 소문이라는 뜻으로, 세상의 하찮은 이야기나 뜬소문을 말함.

街	談	巷	說

佳	人	薄	命
아름다울 가	사람 인	엷을 박	목숨 명

가인박명 미인의 수명은 짧다는 뜻으로, 용모가 너무 아름답고 재주가 많으면 불행해지거나 명이 짧음을 말함.

佳	人	薄	命

肝	膽	相	照
간 간	쓸개 담	서로 상	비출 조

간담상조 간과 쓸개를 서로 내놓고 보인다는 뜻으로, 서로 속마음을 터놓고 가까이 사귐을 말함.

肝	膽	相	照

看	雲	步	月
볼 간	구름 운	걸을 보	달 월

간운보월 구름을 바라보거나 달빛 아래 거닌다는 뜻으로, 객지에서 가족이나 집 생각을 함.

看	雲	步	月

居安思危 거안사위

평안할 때에도 위험하거나 곤란할 때가 닥칠 것을 생각하며 항상 잊지말고 미리 대비해야 함

[故事] 춘추시대, 약소국인 정나라는 진나라와 초나라 사이에서 눈치를 살피면서 나라를 보존해야 했다. 정나라가 초나라를 도와 송나라를 치자, 송나라는 진나라에 도움을 요청했다. 진도공이 송(宋)·제(齊)·위(衛)·노(魯) 등 12개 나라와 연합하여 정나라를 공격하자, 다급해진 정간공은 급히 진도공에게 화의를 청했다. 가장 강한 진나라가 화의를 받아들이자 다른 나라들도 모두 군사를 철수시켰다. 정간공은 진도공에게 악대와 각종 병거(兵車) 백 대와 미녀들을 선물로 보냈다. 진도공은 공이 큰 위강에게 악대의 반을 내리면서 그의 공을 치하했다.

위강은 선물을 사양하면서 말했다. "융적(戎狄)과 강화한 것은 국가의 복입니다. 8년 동안 9차례나 제후들과 회동하고 제후들이 따르는 것은 왕의 위엄이 있어서입니다. 신이 무슨 공로가 있겠습니까. 신은 바라옵건대 왕께서 즐거움을 누리시되 즐거움의 끝도 생각하시기를 바랍니다. 〈시경(詩經)〉에 이르기를 '즐겁도다 군자여, 천자의 방국(邦國)을 진무하는도다. 즐겁도다 군자여, 복록을 다른 사람과 함께 누리는구나. 부근의 소국들을 잘 다스리니 서로 거느리고 귀복을 하는구나.'라고 했습니다. 음악으로 덕행을 공고히 하고, 도의로 대하고, 예로 행하고 믿음으로 지키고 인으로 격려한 후에 비로소 나라를 안정되게 할 수 있고 복록을 함께 향유할 수 있으며 멀리 있는 사람들을 불러들일 수 있는 것입니다. 이것이 바로 즐거움입니다. 〈서경(書經)〉에 '편안할 때 위태로움을 생각하라.'고 했는데, 생각하면 대비를 할 수 있고, 대비가 있으면 걱정이 없습니다. 감히 이로써 왕께 경계하시라고 권고합니다." 위강은 이렇게 일시적인 성과에 마음이 풀어진 왕을 일깨워 주었다. 위강의 말을 들은 진도공은 정나라가 보내온 선물과 미녀들을 돌려보냈다고 한다.

출전 : 《좌씨전(左氏傳)》

한자 배우기

渴	목마를 갈	氵총12획	渴渴渴渴渴渴渴渴渴渴渴渴
而	말 이을 이	而총6획	而而而而而而
穿	뚫을 천	穴총9획	穿穿穿穿穿穿穿穿穿
井	우물 정	二총4획	井井井井
甘	달 감	甘총5획	甘甘甘甘甘
言	말씀 언	言총7획	言言言言言言言
利	이로울 리	刂총7획	利利利利利利利
說	말씀 설	言총14획	說說說說說說說說說說說說說說

改	고칠 개	攵총7획	改改改改改改改
過	허물 과	辶총13획	過過過過過過過過過過過過過
遷	옮길 천	辶총15획	遷遷遷遷遷遷遷遷遷遷遷遷遷遷遷
善	착할 선	口총12획	善善善善善善善善善善善善
居	살 거	尸총8획	居居居居居居居居
安	편안할 안	宀총6획	安安安安安安
思	생각할 사	心총9획	思思思思思思思思思
危	위태할 위	刂총6획	危危危危危危

渴	而	穿	井
목마를 갈	말 이을 이	뚫을 천	우물 정

갈이천정 목이 마를 때에야 비로소 우물을 판다는 뜻으로, 일을 당한 뒤에 서두르는 것을 이르는 말.

渴	而	穿	井

甘	言	利	說
달 감	말씀 언	이로울 이	말씀 설

감언이설 달콤한 말과 이로운 이야기라는 뜻으로, 남을 꾀기 위해 꾸민 그럴듯한 말을 가리킴.

甘	言	利	說

改	過	遷	善
고칠 개	허물 과	옮길 천	착할 선

개과천선 허물을 고치고 착해진다는 뜻으로, 예전의 잘못된 행동이나 습관을 고치고 착한 사람으로 거듭남을 말함.

改	過	遷	善

居	安	思	危
살 거	편안할 안	생각할 사	위태할 위

거안사위 편안할 때 경각심을 높인다는 뜻으로, 장차 있을지도 모를 위험에 미리 대비해야 함.

居	安	思	危

乾坤一擲 건곤일척

하늘과 땅을 걸고 한 번 주사위를 던진다는 뜻으로, 마지막 승부나 성패를 겨루거나,
흥망의 운을 하늘에 맡기고 결행하는 것을 말함.

[故事] 중국 당나라 대문장가인 한유가 홍구를 지나가다가 옛날 한왕(漢王) 유방에게 '건곤일척'을 촉구한 장량(張良), 진평(陳平)을 기리며 읊은 회고시〈과홍구(過鴻溝)〉에 나오는 마지막 구절이다.

> 龍疲虎困割川原(용피호곤할천원) 億萬蒼生性命存(억만창생성명존)
> 誰勸君王回馬首(수권군왕회마수) 眞成一擲賭乾坤(진성일척도건곤)
>
> 용은 지치고 범은 피곤하여 강을 나누니 만천하 백성들의 목숨이 보존되는도다
> 누가 군왕에게 말머리를 돌리도록 권하여 진정 '건곤일척'의 성패를 겨루게 했는가

항우에게 져서 패주하던 유방이 병력을 보충하여 항우와 일진일퇴의 공방전을 계속하다가 홍구를 경계로 천하를 양분하고 싸움을 멈췄다. 항우는 포로로 잡았던 유방의 아버지와 아내를 돌려보내고 철군 길에 올랐다. 이어서 유방도 철군하려 하자, 참모인 장량과 진평이 유방에게 진언했다.
"초나라는 군사들이 몹시 지쳐 있고 군량마저 바닥이 났습니다. 이야말로 하늘이 초나라를 멸하려는 것이니 지금 치지 않으면 '호랑이를 길러 후환을 남기는 꼴[養虎遺患(양호유환)]'이 될 것입니다." 마음을 굳힌 유방은 항우를 추격했다. 참패한 항우는 오강(烏江)으로 패주하여 자결하고, 유방은 천하 통일의 길로 들어섰다.

출전 : 《당서(唐書)-한유(韓愈) 시(詩)》

한자배우기

車	수레 거 車총7획	車車車車車車車
載	실을 재 車총13획	載載載載載載載載載載載載載
斗	말 두 斗총4획	斗斗斗斗
量	양 량 里총12획	量量量量量量量量量量量量
乾	하늘 건 乙총11획	乾乾乾乾乾乾乾乾乾乾乾
坤	땅 곤 土총8획	坤坤坤坤坤坤坤坤
一	한 일 一총1획	一
擲	던질 척 扌총18획	擲擲擲擲擲擲擲擲擲擲擲擲擲

隔	사이뜰 격 阝총13획	隔隔隔隔隔隔隔隔隔隔隔隔隔
世	세상 세 一총5획	世世世世世
之	갈 지 丿총4획	之之之之
感	느낄 감 心총13획	感感感感感感感感感感感感感
見	볼 견 見총7획	見見見見見見見
蚊	모기 문 虫총10획	蚊蚊蚊蚊蚊蚊蚊蚊蚊蚊
拔	뽑을 발 扌총8획	拔拔拔拔拔拔拔拔
劍	칼 검 刂총15획	劍劍劍劍劍劍劍劍劍劍劍劍劍劍劍

車	載	斗	量
수레 거	실을 재	말 두	양 량

거재두량 수레에 싣고 말로 잰다는 뜻으로, 물건이나 인재 따위가 아주 흔하여서 귀하지 않음.

車	載	斗	量

乾	坤	一	擲
하늘 건	땅 곤	한 일	던질 척

건곤일척 하늘과 땅을 걸고 한 번 던진다는 뜻으로, 운명을 하늘에 맡기고 승부나 성패를 겨룬다는 말.

乾	坤	一	擲

隔	世	之	感
사이뜰 격	세상 세	갈 지	느낄 감

격세지감 매우 많이 변해서 마치 딴 세상에 온 것처럼 느껴진다는 뜻으로, 급격한 변화를 가리킴.

隔	世	之	感

見	蚊	拔	劍
볼 견	모기 문	뽑을 발	칼 검

견문발검 모기 보고 칼 빼기라는 뜻으로, 작은 일에 지나치게 큰 대책을 세운다는 말이나 소견이 좁은 사람을 가리킴.

見	蚊	拔	劍

傾國之色 경국지색

나라를 기울게 하는 미인이라는 말로 경성지미(傾城之美)라고도 함.

[故事] 중국 한무제(漢武帝) 때 음악을 관장하는 벼슬인 협률도위(協律都尉)로 있던 이연년(李延年)이 지은 다음과 같은 시에서 비롯되었다.

> 北方有佳人(북방유가인) 絶世而獨立(절세이독립) 一顧傾人城(일고경인성)
> 再顧傾人國(재고경인국) 寧不知傾城與傾國(녕부지경성여경국)
> 佳人難再得(가인난재득)
>
> 북쪽에 어여쁜 사람이 있어 세상에서 떨어져 홀로 서있네. 한 번 돌아보면 성을 위태롭게 하고, 두 번 돌아보면 나라를 위태롭게 한다. 어찌 성이 위태로워지고, 나라가 위태로워지는 것을 모르리요만 어여쁜 사람은 다시 얻기 어렵도다.

이는 일차적으로는 남성이 빠지기 가장 쉬운 욕망이 바로 성욕이기 때문이기도 하지만, 다른 시각도 있다. 경국지색의 사례들은 중국 고대사에 특히 많이 나오는데, 문제는 말희, 달기, 포사, 서시, 초선 등의 스토리가 세부적인 내용을 제외하면 유사하다.

출전 : 《한서(漢書)–이부인전(李夫人傳)》

한자배우기

傾	기울 경	人 총13획	鯨	고래 경	魚 총19획
國	나라 국	口 총11획	戰	싸움 전	戈 총16획
之	갈 지	丿 총4획	蝦	새우 하	虫 총15획
色	빛 색	色 총6획	死	죽을 사	歹 총6획
耕	밭갈 경	耒 총10획	鷄	닭 계	鳥 총21획
山	메 산	山 총3획	口	입 구	口 총3획
釣	낚시 조	金 총11획	牛	소 우	牛 총4획
水	물 수	水 총4획	後	뒤 후	彳 총9획

傾	國	之	色
기울 경	나라 국	갈 지	빛 색

경국지색 나라를 위태롭게 할 정도로 아름다운 여자라는 뜻으로, 썩 빼어난 절세의 미인을 뜻함.

傾	國	之	色

耕	山	釣	水
밭갈 경	메 산	낚시 조	물 수

경산조수 산에서 밭을 갈고 물에서 낚시를 담근다는 뜻으로, 속세를 떠나 자연과 벗하며 한가로운 생활.

耕	山	釣	水

鯨	戰	蝦	死
고래 경	싸움 전	새우 하	죽을 사

경전하사 고래 싸움에 새우 등 터진다는 뜻으로, 강한 자들 끼리의 싸움에 약한 자가 끼어 아무 관계 없이 피해를 입음.

鯨	戰	蝦	死

鷄	口	牛	後
닭 계	입 구	소 우	뒤 후

계구우후 소의 꼬리보다는 닭의 부리가 되라는 뜻으로, 큰 단체의 꼴찌보다는 작은 단체의 우두머리가 되는 편이 낫다는 말.

鷄	口	牛	後

鷄肋 계륵

먹을 것이 별로 없고, 버리기는 아까운 닭갈비란 뜻으로,
쓸모는 별로 없으나 버리기는 아까운 사물을 말하거나 닭갈비처럼 몹시 허약함을 비유하는 말.

[故事] 중국이 삼국 시대 전 후한(後漢) 말의 일이다. 위왕 조조는 대군을 이끌고 한중(漢中)으로 원정을 떠났다. 익주(益州)를 차지하고 한중으로 진출하여 한중왕을 일컫는 유비를 치기 위해서였다. 유비의 군사는 제갈량의 계책에 따라 정면 대결을 피하고 적의 보급로 차단에만 주력했다. 배가 고파 도망치는 군사가 속출하자, 조조는 어느 날 전군(全軍)에 이런 명령을 내렸다. "계륵(鷄肋)!" '계륵?' 모두 영문을 몰라 어리둥절했는데 주부(主簿) 벼슬에 있는 양수(楊修)만은 서둘러 짐을 꾸리기 시작했다. 한 장수가 그 이유를 묻자, 그는 이렇게 대답했다.

"닭갈비는 먹자니 먹을 게 별로 없고 버리자니 아까운 것이오. 지금 왕께서는 한중 역시 그런 닭갈비 같은 땅으로 생각하고 철군(撤軍)을 결심하신 것이오."

정말로 조조는 며칠 후 한중으로부터 군사를 철수시켜버렸다.

중국 진(晉:西晉)나라 초기, 죽림칠현 중에 유령(劉伶)이라는 사람이 어느 날 술에 취하여 행인과 시비가 붙었다. 상대가 주먹을 쥐고 달려들자, 유령은 점잖게 말했다. "보다시피 닭갈비[鷄肋]처럼 빈약한 몸이라서 당신의 주먹을 받아들이지 못할 것 같소."

그러자 상대는 어처구니가 없어서 그만 웃음을 터뜨리고 말았다고 한다.

출전 : 《후한서(後漢書)-양수전(楊修傳)》

한자배우기

鷄	닭 계	鳥 총21획	鷄鷄鷄鷄鷄鷄鷄鷄鷄鷄鷄鷄
肋	갈비 륵	月 총6획	肋肋肋肋肋
鳴	울 명	鳥 총14획	鳴鳴鳴鳴鳴鳴鳴鳴鳴鳴鳴鳴
狗	개 구	犭 총8획	狗狗狗狗狗狗狗狗
盜	도적 도	皿 총12획	盜盜盜盜盜盜盜盜盜盜盜盜
股	넓적다리 고	月 총8획	股股股股股股股股
肱	팔뚝 굉	月 총8획	肱肱肱肱肱肱肱肱
之	갈 지	丿 총4획	之之之之
臣	신하 신	臣 총6획	臣臣臣臣臣臣
膏	살찔 고	月 총14획	膏膏膏膏膏膏膏膏膏膏膏膏
粱	기장 량	米 총13획	粱粱粱粱粱粱粱粱粱粱粱
子	아들 자	子 총3획	子子子
弟	아우 제	弓 총7획	弟弟弟弟弟弟弟

鷄	肋		
닭 계	갈비 륵		

계륵 닭의 갈빗대라는 뜻으로, 먹기에는 너무 맛이 없고 버리기에는 아깝다. 이러지도 저러지도 못하는 형편.

鷄	肋		

鷄	鳴	狗	盜
닭 계	울 명	개 구	도적 도

계명구도 닭의 울음소리를 잘 내는 사람과 개의 울음소리 흉내를 잘 내는 좀도둑이라는 뜻으로, 천한 재주를 가진 사람도 때로는 요긴하게 쓸모가 있음을 비유한 말.

鷄	鳴	狗	盜

股	肱	之	臣
넓적다리 고	팔뚝 굉	갈 지	신하 신

고굉지신 다리와 팔뚝에 비길 만한 신하라는 뜻으로 임금이 가장 믿고 중히 여기는 신하.

股	肱	之	臣

膏	粱	子	弟
살찔 고	기장 량	아들 자	아우 제

고량자제 고량진미만 먹고 귀염을 받으며 자라서, 전혀 고생을 모르는 부귀한 집안의 젊은이.

膏	粱	子	弟

曲學阿世 곡학아세

학문을 굽혀 세상에 아첨한다는 뜻으로, 정도를 벗어난 학문으로 세상에 아첨함을 이르는 말.

[故事] 옛 중국의 한나라 6대 황제 경제(景帝)는 널리 어진 선비를 찾다가 산동(山東)에 사는 원고생(轅固生)이라는 유명한 시인을 등용하기로 했다. 그는 90세의 고령이었으나 직언을 잘하는 대쪽같은 선비로 유명했다. 그래서 사이비 학자들은 원고생을 중상비방(中傷誹謗)하는 상소를 올려 그의 등용을 막으려 했으나, 경제는 끝내 듣지 않았다.

당시 원고생과 함께 등용된 젊은 학자가 있었는데, 그 역시 산동 사람으로 이름을 공손홍(公孫弘)이라 했다. 공손홍은 원고생을 늙은이라고 업신여겼지만, 원고생은 아무 허물없이 공손홍에게 이렇게 말했다.

"지금 학문의 정도가 어지러워져서 속설이 유행하고 있네. 이대로 버려두면 유서 깊은 학문의 전통은 결국 사설(邪說)로 인해 그 본연의 모습을 잃고 말 것일세. 자네는 다행히 젊은 데다가 학문을 좋아하는 선비란 말을 들었네. 그러니 부디 올바른 학문을 닦아서 세상에 널리 알리기 바라네. 결코 자신이 믿는 학설을 굽혀[曲學] 이 세상 속물들에게 아첨하면[阿世] 안 되네."

원고생의 말에 공손홍은 너무나 부끄러웠다. 절조를 굽히지 않는 고매한 인격과 학식이 높은 원고생과 같은 이를 알아보지 못한 자신이 초라했기 때문이다. 공손홍은 그 즉시 지난날의 무례를 사과하고 원고생의 제자가 되었다고 한다.

출전 : 《십팔사략(十八史略) – 오제(五帝)》

한자배우기

鼓	북 고	鼓 총 13획	鼓鼓鼓鼓鼓鼓鼓鼓鼓鼓鼓鼓鼓
腹	배 복	月 총 13획	腹腹腹腹腹腹腹腹腹腹腹腹腹
擊	칠 격	手 총 17획	擊擊擊擊擊擊擊擊擊擊擊擊擊擊擊擊擊
壤	흙 양	土 총 20획	壤壤壤壤壤壤壤壤壤壤壤
孤	외로울 고	子 총 8획	孤孤孤孤孤孤孤孤
雲	구름 운	雨 총 12획	雲雲雲雲雲雲雲雲雲雲雲雲
野	들 야	里 총 11획	野野野野野野野野野野野
鶴	학 학	鳥 총 21획	鶴鶴鶴鶴鶴鶴鶴鶴鶴鶴鶴
曲	굽을 곡	曰 총 6획	曲曲曲曲曲曲
學	배울 학	子 총 16획	學學學學學學學學學學學學
阿	언덕 아	β 총 8획	阿阿阿阿阿阿阿阿
世	인간 세	一 총 5획	世世世世世
空	빌 공	穴 총 8획	空空空空空空空空
中	가운데 중	ㅣ 총 4획	中中中中
樓	다락 누	木 총 15획	樓樓樓樓樓樓樓樓樓樓樓
閣	집 각	門 총 14획	閣閣閣閣閣閣閣閣閣閣閣閣閣閣

鼓	腹	擊	壤
북 고	배 복	칠 격	흙 양

고복격양 배를 두드리고 땅을 친다는 뜻으로, 부러울 것
이 없는 풍족한 생활.

鼓	腹	擊	壤

孤	雲	野	鶴
외로울 고	구름 운	들 야	학 학

고운야학 조각 구름과 무리에서 벗어난 학이라는 뜻으로,
벼슬을 하지 않고 한가로이 숨어 사는 선비.

孤	雲	野	鶴

曲	學	阿	世
굽을 곡	배울 학	언덕 아	인간 세

곡학아세 학문을 굽히어 세상에 아첨한다는 뜻으로, 정도
를 벗어난 학문으로 세상 사람에게 아첨함을 이르는 말.

曲	學	阿	世

空	中	樓	閣
빌 공	가운데 중	다락 누	집 각

공중누각 공중에 떠 있는 누각이라는 뜻으로, 아무런 근
거나 현실적 토대가 없는 가공(架空)의 사물을 일컫는 말.

空	中	樓	閣

刮目相對 괄목상대

눈을 비비고 상대를 본다는 뜻으로,
남의 학식이나 재주가 전에 비하여 딴 사람으로 볼 만큼 부쩍 는 것을 말함.

[故事] 중국 삼국시대 초엽, 오왕(吳王) 손권(孫權)의 부하 장수에 여몽(呂蒙)이 있었다. 그는 무식했으나 전공을 쌓아 장군이 된 사람이었다. 어느 날 그는 왕으로부터 공부하라는 충고를 받았다. 그래서 전쟁터에서도 '손에서 책을 놓지 않고[手不釋卷(수불석권)]' 학문에 정진했다. 그 후 손권의 중신(重臣) 가운데 가장 유식한 재상 노숙(魯肅)이 전지(戰地)를 시찰하는 길에 오랜 친구인 여몽을 만났다. 그런데 노숙은 오랜만에 만난 친구와 이런저런 대화를 나누다가 여몽이 너무나 박식해진 데에 그만 놀라고 말았다.

"아니, 여보게. 언제 그렇게 공부했나? 자네는 이제 오나라에 있을 때의 여몽이 아닐세그려."

그러자 여몽은 이렇게 대꾸했다.

"무릇 선비들이란 헤어진 지 사흘이 지나서 다시 만났을 때라도 '눈을 비비고 상대를 대면할[刮目相對]' 정도로 달라져야 하는 법이 아니겠는가."

그 후 재상 노숙이 병사(病死)하자, 여몽은 그 뒤를 이어 오왕 손권을 보필, 국세(國勢)를 신장하는 데 힘썼다. 그리고 여몽은 은밀하게 노숙을 위해서 세 개의 책략을 말했고, 노숙은 공손하게 그것을 경청해, 비밀로 삼아 발설하지 않았다. 손권은 항상 탄식하며 말했다.

"인간은 어차피 성장하는가 하면 동시에 향상해 가는 것이지만, 여몽, 장흠 정도로는 미치지 않을 것이다. 부귀와 명성을 손에 넣고 있으면서도, 더욱더 자제하면서 학문을 좋아해, 옛 책들을 즐기고 재화를 경시하고 도의를 존경하니, 이는 마땅히 따라야 할 규범이 되었으며, 모두 국사(國士, 나라의 선비)가 되었다. 얼마나 기쁜 일인가?"

출전 : 《사기(史記) – 유림열전(儒林列傳) [원고생(轅固生)]》

한자 배우기

刮	비빌 괄	刂총8획	刮刮刮刮刮刮刮刮
目	눈 목	目총5획	目目目目目
相	서로 상	目총9획	相相相相相相相相相
對	대할 대	寸총14획	對對對對對對對對對對對對對對
矯	바로잡을 교	矢총17획	矯矯矯矯矯矯矯矯矯矯矯矯
角	뿔 각	角총7획	角角角角角角角
殺	죽일 살	殳총11획	殺殺殺殺殺殺殺殺殺殺殺
牛	소 우	牛총4획	牛牛牛牛

九	아홉 구	乙총2획	九九
曲	굽을 곡	曰총6획	曲曲曲曲曲曲
肝	간 간	月총7획	肝肝肝肝肝肝肝
腸	창자 장	月총13획	腸腸腸腸腸腸腸腸腸腸腸腸腸
口	입 구	口총3획	口口口
尙	오히려 상	小총8획	尙尙尙尙尙尙尙尙
乳	젖 유	乙총8획	乳乳乳乳乳乳乳乳
臭	냄새 취	自총10획	臭臭臭臭臭臭臭臭臭臭

刮	目	相	對
비빌 괄	눈 목	서로 상	대할 대

괄목상대 눈을 비비고 다시 본다는 뜻으로, 주로 손아랫사람의 학식이나 재주가 놀랍도록 향상된 경우에 쓰임.

刮	目	相	對

矯	角	殺	牛
바로잡을 교	뿔 각	죽일 살	소 우

교각살우 쇠뿔을 바로잡으려다가 소를 죽인다는 뜻으로, 결점이나 흠을 고치려는 일이 지나쳐 도리어 일을 그르칠 때 사용하는 말.

矯	角	殺	牛

九	曲	肝	腸
아홉 구	굽을 곡	간 간	창자 장

구곡간장 굽이굽이 서린 간과 창자라는 뜻으로, 깊은 마음속이나 시름이 쌓인 마음속을 비유하는 말.

九	曲	肝	腸

口	尚	乳	臭
입 구	오히려 상	젖 유	냄새 취

구상유취 입에서 아직도 젖내가 난다는 뜻으로, 말과 하는 짓이 유치한 것을 비유하여 일컫는 말.

口	尚	乳	臭

捲土重來 권토중래

흙먼지를 말아 일으키며 다시 쳐들어온다는 뜻으로,
한 번 실패한 사람이 힘을 쌓아서 다시 도전한다는 말.

[故事] 이 말은 당나라 말기의 시인 두목(杜牧)의 시 〈제오강정(題烏江亭)〉에 나오는 마지막 구절이다.

勝敗兵家不可期(승패병가불가기) 包羞忍恥是男兒(포수인치시남아)
江東子弟俊才多(강동자제준재다) 捲土重來未可知(권토중래미가지)
승패는 병가도 기약할 수 없으니 수치를 참고 견디는 것이 진정한 남아로다.
강동의 자제 중에는 준재가 많으니 '권토중래'는 아직 알 수 없네.

오강(烏江)은 초패왕(楚霸王) 항우(項羽)가 스스로 목을 쳐서 자결한 곳이다. 한왕 유방(劉邦)과 해하(垓下)에서 펼친 '운명과 흥망을 건 한판 승부[乾坤一擲]'에서 패한 항우는 오강으로 도망가 정장(亭長)으로부터 '강동(江東)으로 돌아가 재기하라'는 권유를 받았다. 그러나 항우는 '8년 전 강동의 8,000여 자제와 함께 떠난 내가 혼자 무슨 면목으로 강을 건너 강동으로 돌아가 그들의 부형을 대할 것인가'라며 파란만장한 31년의 생애를 마쳤던 것이다. 항우가 죽은 지 1,000여 년이 지난 어느 날, 두목은 권토중래할 수 있었을 텐데도 그렇게 하지 않고 31세의 젊은 나이로 자결한 항우를 애석히 여기며 이 시를 읊었다. 이 시는 항우를 읊은 시 중에서 가장 잘 알려진 것이다.

출전 : 《두목(杜牧)–제오강정(題烏江亭)》

한자 배우기

九 아홉 구 乙총2획 九九	捲 말 권 扌총11획 捲捲捲捲捲捲捲捲捲捲捲
折 꺾을 절 扌총7획 折折折折折折折	土 흙 토 土총3획 土土土
羊 양 양 羊총6획 羊羊羊羊羊羊	重 무거울 중 里총9획 重重重重重重重重重
腸 창자 장 月총13획 腸腸腸腸腸腸腸腸腸腸腸腸腸	來 올 래 人총8획 來來來來來來來來
君 임금 군 口총7획 君君君君君君君	金 쇠 금 金총8획 金金金金金金金金
子 아들 자 子총3획 子子子	蘭 난초 란 艹총20획 蘭蘭蘭蘭蘭蘭蘭蘭蘭蘭蘭蘭蘭
三 석 삼 一총3획 三三三	之 갈 지 丿총4획 之之之之
樂 즐길 락 木총15획 樂樂樂樂樂樂樂樂樂樂樂樂	契 맺을 계 大총9획 契契契契契契契契契

九 折 羊 腸

九	折	羊	腸
아홉 구	꺾을 절	양 양	창자 장

구절양장 아홉 번 꺾인 양의 창자라는 뜻으로 산길이 꼬불꼬불하고 험하다. 또는 세상이 복잡하여 살아가기 어렵다.

九	折	羊	腸

君 子 三 樂

君	子	三	樂
임금 군	아들 자	석 삼	즐길 락

군자삼락 군자의 세 가지 즐거움이라는 뜻으로 부모가 살아계시고, 형제가 무고하고, 하늘과 사람에게 부끄러움이 없고, 그리고 천하의 영재를 얻어서 가르치는 것을 말함.

君	子	三	樂

捲 土 重 來

捲	土	重	來
말 권	흙 토	무거울 중	올 래

권토중래 흙을 말아 올릴 기세로 다시 쳐들어온다는 뜻으로, 한 번 실패한 자가 힘을 길러 흙먼지를 일으키며 다시 찾아온다는 말.

捲	土	重	來

金 蘭 之 契

金	蘭	之	契
쇠 금	난초 란	갈 지	맺을 계

금란지계 금과 난 같은 맺음이라는 뜻으로, 사이좋은 벗끼리 마음을 합치면 단단한 쇠도 자를 수 있고, 우정의 아름다움은 난의 향기와 같다는 말로 아주 친밀한 친구 사이를 가리킴.

金	蘭	之	契

奇貨可居 기화가거

진귀한 물건을 사 두었다가 훗날 큰 이익을 얻는다는 뜻으로, 좋은 기회가 올 때까지 큰 이익을 얻거나 훗날 이용할 수 있는 사람을 돌봐 주며 기다림을 말함. 또는 기회를 놓치지 않고 잡는다는 말.

[故事] 춘추전국시대 말, 한나라의 장사꾼 여불위는 조(趙)나라의 도읍 한단(邯鄲)에 갔다가 우연히 진(秦)나라 소양왕(昭襄王)의 손자인 자초(子楚)가 볼모로 그곳에 살고 있다는 것을 알았다. 그때 이 장사꾼의 머리에 기발한 생각이 번뜩였다.

'이것이야말로 기화로다. 사 두면 훗날 큰 이익을 얻게 될 것이 틀림없다.'

여불위는 즉시 황폐한 삼간초가에 어렵게 살아가는 자초를 찾아가 이렇게 말했다.

"귀공의 아버지 안국군(安國君)께서 곧 소양왕의 뒤를 이어 왕위에 오르실 것입니다. 하지만 정빈(正嬪) 화양부인(華陽夫人)에게는 소생이 없습니다. 그러면 귀공을 포함하여 20명의 서출(庶出) 왕자 중에서 누가 태자가 될까요? 솔직히 말해 귀공은 결코 유리한 입장이라고는 말할 수 없습니다."

"그건 그렇소만, 어쩔 수 없는 일 아니오?"

"걱정 마십시오. 소생에게는 천금(千金)이 있습니다. 그 돈으로 우선 화양부인에게 선물을 하여 환심을 사고, 또 널리 인재를 모으십시오. 소생은 귀공의 귀국을 위해 조나라의 고관들에게 손을 쓰고, 귀공과 함께 진나라로 가서 태자로 책봉되도록 진력하겠습니다."

"만약 일이 잘 되면 그대와 함께 진나라를 다스리도록 하겠소."

여불위는 자기 자식을 임신한 조희(趙姬)라는 애첩까지 자초에게 양보하여 그를 완전히 손아귀에 넣은 뒤 재력과 능변(能辯)으로 자초를 태자로 세우는 데 성공했다. 그리고 자초가 왕위[장양왕(莊襄王)]에 오르자 그는 재상이 되었으며, 조희가 낳은 아들 정(政)은 훗날 시황제(始皇帝)가 되었다.

출전 : 《사기(史記)—여불위열전(呂不韋列傳)》

한자 배우기

錦	비단 금	金 총16획	錦錦錦錦錦錦錦錦錦錦
上	위 상	一 총3획	上上上
添	더할 첨	氵 총11획	添添添添添添添添添添添
花	꽃 화	⧺ 총8획	花花花花花花花花
琴	거문고 금	玉 총12획	琴琴琴琴琴琴琴琴琴琴琴琴
瑟	거문고 슬	玉 총13획	瑟瑟瑟瑟瑟瑟瑟瑟瑟
之	갈 지	丿 총4획	之之之之
樂	즐길 락	木 총15획	樂樂樂樂樂樂樂樂樂樂樂

衣	옷 의	衣 총6획	衣衣衣衣衣衣
夜	밤 야	夕 총8획	夜夜夜夜夜夜夜夜
行	갈 행	行 총6획	行行行行行行
奇	기이할 기	大 총8획	奇奇奇奇奇奇奇奇
貨	재화 화	貝 총11획	貨貨貨貨貨貨貨貨貨貨貨
可	옳을 가	口 총5획	可可可可可
居	살 거	尸 총8획	居居居居居居居居

錦	上	添	花
비단 금	윗 상	더할 첨	꽃 화

금상첨화 비단 위에 꽃을 더한 것이라는 뜻으로, 좋은 일이나 상황이 연달아 일어남을 가리킴.

錦	上	添	花

琴	瑟	之	樂
거문고 금	거문고 슬	갈 지	즐길 락

금슬지락 부부사이의 더정하고 화목한 즐거움.

琴	瑟	之	樂

錦	衣	夜	行
비단 금	옷 의	밤 야	갈 행

금의야행 비단 옷을 입고 밤길을 간다는 뜻으로, 아무도 알아주지 않아 별 보람이 없는 행동을 하는 것을 말함.

錦	衣	夜	行

奇	貨	可	居
기이할 기	재화 화	옳을 가	살 거

기화가거 기이한 재물은 저축해 두는 것이 옳다라는 뜻으로 좋은 물건을 사두면 장차 큰 이익을 본다.

奇	貨	可	居

老馬之智 노(로)마지지

오랜 경험으로 사물에 익숙하여 잘 알고 있음. 또한 나름대로의 장점과 특징이 있음.

[故事] 제(齊)나라의 재상 관중은 어느 봄날 대부 습붕(隰朋)과 함께 환공(桓公)을 따라 고죽(孤竹)을 정벌하기 위해 진군하였다. 갈 때는 봄이었는데, 겨울까지 오래 계속된 싸움이었다. 돌아올 때 겨울이 되어 도중에 길을 잃고 말았다. 이때 관중이 말했다.

"이럴 때는 늙은 말의 지혜가 필요합니다(老馬之智可用也)."

그리하여 말을 풀어 그 말이 가는 곳을 따라감으로써 위기에서 탈출할 수 있었다. 그리고 어느 날 산속을 거닐다가 마실 물이 떨어졌다. 이때 습붕이 말하였다.

"개미는 겨울에 산의 양지쪽에 살고 여름에는 북쪽 그늘에 있는 법입니다. 그리고 개미집이 땅 위 한 치 높이에 있으면 그 여덟 자 밑에는 반드시 물이 있습니다."

물론 그 말대로 개미집을 찾아 땅을 파서 물을 얻을 수 있었다.

노마지지란 여기서 나온 말인데, 요즘에는 '경험을 쌓은 사람이 갖춘 지혜'란 뜻으로 사용된다.

관중이나 습붕과 같은 성인도 자기가 모르는 것, 미치지 못하는 것이 있으면 늙은 말이나 개미의 지혜를 빌려 스승으로 삼아 교훈을 얻었다. 그리고 그것을 수치로 여기지 않았다.

그런데 오늘날 사람들은 자신이 어리석음에도 성현의 지혜를 스승으로 삼아 배우려 하지 않는다. 이것은 잘못된 일이 아닐까."

출전 : 《한비자(韓非子) – 세림(說林)》
유의어 : 노마지교(老馬之敎), 노마지도(老馬之道).

한자 배우기

洛	물이름 낙	氵총9획	洛洛洛洛洛洛洛洛洛
陽	볕 양	阝총12획	陽陽陽陽陽陽陽陽陽陽陽陽
紙	종이 지	糸총10획	紙紙紙紙紙紙紙紙紙紙
價	값 가	人총15획	價價價價價價價價價價價價
男	사내 남	田총7획	男男男男男男男
負	짐질 부	貝총9획	負負負負負負負負負
女	계집 여	女총3획	女女女

戴	일 대	戈총17획	戴戴戴戴戴戴戴戴戴戴戴戴戴
老	늙을 노(로)	耂총6획	老老老老老老
馬	말 마	馬총10획	馬馬馬馬馬馬馬馬馬馬
智	지혜 지	日총12획	智智智智智智智智智智智智
弄	희롱할 농	廾총7획	弄弄弄弄弄弄弄
瓦	기와 와	瓦총5획	瓦瓦瓦瓦瓦
慶	경사 경	心총15획	慶慶慶慶慶慶慶慶慶慶慶慶

洛	陽	紙	價
물이름 낙	볕 양	종이 지	값 가

낙양지가 낙양의 종이값이라는 뜻으로, 훌륭한 글을 다투어 베끼느라고 종이의 수요가 늘어서 값이 등귀한 것을 말함이니 문장의 장려함을 칭송하는 데 쓰이는 말.

洛	陽	紙	價

男	負	女	戴
사내 남	짐질 부	계집 여	일 대

남부여대 남자는 등에 지고 여자는 머리에 인다는 뜻으로, 가난한 사람들이 정착할 곳을 찾아 이리저리 떠돌아다닌다는 말.

男	負	女	戴

老	馬	之	智
늙을 노(로)	말 마	갈 지	지혜 지

노(로)마지지 늙은 말의 지혜라는 뜻으로, 연륜이 깊은 사람에게는 어려움을 헤쳐나갈 지혜가 있다는 말.

老	馬	之	智

弄	瓦	之	慶
희롱할 농	기와 와	갈 지	경사 경

농와지경 딸을 낳은 기쁨이란 뜻으로 중국에서 딸을 낳으면 흙으로 만든 실패를 장난감으로 주었던 데서 유래함.

弄	瓦	之	慶

陵遲處斬 능지처참

대역죄(大逆罪)를 범한 자에게 과하던 최대 극형.

[故事] 역죄나 패륜을 저지른 죄인 등에게 가해진 극형으로, 능지처사(陵遲處死)라고도 한다. 언덕을 천천히 오르내리듯[陵遲] 최대한 서서히 고통을 느끼면서 죽이는 잔혹한 사형방법이다. 팔다리와 어깨, 가슴 등을 잘라내고 마지막에 심장을 찌르고 목을 베어 죽였다. 많은 사람이 모인 가운데 죄인을 기둥에 묶어 놓고 포를 뜨듯 살점을 베어내는데, 한꺼번에 많이 베어내면 출혈과다로 죽으니까 조금씩 베어 참을 수 없는 고통 속에서 죽음을 맞이하게 하는 매우 잔인한 형벌이다. 수레에 팔다리와 목을 매달아 찢어 죽이는 거열형, 시신에 거열형을 가하는 육시(戮屍)와 차이가 있으나 혼용되기도 한다.

중국 원나라 때부터 시작되어 명나라의 〈대명률〉에도 규정되어 있다. 우리나라는 고려 공민왕 때부터 이 형벌에 대한 기록이 나온다. 이후 조선 초기에도 행해졌으며, 특히 연산군·광해군 때 많았다. 인조 때에는 엄격하게 금지하였으나 실제로는 폐지되지 않다가 고종 31년에 완전히 폐지되었다. 〈조선왕조실록〉에 사육신 등을 능지처참하고 효수(梟首)하여 3일 동안 백성들에게 공개하게 한 기록이 있다. 광해군 때 허균도 모반죄로 능지처참되었다고 한다.

서양에서도 루이 15세를 시해하려다 미수에 그친 다미앵은 처형 직전 불에 달군 집게에 의해 팔다리와 가슴, 배의 살이 떼어지는 등 참혹한 고문을 당한 뒤 팔다리가 네 마리 말에 묶인 뒤 사지가 찢어지는 참형을 당하였다는 기록이 있다.

한자 배우기

陵	언덕 능	阝총11획	陵陵陵陵陵陵陵陵陵陵陵
遲	늦을 지	辶총16획	遲遲遲遲遲遲遲遲遲遲遲
處	곳 처	虍총11획	處處處處處處處處處處處
斬	벨 참	斤총11획	斬斬斬斬斬斬斬斬斬斬斬
多	많을 다	夕총6획	多多多多多多
事	일 사	亅총8획	事事事事事事事事
難	어려울 난	隹총19획	難難難難難難難難難難難
斷	끊을 단	斤총18획	斷斷斷斷斷斷斷斷斷斷斷
機	기계 기	木총16획	機機機機機機機機機機機
之	갈 지	丿총4획	之之之之
戒	경계할 계	戈총7획	戒戒戒戒戒戒戒
堂	집 당	土총11획	堂堂堂堂堂堂堂堂堂堂堂
拘	개 구	扌총8획	狗狗狗狗狗狗狗狗
風	바람 풍	風총9획	風風風風風風風風風
月	달 월	月총4획	月月月月

陵	遲	處	斬
언덕 능	늦을 지	곳 처	벨 참

능지처참 머리·몸·손·팔다리를 토막 쳐서 죽인다는 뜻으로, 대역(大逆) 죄인에게 내리던 극형을 말함.

陵	遲	處	斬

多	事	多	難
많을 다	일 사	많을 다	어려울 난

다사다난 일도 많고 어려움도 많다는 뜻으로, 일이 바쁘게 많거나 어렵고 복잡하게 일어난다는 뜻.

多	事	多	難

斷	機	之	戒
끊을 단	기계 기	갈 지	경계할 계

단기지계 베틀의 실을 끊는 훈계라는 뜻으로, 학업을 중단해서는 안된다는 것을 경계.

斷	機	之	戒

堂	拘	風	月
집 당	개 구	바람 풍	달 월

당구풍월 서당개도 풍월을 읊는다는 뜻으로, 무식한 사람도 유식한 사람들 틈에 있다보면 다소 유식해진다는 말.

堂	拘	風	月

獨不將軍 독불장군

혼자서는 장군이 되지 못한다는 뜻으로,
남의 의견을 묵살하고 저혼자 모든 일을 처리하는 사람이나 따돌림을 받는 사람.

[설명] 본래 뜻은 따돌림을 받는 외로운 사람이며, 혼자서는 장군을 못한다는 뜻으로, 잘난체하며 혼자서 모든 일을 처리하는 사람 또는 저 혼자 잘난체하며 뽐내다가 남들이 등을 돌려 따돌림을 당하는 처지에 있는 사람을 이르는 말이다. 즉 남과 협조하면서 살아가야 한다는 뜻을 갖고 있다.

讀書尙友 독서상우

책을 읽으면 옛 사람들과도 벗이 될 수 있다는 뜻으로,
책을 읽어 옛날의 현인(賢人)들과 벗할 수 있음을 말함.

[故事] 맹자는 제자 만장에게 다음과 같이 말하였다.

"마을에서 가장 선한 선비라야 그만큼 선한 선비를 벗할 수 있으며, 나라에서 가장 선한 선비라야 그 정도로 선한 선비를 벗할 수 있고, 천하에서 가장 선한 선비라야 그만한 선한 선비를 벗할 수 있다. 천하에서 제일 선한 선비를 벗하는데 만족하지 못해 위로 옛 사람을 논하기도 하니, 옛 사람의 시나 글을 읽으면서도 옛 사람을 알지 못하는가. 이로써 옛 사람이 살았던 세상을 논의하는데, 이것이 곧 위로 옛 사람을 벗하는 일이다."

맹자는 그 시대의 가장 훌륭한 선비와 사귀는 데 만족하지 말고 책을 통해 옛 성현들과 벗하라고 강조하였다. 책 속에서는 옛 현인의 사상을 깨닫고 살아 있는 벗처럼 성현을 만날 수 있다.

출전 : 《맹자(孟子), 만장하편(萬章下篇)》

한자 배우기

大	큰 대	大 총3획	大大大
義	옳을 의	羊 총13획	義義義義義義義義義義義義義
名	이름 명	口 총6획	名名名名名名
分	나눌 분	刀 총4획	分分分分
獨	홀로 독	犭 총16획	獨獨獨獨獨獨獨獨獨獨獨獨
不	아닐 불	一 총4획	不不不不
將	장수 장	寸 총11획	將將將將將將將將將將
軍	군사 군	車 총9획	軍軍軍軍軍軍軍軍軍
讀	읽을 독	言 총22획	讀讀讀讀讀讀讀讀讀讀讀讀
書	글 서	日 총10획	書書書書書書書書書書
三	석 삼	一 총3획	三三三
昧	어두울 매	日 총9획	昧昧昧昧昧昧昧
尙	오히려 상	小 총8획	尙尙尙尙尙尙尙尙
友	벗 우	又 총4획	友友友友

大	義	名	分
큰 대	옳을 의	이름 명	나눌 분

대의명분 큰 정의와 명분이라는 뜻으로, 인륜의 큰 의를 밝히고 분수를 지켜 정도에 어긋나지 않도록 하는 것을 말함.

大	義	名	分

獨	不	將	軍
홀로 독	아닐 불	장수 장	군사 군

독불장군 혼자서는 장군이 되지 못한다는 뜻으로, 남의 의견을 묵살하고 저혼자 모든 일을 처리하는 사람이나 따돌림을 받는 사람.

獨	不	將	軍

讀	書	三	昧
읽을 독	글 서	석 삼	어두울 매

독서삼매 오직 책 읽기에만 골몰한 경지를 가리키는 말, 또는 한 곳에 정신을 집중하는 것을 뜻함.

讀	書	三	昧

讀	書	尚	友
읽을 독	글 서	오히려 상	벗 우

독서상우 책을 읽음으로써 옛날의 현인들과 벗이 될 수 있다는 말.

讀	書	尚	友

登龍門 등용문

용문에 오른다는 뜻으로, 입신출세의 관문을 일컫는 말.
또 영달(榮達)이나 주요한 시험을 비유한 말. 유력자를 만나는 일을 말함.

[故事] 용문(龍門)은 중국 황하(黃河) 상류의 산서성(山西省)과 섬서성(陝西省)의 경계에 있는 협곡인데 이곳을 흐르는 여울은 어찌나 세차고 빠른지 큰 물고기도 여간해서 거슬러 올라가지 못한다고 한다. 그러나 일단 오르기만 하면 용이 된다는 전설이 있다.

'용문에 오른다'는 것은 극한의 난관을 돌파하고 약진의 기회를 얻는다는 말인데 중국에서는 진사(進士) 시험에 합격하는 것이 입신출세의 제일보라는 뜻으로 '등용문'이라 했다.

'등용문'에 반대되는 말을 '점액(點額)'이라 한다. '점(點)'은 '상처를 입는다'는 뜻이고 '액(額)'은 이마인데 용문에 오르려고 급류에 도전하다가 바위에 이마를 부딪쳐 상처를 입고 하류로 떠내려가는 물고기를 말한다.

즉, 출세 경쟁에서의 패배자, 중요 시험에서의 낙방된 사람을 가리킨다. 중국 후한(後漢) 말, 환제(桓帝)때 정의파 관료에 이응(李膺)이라는 사람이 있었다. 그는 청주자사(靑州刺史)·촉군태수(蜀郡太守)·탁료장군(度遼將軍)을 거쳐서 하남윤(河南尹 : 하남 지방의 장관)으로 승진했을 때 환관의 미움을 받아 투옥되었다. 그러나 그 후 유력자의 추천으로 사예교위(司隷校尉 : 경찰청장)가 되어 악랄한 환관 세력과 맞서 싸웠다. 그러자 그의 명성은 나날이 올라갔다. 태학(太學)의 청년 학생들은 그를 경모하여 '천하의 본보기는 이응'이라 평했으며 신진 관료들도 그의 추천을 받는 것을 최고의 명예로 알고, 이를 '등용문'이라 일컬었다.

출전 : 《후한서(後漢書)-이응전(李膺傳)》

한자배우기

登	오를 등	癶 총12획	登登登登登登登登
龍	용 용	龍 총16획	龍龍龍龍龍龍龍龍龍龍龍龍
門	문 문	門 총8획	門門門門門門門門
萬	일만 만	++ 총13획	萬萬萬萬萬萬萬萬萬萬萬
壽	목숨 수	士 총14획	壽壽壽壽壽壽壽壽壽壽壽壽
無	없을 무	⺣ 총12획	無無無無無無無無無無無無
疆	지경 강	田 총19획	疆疆疆疆疆疆疆疆疆疆疆
明	밝을 명	日 총8획	明明明明明明明明
眸	눈동자 모	目 총11획	眸眸眸眸眸眸眸眸眸眸
皓	흴 호	白 총12획	皓皓皓皓皓皓皓皓皓皓
齒	이 치	齒 총15획	齒齒齒齒齒齒齒齒齒齒齒齒
毛	터럭 모	毛 총4획	毛毛毛毛
遂	이룰 수	⻌ 총13획	遂遂遂遂遂遂遂遂遂遂遂遂
自	스스로 자	自 총6획	自自自自自自
薦	천거할 천	++ 총16획	薦薦薦薦薦薦薦薦薦薦薦

登	龍	門	
오를 등	용 용	문 문	

등용문 용문에 오르다는 뜻으로, 立身出世의 관문. 또는 출세의 계기를 잡다.

登	龍	門	

萬	壽	無	疆
일만 만	목숨 수	없을 무	지경 강

만수무강 장수(長壽)를 빌 때 쓰는 말로, 수명의 끝이 없다는 말.

萬	壽	無	疆

明	眸	皓	齒
밝을 명	눈동자 모	흴 호	이 치

명모호치 밝은 눈동자와 흰 이라는 뜻으로, 미인(美人)의 아름다움을 일컫는 말.

明	眸	皓	齒

毛	遂	自	薦
터럭 모	이를 수	스스로 자	천거할 천

모수자천 자기가 자신을 추천한다는 뜻으로, 다른 사람이 자기를 추천해주지 않으니까 자기가 스스로를 추천한다.

毛	遂	自	薦

伯牙絶鉉 백아절현

'백아가 거문고의 줄을 끊었다'는 뜻으로, 서로 마음이 통하는 절친한 벗[知己]의 죽음을 이르는 말.
또는 친한 벗을 잃은 슬픔을 말함.

[故事] 춘추전국시대, 거문고의 명수로 이름 높은 백아(伯牙)에게는 그 소리를 누구보다 잘 감상해 주는 친구 종자기(鐘子期)가 있었다.

백아가 거문고를 타며 높은 산과 큰 강의 분위기를 그려내려고 시도하면 옆에서 귀를 기울이고 있던 종자기의 입에서는 탄성이 연발한다.

"아아, 멋있다. 하늘 높이 우뚝 솟는 그 느낌은 마치 태산(泰山)같구나."

"응, 훌륭하다. 넘칠 듯이 흘러가는 그 느낌은 마치 황하(黃河)같구먼."

두 사람은 그토록 마음이 통하는 연주자였고 청취자였으나 불행히도 종자기가 병으로 죽고 말았다. 그러자 백아는 절망한 나머지 거문고의 줄을 끊고 다시는 연주하지 않았다고 한다. 지기(知己)를 가리켜 지음(知音)이라고 일컫는 것은 이 고사에서 나온 말이다.

〈荀子〉'권학편(勸學篇)'에는 이렇게 말하고 있다.

'옛날에 호파가 비파를 타면 물속에 있던 물고기가 나와서 들었고, 백아(伯牙)가 거문고를 타면 여섯 필의 말(천자(天子)가 타는 수레를 끄는 말을 가리킴)이 풀을 뜯다가 고개를 들어 쳐다보았다. 그러므로 소리는 작더라도 들리지 않는 것이 없고, 행동은 숨겨도 나타나지 않는 것이 없다. 옥이 산에 있으면 풀과 나무가 윤택하고, 연못에 진주가 생기면 언덕이 마르지 않는다. 선(善)을 행하고 악(惡)을 쌓지 않는다면 어찌 명성이 들리지 않겠는가?' 그 후부터 친한 벗이 죽었을 때 [백아절현(伯牙絶鉉)]이라고 표현하기도 했다.

출전: 《도화원기(桃花源記)》
유의어: 도원경(桃源境), 이상향, 도원향, 유토피아

한자배우기

猫	고양이 묘	犭 총12획	猫猫猫猫猫猫猫猫
頭	머리 두	頁 총16획	頭頭頭頭頭頭頭頭頭頭頭頭
縣	매달 현	糸 총16획	縣縣縣縣縣縣縣縣縣縣縣縣
鈴	방울 령	金 총13획	鈴鈴鈴鈴鈴鈴鈴鈴鈴鈴鈴
武	호반 무	止 총8획	武武武武武武武武
陵	언덕 릉	阝 총11획	陵陵陵陵陵陵陵陵陵陵陵
桃	복숭아 도	木 총10획	桃桃桃桃桃桃桃桃桃桃
源	근원 원	氵 총13획	源源源源源源源源源源源源
博	넓을 박	十 총12획	博博博博博博博博博博博博
而	말 이을 이	而 총6획	而而而而而而
不	아닐 불	一 총4획	不不不不
精	자세할 정	米 총14획	精精精精精精精精精精精精
伯	맏 백	人 총7획	伯伯伯伯伯伯伯
牙	어금니 아	牙 총4획	牙牙牙牙
絶	끊을 절	糸 총12획	絶絶絶絶絶絶絶絶絶絶
鉉	줄 현	金 총13획	鉉鉉鉉鉉鉉鉉鉉鉉鉉鉉鉉

猫	頭	縣	鈴
고양이 묘	머리 두	매달 현	방울 령

묘두현령 고양이 목에 방울 달기란 뜻으로, 실행하기 어려운 공론.

猫	頭	縣	鈴

武	陵	桃	源
호반 무	언덕 릉	복숭아 도	근원 원

무릉도원 무릉 사람이 발견한 복숭아 꽃이 만발한 곳이라는 뜻으로, 사람들이 화목하고 행복하게 살 수 있다는 이상향을 가리킴.

武	陵	桃	源

博	而	不	精
넓을 박	말 이을 이	아닐 불	자세할 정

박이부정 여러 방면으로 널리 알되 능란하거나 정밀(精密)하지 못함.

博	而	不	精

伯	牙	絶	鉉
맏 백	어금니 아	끊을 절	줄 현

백아절현 백아가 거문고 줄을 끊었다는 뜻으로, 친한 친구의 죽음을 슬퍼하는 말이며 마음으로 통하는 친구.

伯	牙	絶	鉉

四面楚歌 사면초가

사면에서 들려오는 초나라 노래란 뜻으로, 사방 빈틈없이 적에게 포위된 고립무원(孤立無援)의 상태나 주위에 반대자 또는 적이 많아 고립되어 있는 처지, 또는 사방으로부터 비난받음을 비유한 말.

[故事] 진나라를 무너뜨린 초패왕(楚霸王) 항우(項羽)와 한왕(漢王) 유방(劉邦)은 홍구[鴻溝 : 하남성(河南省)의 가로하(賈魯河)]를 경계로 천하를 양분, 강화하고 5년간에 걸친 패권(霸權) 다툼을 멈췄다. 힘과 기(氣)에만 의존하다가 밀리기 시작한 항우의 휴전 제의를 유방이 받아들인 것이다.

항우는 곧 철군(撤軍) 길에 올랐으나, 철수하려던 유방은 참모 장량(張良)·진평(陳平)의 진언에 따라 말머리를 돌려 항우를 추격했다. 이윽고 한신(韓信)이 지휘하는 한나라 대군에 포위된 초나라 진영(陣營)은 군사가 줄고 군량마저 떨어져 사기가 말이 아니었다.

그런데 이게 웬일인가? 한밤중에 '사방에서 초나라 노래[四面楚歌]' 소리가 들려오니 말이다. 초나라 군사들은 그리운 고향 노랫소리에 눈물을 흘리며 다투어 도망쳤다. 항복한 초나라 군사들로 하여금 고향 노래를 부르게 한 장량의 심리 작전이 맞아떨어졌던 것이다.

그날 밤에 불과 800여 기(騎)를 이끌고 포위망을 탈출한 항우는 이튿날 혼자 적군 속으로 뛰어들어 수백 명을 벤 뒤 강만 건너편 당초에 군사를 일으켰던 땅, 강동(江東)으로 갈 수 있는 오강(烏江)까지 달려갔다. 그러나 항우는 강동의 자제(子弟)들을 다 잃고 혼자 돌아가는 것이 부끄러워 스스로 목을 쳐 자결하고 말았다. 그때 그의 나이 31세였다.

출전 : 《사기(史記)-항우본기(項羽本紀)》

한자배우기

百	일백 백	白 총6획	百百百百百百
折	꺾을 절	扌 총7획	折折折折折折折
不	아닐 불	一 총4획	不不不不
屈	굽힐 굴	尸 총8획	屈屈屈屈屈屈屈屈
附	붙을 부	阝 총8획	附附附附附附附附
和	화합할 화	口 총8획	和和和和和和和和
雷	천둥 뇌	雨 총13획	雷雷雷雷雷雷雷雷雷雷雷雷雷
同	한 가지 동	口 총6획	同同同同同同

氷	얼음 빙	水 총5획	氷氷氷氷氷
山	메 산	山 총3획	山山山
一	한 일	一 총1획	一
角	뿔 각	角 총7획	角角角角角角角
四	넉 사	囗 총5획	四四四四四
面	낯 면	面 총9획	面面面面面面面面面
楚	초나라 초	木 총13획	楚楚楚楚楚楚楚楚楚楚
歌	노래 가	欠 총14획	歌歌歌歌歌歌歌歌歌歌歌歌

百	折	不	屈
일백 백	꺾을 절	아닐 불	굽힐 굴

백절불굴 백 번 꺾여도 굴하지 않는다는 뜻으로, 어떠한 어려움에도 결코 굽히지 않음을 일컫는 말.

百	折	不	屈

附	和	雷	同
붙을 부	화합할 화	천둥 뇌	한 가지 동

부화뇌동 천둥이 치면 함께 움직인다는 뜻으로, 뚜렷한 소신이나 주관 없이 남의 의견이나 행동을 따라 한다는 말.

附	和	雷	同

氷	山	一	角
얼음 빙	메 산	한 일	뿔 각

빙산일각 빙산의 한 모서리라는 뜻으로, 대부분이 숨겨져 있고 외부로 나타나 있는 것은 극히 일부에 지나지 않는다는 말.

氷	山	一	角

四	面	楚	歌
사방 사	낯 면	초나라 초	노래 가

사면초가 사방에서 들리는 초나라의 노래라는 뜻으로, 사방을 적이 둘러싸고 있어서 완전히 고립된 상태를 말함.

四	面	楚	歌

蛇足 사족

뱀의 발이라는 뜻으로, 쓸데없는 것이나 무용지물(無用之物)을 비유한 말.
또 있는 것보다 없는 편이 더 나음을 말하거나 공연히 쓸데없는 군일을 하다가 실패함을 말함.

[故事] 중국의 춘추전국시대인 초(楚)나라 회왕(懷王) 때의 이야기이다.

어떤 인색한 사람이 제사를 지낸 뒤 여러 하인들 앞에 술 한 잔을 내놓으면서 나누어 마시라고 했다. 그러자 한 하인이 이런 제안을 했다.

"여러 사람이 나누어 마신다면 간에 기별도 안 갈 테니 땅바닥에 뱀을 제일 먼저 그리는 사람이 혼자 다 마시기로 하는 게 어떻겠나?"

"그렇게 하세."

하인들은 모두 찬성하고 제각기 땅바닥에 뱀을 그리기 시작했다. 이윽고 뱀을 다 그린 한 하인이 술잔을 집어 들고 말했다.

"이 술은 내가 마시겠네. 어떤가, 멋지지? 발도 있고."

그때 막 뱀을 그린 다른 하인이 재빨리 그 술잔을 빼앗아 단숨에 마셔 버렸다. 그리고 이렇게 말했다.

"세상에 발 달린 뱀이 어디 있나!"

술잔을 빼앗긴 하인은 공연히 쓸데없는 짓을 했다고 후회했지만, 소용이 없었다.

* '사족'은 제(齊)나라를 방문한 진(秦)나라의 사신 진진(陳軫)이 제나라 민왕(湣王)의 요청으로 초나라 재상 소양(昭陽)을 만나 제나라에 대한 공격 계획을 철회하라고 설득할 때 인용한 이야기임.

출전 : 《사기(史記) – 항우본기(項羽本紀)》
유의어 : 초가(楚歌), 발산개세(拔山蓋世)

한자배우기

思	생각할 사	心 총9획	思思思思思思思思思
無	없을 무	灬 총12획	無無無無無無無無無無無無
邪	간사할 사	阝 총7획	邪邪邪邪邪邪邪
蛇	뱀 사	虫 총11획	蛇蛇蛇蛇蛇蛇蛇蛇蛇蛇蛇
足	발 족	足 총7획	足足足足足足足
四	넉 사	囗 총5획	四四四四四
通	통할 통	辶 총11획	通通通通通通通通通通通

八	여덟 팔	八 총2획	八八
達	이를 달	辶 총13획	達達達達達達達達達達達達達
傷	상처 상	人 총13획	傷傷傷傷傷傷傷傷傷傷傷傷傷
弓	활 궁	弓 총3획	弓弓弓
之	갈 지	丿 총4획	之之之之
鳥	새 조	鳥 총11획	鳥鳥鳥鳥鳥鳥鳥鳥鳥鳥鳥

思	無	邪	
생각할 사	없을 무	간사할 사	

사무사 생각이 바르므로 사악함이 없음.

思	無	邪	

蛇	足		
뱀 사	발 족		

사족 필요 없는 것을 붙이는 것으로, 또는 필요 없는 것.

蛇	足		

四	通	八	達
넉 사	통할 통	여덟 팔	이를 달

사통팔달 길이나 교통망, 통신망 등이 이리저리 막힘없이
통한다는 뜻으로, 길이 여러 군데로 막힘없이 통한다는 말.

四	通	八	達

傷	弓	之	鳥
상처 상	활 궁	갈 지	새 조

상궁지조 활에 상처를 입은 새는 굽은 나무만 보아도 놀란다는
뜻으로, 한 번 궂은 일을 당하고 나면 의심하고 두려워하게 된다.

傷	弓	之	鳥

小貪大失 소탐대실

작은 것을 탐내다가 오히려 큰 것을 잃는다는 뜻으로, 욕심을 부리지 말라는 말.

[故事] 중국 춘추전국시대, 약 기원전 316년. 진(秦)나라 혜왕(惠王)은 이웃 나라인 촉나라(蜀)를 공격하려고 했다. 당시 촉은 별 볼 일 없는 나라였지만 수백 여년 동안 진나라랑 싸우고 견딜 정도였기에 놔두자면 골치가 아플 게 뻔하고, 강력한 적국인 초나라를 견제하고자 그 가운데 있는 촉을 멸망시키는 게 국익에도 이롭기 때문이었다.

하지만 촉이 한물갔다고 해도 여전히 무작정 군대로 밀어붙이기는 힘들었다. 검각 문서에서 볼 수 있듯이 길이 너무 험하기 때문에 정복하려면 산을 넘어야 하는데, 당연히 체력적으로 한계가 많았고, 물자 운송에도 애로사항이 많았다. 그래서 계략을 쓰기로 했는데, 바로 촉왕이 욕심 많은 왕이라는 점을 이용하는 것. 그리하여 혜왕은 신하들로 하여금 소의 조각상을 만들고 그 속에 황금과 비단을 채워 넣은 뒤 '황금똥을 누는 소'라고 칭한 후 촉왕에 대한 우호의 예물을 보낸다고 소문을 퍼뜨렸다. 이 소문을 들은 촉왕은 함정일지도 모른다고 반대하던 신하들의 간언을 듣지 않고 진나라 사신을 접견했다.

진나라 사신이 올린 헌상품 목록을 본 촉왕은 눈이 어두워져 백성들을 징발하여 산을 뚫고 계곡을 메워서 보석의 소를 맞을 길을 만들었다.

진나라에선 헌상품을 보내는 척 군사를 보냈더니 촉왕이란 자는 대문 열고 먼저 나가버렸다. 그것도 문무백관 모두 몰고. 당연히 진군은 웃으면서 숨겨든 무기를 꺼내들고 촉왕과 대신들을 모조리 잡았으니 제대로 싸울 틈도 없었고, 진이 15만에 이르는 진군을 대기하여 출동시킨 뒤 나라가 망한 건 물론이며, 촉왕은 유배당해 비참하게 최후를 맞을 때까지 후회했을 것이다.

출전 : 《북제 유주(北齊 劉晝)-신론(新論)》

한자 배우기

小	적을 소	小 총3획	小小小	
貪	탐할 탐	貝 총11획	貪貪貪貪貪貪貪貪貪貪貪	
大	큰 대	大 총3획	大大大	
失	잃을 실	大 총5획	失失失失失	
束	묶을 속	木 총7획	束束束束束束束	
手	손 수	手 총4획	手手手手	
無	없을 무	灬 총12획	無無無無無無無無無無無無	
策	꾀 책	竹 총12획	策策策策策策策策策策策策	

松	소나무 송	木 총8획	松松松松松松松松
茂	무성할 무	++ 총9획	茂茂茂茂茂茂茂茂茂
柏	측백나무 백	木 총9획	柏柏柏柏柏柏柏柏柏
悅	기쁠 열	ㅏ 총10획	悅悅悅悅悅悅悅悅悅悅
首	머리 수	首 총9획	首首首首首首首首首
尾	꼬리 미	尸 총7획	尾尾尾尾尾尾尾
一	한 일	一 총1획	一
貫	꿸 관	貝 총11획	貫貫貫貫貫貫貫貫貫貫貫

小	貪	大	失
작을 소	탐할 탐	큰 대	잃을 실

소탐대실 작은 것을 탐내다가 오히려 큰 것을 잃는다는 뜻으로, 욕심을 부리지 말라는 말.

小	貪	大	失

束	手	無	策
묶을 속	손 수	없을 무	꾀 책

속수무책 손이 묶여 대책이 없다는 뜻으로, 손이 묶인 것처럼 뾰족한 방법이나 대책이 없어서 꼼짝 못한다는 말.

束	手	無	策

松	茂	柏	悅
소나무 송	무성할 무	측백나무 백	기쁠 열

송무백열 소나무가 무성함을 잣나무가 기뻐한다는 뜻으로, 벗이 잘됨을 기뻐함을 비유하여 일컫는 말.

松	茂	柏	悅

首	尾	一	貫
머리 수	꼬리 미	한 일	꿸 관

수미일관 처음과 끝이 한결같다는 뜻으로, 일 따위를 처음부터 끝까지 한결같이 한다는 말.

首	尾	一	貫

羊頭狗肉 양두구육

밖에는 양 머리를 걸어 놓고 안에서는 개고기를 판다는 뜻으로, 좋은 물건을 내걸고 나쁜 물건을 팔거나 겉과 속이 일치하지 않음을 비유한 말. 또 겉으로는 훌륭하나 속은 전혀 다른 속임수를 말함.

[故事] 중국 춘추전국시대, 제(齊)나라 영공(靈公) 때의 일이다. 영공은 궁중의 여인들에게 남장(男裝)을 시켜 즐기는 별난 취미를 가지고 있었다. 그런데 이러한 취미가 백성들 사이에도 유행되어 남장한 여인이 날로 늘어났다. 그러자 영공은 재상인 안영(晏嬰 : 晏子)에게 '궁 밖에서 남장하는 여인들을 처벌하라'는 금령을 내리게 했다. 그러나 유행은 좀처럼 수그러들지 않았다. 영공이 안영에게 그 까닭을 묻자, 그는 이렇게 대답했다.

"전하께서는 궁중의 여인들에게는 남장을 허용하시면서 궁 밖의 여인들에게는 금령을 내리셨습니다. 하오면 이는 '밖에는 양 머리를 걸어 놓고 안에서는 개고기를 파는 것[羊頭狗肉]'과 같습니다. 이제라도 궁중의 여인들에게 남장을 금하십시오. 그러면 궁 밖의 여인들도 감히 남장을 하지 못할 것입니다."

영공은 안영의 진언에 따라 즉시 궁중의 여인들에게 남장 금지령을 내렸다. 그러자 그 이튿날부터 제나라에서는 남장한 여인을 찾아볼 수 없었다고 한다.

출전 : 《항언록(恒言錄)》

한자 배우기

壽 목숨 수 士총14획	壽壽壽壽壽壽壽壽壽壽壽壽	羊 양 양 羊총6획 羊羊羊羊羊羊
福 복 복 示총14획	福福福福福福福福福福福	頭 머리 두 頁총16획 頭頭頭頭頭頭頭頭頭頭頭頭
康 편안 강 广총11획	康康康康康康康康康康康	狗 개 구 犭총8획 狗狗狗狗狗狗狗狗
寧 편안 녕 宀총14획	寧寧寧寧寧寧寧寧寧寧寧	肉 고기 육 肉총6획 肉肉肉肉肉肉
宿 묵을 숙 宀총11획	宿宿宿宿宿宿宿宿宿宿	良 좋을 양(량) 艮총7획 良良良良良良良
虎 범 호 虍총8획	虎虎虎虎虎虎虎虎	藥 약 약 艹총19획 藥藥藥藥藥藥藥藥藥藥藥藥
衝 찌를 충 行총15획	衝衝衝衝衝衝衝衝衝衝衝	苦 괴로울 고 艹총9획 苦苦苦苦苦苦苦苦苦
鼻 코 비 鼻총14획	鼻鼻鼻鼻鼻鼻鼻鼻鼻鼻鼻鼻	口 입 구 口총3획 口口口

壽	福	康	寧
목숨 수	복 복	편안 강	편안 녕

수복강녕 장수하고 행복하고 건강하고 평안하다는 뜻으로, 탈없이 오래도록 건강과 행복을 누리도록 기원함을 말함.

壽	福	康	寧

宿	虎	衝	鼻
묵을 숙	범 호	찌를 충	코 비

숙호충비 자는 범의 코를 찌른다는 뜻으로, 화를 스스로 불러들이는 일을 비유하여 일컫는 말.

宿	虎	衝	鼻

羊	頭	狗	肉
양 양	머리 두	개 구	고기 육

양두구육 양의 머리를 내걸고 개고기를 판다는 뜻으로, 겉과 속이 일치하지 않거나, 겉은 훌륭하게 보이나 속은 변변치 않음을 말함.

羊	頭	狗	肉

良	藥	苦	口
좋을 양(량)	약 약	쓸 고	입 구

양약고구 좋은 약은 입에 쓰다는 뜻으로, 바르게 충고하는 말은 귀에 거슬리지만 자신을 이롭게 한다는 말.

良	藥	苦	口

吳越同舟 오월동주

적대(敵對) 관계에 있는 오나라와 월나라 사람이 같은 배를 타고 있다는 뜻으로,
서로 적의를 품은 사람끼리 같은 장소, 처지에 놓이거나 원수끼리 함께 있음을 나타낸 말.
또는 적의를 품은 사람끼리라도 필요한 경우에는 서로 돕는다는 말.

[故事] 〈손자(孫子)〉라는 책은 중국의 유명한 병서(兵書)로서 춘추시대 오나라의 손무(孫武)가 쓴 것이다. 손무는 오왕(吳王) 합려(闔閭) 때 서쪽으로는 초(楚)나라의 도읍을 공략하고, 북방 제(齊)나라와 진(晉)나라를 격파한 명장이기도 했다.

〈손자〉'구지편(九地篇)'에는 다음과 같은 글이 실려 있다.

"병(兵)을 쓰는 법에는 아홉 가지의 지(地)가 있다. 그중 최후의 것을 사지(死地)라 한다. 주저 없이 일어서 싸우면 살길이 있고, 기가 꺾이어 망설이면 패망하고 마는 필사(必死)의 지이다. 그러므로 사지에 있을 때는 싸워야 활로(活路)가 열린다. 나아갈 수도 물러설 수도 없는 필사의 장(場)에서는 병사들이 한마음, 한뜻이 되어 필사적으로 싸울 것이기 때문이다. 이때 유능한 장수의 용병술(用兵術)은 예컨대 상산(常山)에 서식하는 솔연(率然)이란 큰 뱀의 몸놀림과 같아야 한다. 머리를 치면 꼬리가 날아오고 꼬리를 치면 머리가 덤벼든다. 또 몸통을 치면 머리와 꼬리가 한꺼번에 덤벼든다. 이처럼 세력을 하나로 합치는 것이 중요하다.

예부터 서로 적대시해 온 '오나라 사람과 월나라 사람이 같은 배를 타고[吳越同舟]' 강을 건넌다고 하자. 강 한복판에 이르렀을 때 큰바람이 불어 배가 뒤집히려 한다면 오나라 사람이나 월나라 사람은 평소의 적개심(敵愾心)을 잊고 서로 왼손, 오른손이 되어 필사적으로 도울 것이다. 바로 이것이다. 전차(戰車)의 말[馬]들을 서로 단단히 붙들어 매고 바퀴를 땅에 묻고서 적에게 그 방비를 파괴당하지 않으려 해봤자 최후의 의지가 되는 것은 그것이 아니다. 의지가 되는 것은 오로지 필사적으로 하나로 뭉친 병사들의 마음이다."

출전 : 《손자(孫子)─구지편(九地篇)》

한자배우기

魚	물고기 어	魚 총11획	魚魚魚魚魚魚魚魚魚魚魚
頭	머리 두	頁 총16획	頭頭頭頭頭頭頭頭頭頭頭頭
肉	고기 육	肉 총6획	肉肉肉肉肉肉
尾	꼬리 미	尸 총7획	尾尾尾尾尾尾尾
與	더불 여	臼 총14획	與與與與與與與與與與與
民	백성 민	氏 총5획	民民民民民
同	한 가지 동	口 총6획	同同同同同同
樂	즐길 락	木 총15획	樂樂樂樂樂樂樂樂樂樂樂樂
緣	인연 연	糸 총15획	緣緣緣緣緣緣緣緣緣緣緣緣
木	나무 목	木 총4획	木木木木
求	구할 구	水 총7획	求求求求求求求
吳	오나라 오	口 총7획	吳吳吳吳吳吳吳
越	월나라 월	走 총12획	越越越越越越越越越越
舟	배 주	舟 총6획	舟舟舟舟舟舟

魚	頭	肉	尾
물고기 어	머리 두	고기 육	꼬리 미

어두육미 물고기 머리와 짐승고기 꼬리라는 뜻으로, 물고기는 머리 쪽이 맛있고 짐승의 고기는 꼬리 쪽이 맛있다는 뜻.

魚	頭	肉	尾

與	民	同	樂
더불 여	백성 민	같을 동	즐길 락

여민동락 백성과 더불어 즐거움을 같이한다는 뜻으로, 백성과 동고동락하는 임금의 자세를 말함.

與	民	同	樂

緣	木	求	魚
인연 연	나무 목	구할 구	물고기 어

연목구어 나무에 올라가 물고기를 구한다는 뜻으로, 불가능한 일을 하려 함. 또는 잘못된 방법으로 일을 꾀한다는 말.

緣	木	求	魚

吳	越	同	舟
오나라 오	월나라 월	한 가지 동	배 주

오월동주 적대 관계에 있는 오나라 사람과 월나라 사람이 같은 배를 타고 있다는 뜻으로, 서로 적이지만 일시적으로 협력함을 가리킴.

吳	越	同	舟

愚公移山 우공이산

우공이 산을 옮긴다는 뜻으로, 어떤 큰일이라도 끊임없이 노력하면 반드시 이루어진다는 말.

[故事] 전국시대의 사상가 열자(列子)의 문인들이 그의 철학 사상을 기술한 〈열자(列子) '탕문편(湯問篇)'〉에 다음과 같은 우화가 있다.

옛날 태행산(太行山)과 왕옥산(王玉山) 사이의 좁은 땅에 우공(愚公)이라는 90세 노인이 살고 있었는데, 사방 700리에 높이가 만 길[仞]이나 되는 두 큰 산이 집의 앞뒤를 가로막고 있어 왕래에 장애가 되었다. 그래서 그는 가족을 모아 놓고 이렇게 물었다.

"나는 저 두 산을 깎아 없애고, 예주(豫州)와 한수(漢水) 남쪽까지 곧장 길을 내고 싶은데 너희들 생각은 어떠냐?"

모두 찬성했으나 그의 아내만은 무리라며 반대했다.

"아니, 늙은 당신의 힘으로 어떻게 저 큰 산을 깎아 없앤단 말예요? 또 파낸 흙은 어디다 버리고?"

"발해(渤海)에 갖다 버릴 거요."

이튿날부터 우공은 세 아들과 손자들을 데리고 돌을 깨고 흙을 파서 삼태기로 발해까지 갖다 버리기 시작했다. 한 번 갔다 돌아오는데 꼬박 1년이 걸렸다. 어느 날 지수(知叟)라는 사람이 '죽을 날이 머지않은 노인이 정말 망령'이라며 비웃자, 우공은 태연히 말했다.

"내가 죽으면 아들이 하고, 아들은 또 손자를 낳고, 손자는 또 아들을…. 이렇게 자자손손(子子孫孫) 계속하면 언젠가는 저 두 산이 평평해질 날이 오겠지."

이 말을 듣고 놀란 것은 두 산을 지키는 사신(蛇神)이었다. 산이 없어지면 큰일이라고 생각한 사신은 옥황상제(玉皇上帝)에게 호소했다. 우공의 끈기에 감동한 옥황상제는 역신(力神) 과아(夸娥)의 두 아들에게 명하여 태행산은 삭동(朔東) 땅에, 왕옥산은 옹남(雍南) 땅에 옮겨 놓게 했다. 그래서 두 산이 있던 기주(冀州)와 한수(漢水) 남쪽에는 지금은 작은 언덕조차 없다고 한다.

출전: 《열자(列子)-탕문편(湯問篇)》

한자 배우기

溫	따뜻할 온	氵총13획	溫溫溫溫溫溫溫溫溫溫溫溫溫
柔	부드러울 유	木총9획	柔柔柔柔柔柔柔柔柔
敦	도타울 돈	攵총12획	敦敦敦敦敦敦敦敦敦敦敦敦
厚	두터울 후	厂총9획	厚厚厚厚厚厚厚厚厚
隱	숨을 은	阝총17획	隱隱隱隱隱隱隱隱隱隱隱隱隱隱隱隱隱
忍	참을 인	心총7획	忍忍忍忍忍忍忍
自	스스로 자	自총6획	自自自自自自
重	무거울 중	里총9획	重重重重重重重重重
愚	어리석을 우	心총13획	愚愚愚愚愚愚愚愚愚愚愚愚愚
公	공변될 공	八총4획	公公公公
移	옮길 이	禾총11획	移移移移移移移移移移移
山	메 산	山총3획	山山山
因	인할 인	口총6획	因因因因因因
果	실과 과	木총8획	果果果果果果果果
應	응할 응	心총17획	應應應應應應應應應應應應應應應應應
報	갚을 보	土총12획	報報報報報報報報報報報報

溫	柔	敦	厚
따뜻할 온	부드러울 유	도타울 돈	두터울 후

온유돈후　마음씨가 따뜻하고 부드러우며 인정이 많고 후덕함.

溫	柔	敦	厚

隱	忍	自	重
숨을 은	참을 인	스스로 자	무거울 중

은인자중　밖으로 드러내지 않고 참으면서 몸가짐을 신중히 한다는 뜻으로, 마음속으로 참으면서 몸가짐을 신중히 한다는 말.

隱	忍	自	重

愚	公	移	山
어리석을 우	공변될 공	옮길 이	메 산

우공이산　우공이 산을 옮기다는 뜻으로, 남들은 어리석게 여기나 한 가지 일을 소신있게 하면 목적을 달성할 수 있음.

愚	公	移	山

因	果	應	報
인할 인	실과 과	응할 응	갚을 보

인과응보　원인과 결과라는 뜻으로, 좋은 원인에 좋은 결과가 나오고 나쁜 원인에 나쁜 결과가 나오듯, 반드시 그것에 상응하는 과보가 있다는 불교 용어.

因	果	應	報

一網打盡 일망타진

한 번 그물을 쳐서 물고기를 다 잡는다는 뜻으로, 범인들이나 어떤 무리를 한꺼번에 소탕한다는 말.

[故事] 중국 북송(北宋)시대 4대 황제인 인종(仁宗) 때의 일이다. 어진 임금으로 이름난 인종은 백성을 사랑하고 학문을 장려했다. 그리고 인재를 널리 등용하여 문치(文治)를 폄으로써 군주정치의 모범적 성세(聖世)를 이룩했다.

이때는 역사적인 명신이 많았는데, 이들이 조의(朝議)를 같이하다 보니 명론탁설(名論卓說)이 백출(百出)했고 따라서 충돌도 잦았다. 결국 조신(朝臣)이 양 당으로 나뉘어 교대로 정권을 잡다보니 20년간에 내각이 17회나 바뀌었는데, 후세에 이 단명 내각의 시대를 '경력의 당의(黨議)'라 일컫고 있다.

이 무렵에 청렴강직한 두연(杜衍)이 재상이 되었다. 당시의 관행으로는 황제가 상신(相臣)들과 상의하지 않고 독단으로 조서를 내리는 일이 있었는데, 이것을 내강(內降)이라 했다. 그러나 두연은 정도(政道)를 어지럽히는 것이라 하여 이를 묵살, 보류했다가 10여 통쯤 쌓이면 그대로 황제에게 돌려보내곤 했다. 이러한 소행은 성지(聖旨)를 함부로 굽히는 짓이라 하여 비난의 대상이 되었다.

이런 때 공교롭게도 두연의 사위인 소순흠(蘇舜欽)이 공금을 유용하는 부정을 저질렀다. 그러자 평소 두연에 대한 감정이 좋지 않은 어사(御史) 왕공진(王拱辰)은 소순흠을 엄히 문초하고 그와 가까운 사람들을 모두 공범으로 잡아 가둔 뒤 두연에게 이렇게 보고했다.

"범인들을 일망타진(一網打盡)했습니다."

이 사건으로 두연도 재임 70일 만에 재상직에서 물러났다.

＊ 안남 : 인도차이나 동쪽의 한 지방, 당나라의 안남 도호부(安南都護府)에서 유래한 명칭이어서 베트남인들은 쓰지 않는다고 함.

출전 : 《송사(宋史)-인종기(仁宗紀)》

한자 배우기

一	한 일 ─ 총1획 一	寸	마디 촌 寸 총3획 寸寸寸
刻	새길 각 刂 총8획 刻刻刻刻刻刻刻刻	光	빛 광 儿 총6획 光光光光光光
千	일천 천 十 총3획 千千千	陰	그늘 음 阝 총11획 陰陰陰陰陰陰陰陰陰陰陰
金	쇠 금 金 총8획 金金金金金金金金	賊	도둑 적 貝 총13획 賊賊賊賊賊賊賊賊賊賊賊賊賊
網	그물 망 糸 총14획 網網網網網網網網網網網網網網	反	돌이킬 반 又 총4획 反反反反
打	칠 타 扌 총5획 打打打打打	荷	멜 하 艹 총11획 荷荷荷荷荷荷荷
盡	다할 진 皿 총14획 盡盡盡盡盡盡盡盡盡盡盡盡盡盡	杖	지팡이 장 木 총7획 杖杖杖杖杖杖杖

一	刻	千	金
한 일	새길 각	일천 천	쇠 금

일각천금 매우 짧은 시간도 천금과 같이 귀중함.

一	刻	千	金

一	網	打	盡
한 일	그물 망	칠 타	다할 진

일망타진 한 번의 그물질로 모든 것을 잡는다는 뜻으로, 범죄자나 어떤 무리를 한꺼번에 모조리 잡는다는 뜻.

一	網	打	盡

一	寸	光	陰
하나 일	마디 촌	빛 광	그늘 음

일촌광음 한 마디밖에 안 되는 시간이라는 뜻으로, 아주 짧은 시간을 가리키는 말.

一	寸	光	陰

賊	反	荷	杖
도둑 적	도리어 반	멜 하	지팡이 장

적반하장 도적이 도리어 몽둥이를 든다는 뜻으로, 잘못한 사람이 오히려 큰소리를 치며 잘한 사람을 탓하는 형세를 나타내는 말.

賊	反	荷	杖

戰戰兢兢 전전긍긍

겁먹고 떠는 모양과 몸을 조심하는 모양을 나타내는 뜻으로, 위기에 닥쳐 몹시 두려워하는 모습.

[故事] 전전(戰戰)이란 몹시 두려워서 벌벌 떠는 모양이고, 긍긍(兢兢)이란 몸을 움츠리고 조심하는 모양을 말한다. 이 말은 중국 최고(最古)의 시집(詩集)인 〈시경(詩經)〉 '소아편(小雅篇)의 소민(小旻)'이라는 시(詩)의 마지막 구절에 나오는데 그 시의 내용은 모신(謀臣)이 군주의 측근에 있으면서 옛 법을 무시한 정치를 하고 있음을 개탄한 것으로 다음과 같다.

> 不敢暴虎 不敢憑河 (불감포호 불감빙하)　　人知其一 莫知其他 (인지기일 막지기타)
> 戰戰兢兢 如臨深淵 (전전긍긍 여림심연)　　如履薄氷 (여리박빙)
> 감히 맨손으로 범을 잡지 못하고, 걸어 강을 건너지 못한다. 사람들은 그 하나는 알지만 그 밖의 것은 전혀 알지 못하네
> 두려워서 벌벌 떨며 조심하기를 마치 깊은 연못에 임하듯 하고 살얼음을 밟고 가듯 하네

출전 : 《시경(詩經)-소아소민편(小雅小旻篇)》

轉禍爲福 전화위복

화(禍)가 복(福)이 되거나, 또는 화가 오히려 복이 됨.

[故事] 중국 춘추전국시대 합종책(合從策)으로 6국, 곧 한(韓)·위(魏)·조(趙)·연(燕)·제(齊)·초(楚)의 재상을 겸임했던 종횡가(縱橫家) 소진(蘇秦)은 이런 말을 한 적이 있다.

"옛날에 일을 잘 처리했던 사람은 화를 바꿔 복으로 만들었고[轉禍爲福], 실패를 바꿔 공(功)으로 만들었다[因敗爲功]." 즉 어떤 불행도 강인한 노력과 의지로 힘쓰면 행복으로 바꿀 수 있다는 말이다.

출전 : 《전국책(戰國策)-연책(燕策)》

한자배우기

戰	싸움 전	戈 총16획	戰戰戰戰戰戰戰戰戰戰戰戰
兢	조심할 긍	儿 총14획	兢兢兢兢兢兢兢兢兢兢兢兢兢兢
轉	구를 전	車 총18획	轉轉轉轉轉轉轉轉轉轉轉轉
禍	재앙 화	示 총14획	禍禍禍禍禍禍禍禍禍禍禍禍
爲	할 위	爪 총12획	爲爲爲爲爲爲爲爲爲爲爲
福	복 복	示 총14획	福福福福福福福福福福福
絶	끊을 절	糸 총12획	絶絶絶絶絶絶絶絶絶絶絶
代	대신할 대	人 총5획	代代代代代
佳	아름다울 가	人 총8획	佳佳佳佳佳佳佳佳
長	긴 장	長 총8획	長長長長長長長長
補	도울 보	衤 총12획	補補補補補補補補補補
短	짧을 단	矢 총12획	短短短短短短短短短短短

戰	戰	兢	兢
싸움 전	싸움 전	조심할 긍	조심할 긍

전전긍긍 겁먹고 떠는 모양과 몸을 조심하는 모양을 나타내는 뜻으로, 위기에 닥쳐 몹시 두려워하는 모습.

戰	戰	兢	兢

轉	禍	爲	福
구를 전	재앙 화	할 위	복 복

전화위복 화가 바뀌어 오히려 복이 된다는 뜻으로, 불행이라고 생각했던 일이 나중에는 오히려 좋은 일로 바뀐다는 말.

轉	禍	爲	福

絶	代	佳	人
끊을 절	대신할 대	아름다울 가	사람 인

절대가인 이 세상에 비할 데 없는 미인을 말함.

絶	代	佳	人

絶	長	補	短
끊을 절	긴 장	도울 보	짧을 단

절장보단 긴 것을 잘라 짧은 것에 보탠다는 뜻으로, 장점으로 부족한 점이나 나쁜 점을 보충한다는 말.

絶	長	補	短

糟糠之妻 조강지처

술지게미와 겨로 끼니를 이을 만큼 구차할 때 함께 고생한 아내를 가리키는 말.

[故事] 옛 중국, 전한(前漢)을 찬탈한 왕망(王莽)을 멸하고 유씨(劉氏) 천하를 재흥한 후한(後漢) 광무제(光武帝) 때의 일이다. 당시 감찰(監察)을 맡아보던 대사공(大司空 : 어사대부(御史大夫)) 송홍(宋弘)은 온후한 사람이었으나 강직한 인물이기도 했다.

어느 날 광무제는 미망인이 된 누나인 호양공주(湖陽公主)를 불러 신하 중 누구를 마음에 두고 있는지 그 의중을 떠보았다. 그 결과 호양공주는 당당한 풍채와 덕성을 지닌 송홍에게 호감을 갖고 있다는 것을 알았다. 그 후 광무제는 호양공주를 병풍 뒤에 앉혀 놓고 송홍과 이런저런 이야기를 나누던 끝에 이런 질문을 했다.

"흔히들 고귀해지면 천할 때의 친구를 바꾸고, 부유해지면 가난할 때의 아내를 버린다고 하던데 모두가 인지상정(人之常情) 아니겠소?"

그러자 송홍은 이렇게 대답했다.

"폐하, 황공합니다만 신은 '가난하고 천할 때의 친구는 잊지 말아야 하며[貧賤之交 不可忘], 술지게미와 겨로 끼니를 이을 만큼 구차할 때 함께 고생하던 아내는 버리지 말아야 한다[糟糠之妻 不下堂]'고 들었는데 그것은 사람의 마땅한 도리라고 생각됩니다."

이 말을 들은 광무제와 호양공주는 크게 실망했다고 한다.

출전 : 《후한서(後漢書)-송홍전(宋弘傳)》

한자 배우기

切	끊을 절	刀 총4획　切切切切
齒	이 치	齒 총15획　齒齒齒齒齒齒齒齒齒齒齒齒
腐	썩을 부	肉 총14획　腐腐腐腐腐腐腐腐腐腐腐腐
心	마음 심	心 총4획　心心心心
糟	지게미 조	米 총17획　糟糟糟糟糟糟糟糟糟糟糟
糠	겨 강	米 총17획　糠糠糠糠糠糠糠糠糠糠糠糠
之	갈 지	ノ 총4획　之之之之

妻	아내 처	女 총8획　妻妻妻妻妻妻妻妻
助	도울 조	力 총7획　助助助助助助助
長	길 장	長 총8획　長長長長長長長長
借	빌릴 차	人 총10획　借借借借借借借借借借
廳	대청 청	广 총25획　廳廳廳廳廳廳廳廳廳廳廳廳
閨	안방 규	門 총14획　閨閨閨閨閨閨閨閨閨閨閨閨

切	齒	腐	心
끊을 절	이 치	썩을 부	마음 심

절치부심 이를 갈고 속을 썩인다는 뜻으로, 분을 이기지 못하며 몹시 노함을 가리키는 말.

切	齒	腐	心

糟	糠	之	妻
지게미 조	겨 강	갈 지	아내 처

조강지처 술지게미와 쌀겨로 이어가며 가난한 살림을 해온 아내라는 뜻으로, 가난할 때부터 함께 고생했던 아내를 가리킴.

糟	糠	之	妻

助	長		
도울 조	길 장		

조장 일을 도와서 두드러지게 만든다는 뜻으로, 또는 일을 도와서 나쁜 방향으로 이끎.

助	長		

借	廳	借	閨
빌릴 차	대청 청	빌릴 차	안방 규

차청차규 대청을 빌리면 안방도 빌리고자 한다는 뜻으로, 인간의 욕심은 끝이 없다는 말.

借	廳	借	閨

兎死狗烹 토사구팽

토끼 사냥이 끝나면 사냥개는 삶아 먹는다는 뜻,
곧 쓸모가 있을 때 긴히 쓰다가 쓸모가 없어지면 헌신짝처럼 버린다는 말.

[故事] 항우(項羽)를 멸하고 한(漢)나라의 고조(高祖)가 된 유방(劉邦)은 창업 공신인 한신(韓信)을 초왕(楚王)에 책봉했다.

이듬해에 항우의 맹장(猛將)이었던 종리매(鍾離昧)가 한신에게 몸을 의탁하고 있다는 사실을 안 고조는 당장 압송하라고 명했으나, 종리매와 오랜 친구인 한신은 명령을 어기고 오히려 그를 숨겨 주었다. 그러자 진노한 고조는 참모의 헌책(獻策)에 따라 제후들에게 명했다.

"제후는 초(楚) 땅의 진(陳)에서 대기하다가 짐을 따르도록 하라."

한신을 진에서 포박하든가 주살(誅殺)할 계획이었다. 한편 한신의 교활한 가신(家臣)이 한신에게 말했다.

"종리매의 목을 가져가시면 폐하께서도 기뻐하실 것입니다."

이 사실을 안 종리매는 크게 노해서 자결해버렸다. 한신은 종리매의 목을 바쳤으나 포박당하고 말았다. 그는 분해서 이렇게 말했다.

"교활한 토끼를 사냥하고 나면 좋은 사냥개는 삶아 먹히고[狡兎死良狗烹], 나는 새를 다 잡으면 좋

은 활은 곳간에 처박히며[高鳥盡良弓藏], 적국을 쳐부순 지혜로운 신하는 버림받는다[敵國破謀臣亡]더니, 한나라를 위해 분골쇄신(粉骨碎身)한 내가 죽게 되었구나."

고조는 한신을 죽이지 않았다. 그러나 회음후(淮陰侯)로 좌천시킨 뒤 주거를 도읍인 장안(長安)으로 제한했다. 한신은 유방이 자신을 두려워한다는 것을 알고 꼼짝도 하지 않았다. 그러던 어느 날 유방이 반란군을 토벌하러 나간 사이 유방의 아내 여후(呂侯)와 승상 소하(蘇何)가 한신을 반란군과 내통했다고 체포했다. 장락궁(長樂宮)의 종실(鍾室)에서 그는 무참하게 칼을 맞고 죽었다. 사냥이 끝난 후 삶는 솥으로 들어가는 개의 운명처럼 말이다.

출전 : 《사기(史記)-회음후열전(淮陰侯列傳)》

한자 배우기

徹	뚫을 철	彳총15획	徹徹徹徹徹徹徹徹徹徹徹徹
頭	머리 두	頁총16획	頭頭頭頭頭頭頭頭頭頭頭頭
尾	꼬리 미	尸총7획	尾尾尾尾尾尾尾
兎	토끼 토	儿총8획	兎兎兎兎兎兎兎兎
死	죽을 사	歹총6획	死死死死死死
狗	개 구	犭총8획	狗狗狗狗狗狗狗狗
烹	삶을 팽	灬총11획	烹烹烹烹烹烹烹烹
推	밀 퇴	扌총11획	推推推推推推
敲	두드릴 고	총14획	敲敲敲敲敲敲敲敲敲敲
破	깨뜨릴 파	石총10획	破破破破破破破破破破
瓜	오이 과	瓜총5획	瓜瓜瓜瓜瓜
之	갈 지	丿총4획	之之之之
年	해 년	干총6획	年年年年年年

徹	頭	徹	尾
뚫을 철	머리 두	뚫을 철	꼬리 미

철두철미 머리부터 꼬리까지 투철하다는 뜻으로, 사리가 밝고 투철함을 일컫는 말.

徹	頭	徹	尾

兔	死	狗	烹
토끼 토	죽을 사	개 구	삶을 팽

토사구팽 토끼를 잡으면 사냥하던 개를 삶아 먹는다는 뜻으로, 필요할 때 요긴하게 쓰던 것이 필요 없어지면 버린다는 뜻.

兔	死	狗	烹

推	敲
밀 퇴	두드릴 고

퇴고 글을 지을 때 자구(字句)를 여러 번 생각하여 고치다.

推	敲

破	瓜	之	年
깨뜨릴 파	오이 과	갈 지	해 년

파과지년 참외를 깨는 나이라는 뜻으로, 여자의 나이 16세를 가리키는 말.

破	瓜	之	年

邯鄲之夢 한단지몽

한단에서 꾼 꿈이라는 뜻으로, 인생의 덧없음과 영화(榮華)의 헛됨을 비유한 말.

[故事] 당나라 현종(玄宗)때의 이야기이다. 도사 여옹이 한단의 한 주막에서 쉬고 있는데, 행색이 초라한 젊은이가 옆에 와 앉더니 산동(山東)에서 사는 노생(盧生)이라며 신세 한탄을 하고는 졸기 시작했다. 여옹이 보따리 속에서 양쪽에 구멍이 뚫린 도자기 베개를 꺼내 주자, 노생은 그것을 베고 잠이 들었다. 노생이 꿈속에서 점점 커지는 그 베개의 구멍 속으로 들어가니 큰 기와집이 있었다.

노생은 꿈에서 명문인 그 집 딸과 결혼하고 급제한 뒤 벼슬길에 나아가 순조롭게 승진하다가 재상의 투기로 단주자사(端州刺史)로 좌천되었다. 3년 후 호부상서(戸部尙書)로 복귀하고 얼마 안 되어 마침내 재상이 되었다. 그 후 10년간 황제를 보필하여 명재상으로 이름이 높았으나, 어느 날 갑자기 역적으로 몰렸다.

노생은 포박당하는 자리에서 탄식하며 말했다.

"고향 산동에서 농사짓고 살았더라면 이런 일은 없었을 텐데, 무엇하러 벼슬길에 나갔던가. 그 옛날 누더기를 걸치고 한단의 거리를 걷던 때가 그립구나. 이제 후회한들 무슨 소용이 있겠는가…."

노생과 함께 잡힌 사람들은 모두 처형당했으나 그는 사형을 면하고 변방으로 유배되었다. 수년 후 원죄(冤罪)임이 밝혀지자, 황제는 노생을 연국공(燕國公)에 책봉하고 많은 은총을 내렸다. 그 후 노생은 아들과 손자를 거느리고 행복한 만년을 보내다가 황제의 어의(御醫)가 지켜보는 가운데 80년의 생애를 마쳤다.

그러나 노생이 깨어 보니 꿈이었다. 옆에는 여전히 여옹이 앉아 있었고, 주막집 주인이 짓고 있는 기장밥도 아직 다 되지 않았다. 노생을 바라보고 있던 여옹은 웃으며 말했다.

"인생이란 다 그런 것이라네."

노생은 여옹에게 공손히 작별 인사를 고하고 한단을 떠났다.

출전 : 《당(唐)—심기제(沈旣濟) 침중기(枕中記)》

한자배우기

破	깨뜨릴 파	石 총10획	破破破破破破破破破破
邪	간사할 사	阝 총7획	邪邪邪邪邪邪邪
顯	나타날 현	頁 총23획	顯顯顯顯顯顯顯顯顯顯顯
正	바를 정	止 총5획	正正正正正
匹	짝 필	匚 총4획	匹匹匹匹
夫	지아비 부	大 총4획	夫夫夫夫
婦	지어미 부	女 총11획	婦婦婦婦婦婦婦婦婦婦婦
鶴	학 학	鳥 총21획	鶴鶴鶴鶴鶴鶴鶴鶴鶴鶴鶴
首	머리 수	首 총9획	首首首首首首首首首
苦	괴로울 고	艹 총9획	苦苦苦苦苦苦苦苦苦
待	기다릴 대	彳 총9획	待待待待待待待待待
邯	땅이름 한	阝 총8획	邯邯邯邯邯邯邯邯
鄲	땅이름 단	阝 총15획	鄲鄲鄲鄲鄲鄲鄲鄲鄲鄲鄲
之	갈 지	丿 총4획	之之之之
夢	꿈 몽	夕 총14획	夢夢夢夢夢夢夢夢夢夢夢

破	邪	顯	正
깨뜨릴 파	간사할 사	나타날 현	바를 정

파사현정 그릇된 것을 깨뜨리고 올바르게 바로잡음.

破	邪	顯	正

四	夫	四	婦
짝 필	지아비 부	짝 필	지어미 부

필부필부 한 사람의 남자와 한 사람의 여자라는 뜻으로, 평범한 사람이나 미천한 남녀, 또는 미천한 남자를 가리킴.

四	夫	四	婦

鶴	首	苦	待
학 학	머리 수	쓸 고	기다릴 대

학수고대 학처럼 목을 빼고 기다린다는 뜻으로, 몹시 애타게 기다린다는 말.

鶴	首	苦	待

邯	鄲	之	夢
땅이름 한	땅이름 단	갈 지	꿈 몽

한단지몽 노생이 한단에서 여옹의 베개를 베고 자다 꾼 꿈이라는 뜻으로, 인생의 부귀영화가 덧없음을 비유한 말.

邯	鄲	之	夢

咸興差使 함흥차사

함흥으로 보낸 심부름꾼이라는 뜻으로,
심부름을 보낸 사람도 돌아오지 않고 어떠한 소식도 전해오지 않는 상황을 말함.

[故事] 1398년 두 차례에 걸친 왕자의 난(亂)에 울분하여 태조 이성계는 왕위를 정종에게 물려주고 함흥으로 가버렸다. 형제들을 죽이고 왕위를 차지한 태종 이방원은 아버지로부터 왕위 계승의 정당성을 인정받기 위해 아버지를 도성으로 모셔오려고 함흥으로 여러 번 사신을 보냈으나 이성계가 그 사신들을 죽이거나 잡아 가두어 돌려보내지 않았다고 한다. 이로부터 한번 가면 깜깜무소식인 사람을 가리켜 함흥차사라고 한다.

그러나 실제 역사 기록에는 함흥으로 보낸 차사 중에 희생된 것은 박순(朴淳)과 송유(松琉) 둘뿐이고 이들도 이성계가 죽인 것이 아니라 조사의가 이끄는 반란군에 죽임을 당했다고 한다.

출전 : 《축수편(逐睡篇)》
유의어 : 일무소식(一無消息), 종무소식(終無消息)

한자 배우기

咸	다 함	口총9획	咸咸咸咸咸咸咸咸咸
興	흥할 흥	臼총16획	興興興興興興興興興興興興
差	다를 차	工총10획	差差差差差差差差差差
使	부릴 사	人총8획	使使使使使使使使
行	갈 행	行총6획	行行行行行行
雲	구름 운	雨총12획	雲雲雲雲雲雲雲雲雲雲雲雲
流	흐를 류(유)	氵총10획	流流流流流流流流流流
水	물 수	水총4획	水水水水
懸	매달 현	心총20획	懸懸懸懸懸懸懸懸懸懸懸懸
河	황하 하	氵총8획	河河河河河河河河
之	갈 지	丿총4획	之之之之
辯	말씀 변	辛총16획	辯辯辯辯辯辯辯辯
糊	풀칠할 호	米총15획	糊糊糊糊糊糊糊糊糊糊糊
口	입 구	口총3획	口口口
策	책략 책	竹총12획	策策策策策策策策策策策策

咸	興	差	使
다 함	흥할 흥	다를 차	부릴 사

함흥차사 함흥에 가는 차사. 한 번 가기만 하면 깜깜 소식이라는 뜻으로, 심부름을 가서 아주 소식이 없거나 더디 올 때 쓰는 말.

咸	興	差	使

行	雲	流	水
갈 행	구름 운	흐를 류(유)	물 수

행운유수 떠가는 구름과 흐르는 물이라는 뜻으로, 일의 처리에 막힘이 없거나 마음씨가 시원시원함을 비유하는 말.

行	雲	流	水

懸	河	之	辯
매달 현	황하 하	갈 지	말씀 변

현하지변 흐르는 물과 같은 연설이라는 뜻으로, 매우 유창한 말솜씨.

懸	河	之	辯

糊	口	之	策
풀칠할 호	입 구	갈 지	책략 책

호구지책 입에 풀칠하는 꾀라는 뜻으로, 겨우 생계를 유지할 수 있을 정도의 일을 말함.

糊	口	之	策

浩然之氣 호연지기

하늘과 땅 사이에 가득 찬 넓고도 큰 원기. 도의에 뿌리를 박고 공명정대하여
조금도 부끄러울 것 없는 도덕적 용기. 사물에서 해방되어 자유롭고 즐거운 마음.

[故事] 춘추전국시대의 철인(哲人) 맹자(孟子)에게 어느 날 제(齊)나라 공손추(公孫丑) 제자가 물었다.
"선생님이 제나라의 재상이 되시어 도를 행하신다면 제나라를 틀림없이 천하의 패자(霸者)로 만드실
것입니다. 그런 경우를 생각하면 선생님도 역시 마음이 움직이시겠지요?"
"나는 40 이후에는 마음이 움직이는 일이 없다."
"마음을 움직이지 않게 하는 방법은 무엇입니까?"
"그것은 한 마디로 '용(勇)'이다. 자기 마음속에 부끄러움이 없으면 아무것도 두려울 게 없고, 이것이
야말로 '대용(大勇)'으로서 마음을 움직이지 않게 하는 최상의 수단이니라."
"그럼, 선생님의 부동심(不動心)과 고자(告子)의 부동심은 어떻게 다릅니까?"
고자는 맹의 성선설(性善說)에 대하여 '사람의 본성은 선(善)하지도 악(惡)하지도 않다'고 논박한 맹자
의 논적(論敵)이었다.
"고자는 '이해가 되지 않는 말을 애써 이해하려 해서는 안 된다'고 하지만 이는 소극적이다. 나는 말
을 알고 있다[知言]는 점에서 고자보다 낫다. 게다가 '호연지기'도 기르고 있다."
'지언'이란 피사(詖辭), 음사(淫辭), 사사(邪辭), 둔사(遁辭)를 간파하는 식견을 갖는 것이다. 또 '호연
지기'란 평온하고 너그러운 화기(和氣)를 말한다. 지대(至大), 지강(至剛)하고 곧으며 이것을 기르면
드넓은 천지까지 충만해진다는 원기(元氣)를 말한다. 이 기(氣)는 도와 의(義)에 합치하는 것으로 도
의(道義)가 없으면 시들고 만다. 이것이 인간의 행위에 깃들여 도의에 부합하여 부끄러울 바 없으면
그 누구에게도 굴하지 않는 도덕적 용기가 생기는 것이다.

출전 : 《맹자(孟子)—공손추상(公孫丑上)》

한자 배우기

浩	넓을 호	氵총10획	浩浩浩浩浩浩浩浩浩浩
然	그럴 연	灬총12획	然然然然然然然然然然然然
之	갈 지	丿총4획	之之之之
氣	기운 기	气총10획	氣氣氣氣氣氣氣氣氣氣
胡	오랑캐 호	月총9획	胡胡胡胡胡胡胡胡胡
蝶	나비 접	虫총15획	蝶蝶蝶蝶蝶蝶蝶蝶蝶蝶蝶
夢	꿈 몽	夕총14획	夢夢夢夢夢夢夢夢夢夢夢夢

昏	어두울 혼	日총8획	昏昏昏昏昏昏昏昏
定	정할 정	宀총8획	定定定定定定定定
晨	새벽 신	日총11획	晨晨晨晨晨晨晨晨晨晨晨
省	살필 성	目총9획	省省省省省省省省省
畵	그림 화	田총13획	畵畵畵畵畵畵畵畵畵畵畵畵畵
中	가운데 중	丨총4획	中中中中
餠	떡 병	食총17획	餠餠餠餠餠餠餠餠餠餠餠餠餠餠

浩	然	之	氣
넓을 호	그럴 연	갈 지	기운 기

호연지기 하늘과 땅 사이에 가득 찬 넓고도 큰 기운이라는 뜻으로, 사물에서 해방되어 자유스럽고 유쾌한 마음을 뜻함.

浩	然	之	氣

胡	蝶	之	夢
오랑캐 호	나비 접	갈 지	꿈 몽

호접지몽 나비가 된 꿈이라는 뜻으로, 현실과 꿈이 뒤섞여서 무엇이 현실이고 무엇이 꿈인지를 분간하기 어려움을 비유한 말.

胡	蝶	之	夢

昏	定	晨	省
어두울 혼	정할 정	새벽 신	살필 성

혼정신성 저녁에 이부자리를 보고 아침에 자리를 돌본다는 뜻으로, 아침저녁으로 부모의 안부를 물어서 살핌.

昏	定	晨	省

畵	中	之	餠
그림 화	가운데 중	갈 지	떡 병

화중지병 그림의 떡이라는 뜻으로, 볼 수만 있을 뿐 실제 얻거나 쓸 수는 없다는 말.

畵	中	之	餠

厚顔無恥 후안무치

뻔뻔스럽게 부끄러운 줄 모른다는 뜻.

[설명] 얼굴 가죽이 두꺼워 부끄러움이 없다. 뻔뻔스럽게 부끄러운 줄 모른다는 뜻이다. 비슷한 말로 안하무인(眼下無人), 방약무인(傍若無人) 등이 있다. 보통 우리가 사용하는 말에 '얼굴이 두껍다.'는 표현이 있다. 많은 사람들에게 지나치게 예의가 없고 겸손하지 않은 사람들을 가리켜 얼굴이 두껍다 는 표협을 사용한다. 우리 속담에 '벼룩도 낯짝이 있다.'는 말이 있는데, 이와 유사한 표현이라고 볼 수 있다. 치(恥, 부끄러워할 치)는 耳(귀 이) +心(마음 심)으로 이루어진 글자로, 남의 비난을 들으면 마음이 움직인다는 뜻에서 '부끄러워하다'는 글자가 되었다고 한다. 그러니까 부끄러움을 모르는 사람들은 귀를 막고 살 뿐 아니라 마음이 돌처럼 굳은 사람이라는 말이다.

厚	顔	無	恥
두터울 후	얼굴 안	없을 무	부끄러울 치

후안무치 얼굴 거죽이 두꺼워 자신의 부끄러움도 돌아보지 않는다는 뜻으로, 뻔뻔스러워 부끄러워할 줄을 모름을 일컫는 말.

厚	顔	無	恥

한자배우기

厚 두터울 후　厂 총 9획　厚厚厚厚厚厚厚厚厚

顔 얼굴 안　頁 총 18획　顔顔顔顔顔顔顔顔顔顔顔顔

無 없을 무　灬 총 12획　無無無無無無無無無無無無

恥 부끄러울 치　心 총 10획　恥恥恥恥恥耳耳恥恥恥

3단계 필수 이야기

고사성어
故事成語
쓰기교본

Part Ⅲ

3단계

● 고급 고사성어 ●

街談巷說　家藏什物　甘言利說

改過遷善　見物生心　孤軍奮鬪

管鮑之交　群鷄一鶴　錦衣還鄉

爲憂外患　能小能大　大同小異

馬耳東風　名實相符　知彼知己

白骨難忘　靑山流水　不知其數

粉骨碎身　不俱戴天　因果應報

乞骸骨 걸해골

해골을 빈다는 뜻으로,
늙은 신하가 나이가 많아 조정에 나가지 못하게 되었을 때 왕에게 그만두기를 주청(奏請)한 말.

[故事] 초패왕(楚霸王) 항우(項羽)에게 쫓긴 한왕(漢王) 유방(劉邦)이 고전하고 있을 때의 일이다. 유방은 버티기 어렵게 되자 항우에게 휴전을 제의했다. 항우는 응할 생각이었으나 아부(亞父) 범증(范增)이 반대하여 이루어지지 않았다. 이 사실을 안 유방의 참모 진평(陳平)은 첩자를 풀어 초나라 진중(陣中)에 헛소문을 퍼뜨렸다. '범증이 항우 몰래 유방과 내통하고 있다'고. 항우를 섬기다가 유방의 신하가 된 진평은 성급하고 단순한 항우의 성격을 겨냥해서 이간책을 썼던 것이다. 화가 난 항우는 은밀히 유방에게 사신을 보냈다. 진평은 사신을 맞아 이렇게 물었다.

"아부께서는 안녕하십니까?"

"나는 초패왕의 사신으로 온 사람이요."

사신은 불쾌한 말투로 대답했다.

"뭐, 초패왕의 사신이라고? 난 아부의 사신인 줄 알았는데……"

진평은 짐짓 놀란 체하면서 음식을 소찬(素饌)으로 바꾸게 하고 방을 나가버렸다. 사신이 돌아와서 그대로 보고하자, 항우는 범증이 유방과 내통하고 있는 것으로 알고 그의 모든 권한을 없앴다. 범증이 크게 노해서 간했다.

"천하의 대세는 결정된 것 같사오니, 전하 스스로 처리하소서. 신은 이제 '해골을 빌어[乞骸骨]' 초야에나 묻힐까 합니다."

항우는 어리석게도 진평의 계략에 책략가를 잃고 말았다.

출전 : 《사기(史記)—평진후전(平津侯傳)》

한 자 배 우 기

苛	가혹할 가 艹총9획	苛苛苛苛苛苛苛苛苛
斂	거둘 렴 攵총17획	斂斂斂斂斂斂斂斂斂斂斂斂
誅	벨 주 言총13획	誅誅誅誅誅誅誅誅誅誅誅誅誅
求	구할 구 水총7획	求求求求求求求
康	편안 강 广총11획	康康康康康康康康康康康
衢	네거리 구 行총24획	衢衢衢衢衢衢衢衢衢衢衢衢
煙	연기 연 火총13획	煙煙煙煙煙煙煙煙煙煙煙
月	달 월 月총4획	月月月月

蓋	덮을 개 艹총14획	蓋蓋蓋蓋蓋蓋蓋蓋蓋蓋蓋蓋蓋蓋
世	세상 세 一총5획	世世世世世
之	갈 지 丿총4획	之之之之
才	재주 재 扌총3획	才才才
乞	빌 걸 乙총3획	乞乞乞
骸	뼈 해 骨총16획	骸骸骸骸骸骸骸骸骸骸骸骸骸骸骸
骨	뼈 골 骨총10획	骨骨骨骨骨骨骨骨骨骨

苛	斂	誅	求
가혹할 가	거둘 렴	벨 주	구할 구

가렴주구 가혹한 정치를 하거나 세금을 가혹하게 거두어 들여 재물을 빼앗는다는 뜻으로, 혹정酷政을 가리킴.

苛	斂	誅	求

康	衢	煙	月
편안 강	네거리 구	연기 연	달 월

강구연월 태평한 시대의 큰 길거리의 평화로운 풍경.

康	衢	煙	月

蓋	世	之	才
덮을 개	인간 세	갈 지	재주 재

개세지재 온 세상을 뒤덮을 만한 재주. 또는 그런 재주를 가진 인재(人材).

蓋	世	之	才

乞	骸	骨
빌 걸	뼈 해	뼈 골

걸해골 몸은 임금에게 바친 것이지만 뼈만은 내려 주십시오. 늙은 신하가 사직을 청원함.

乞	骸	骨

口蜜腹劍 구밀복검

'입에는 꿀을 바르고 배에는 칼을 지녔다'는 뜻으로,
말로는 친한 척하고 있지만 속으로는 해칠 생각을 품고 있음을 비유하는 말.

[故事] 당 현종(唐玄宗) 때 재상을 19년 지낸 이임보는, 장량과 제갈량, 강태공 등이 좋은 방면으로 모사(謀士)였다면, 나쁜 방면으로 그들과 맞먹는 모사였고 간사하기로는 조조와 필적할 인물이나 조조는 대인(大人)에 속하지만 임보는 소인(小人) 가운데 소인(小人) 가운데 소인(小人)이었다. 당나라를 뒤엎을 만한 반란을 일으켰던 안록산도 이임보가 두려워 그가 죽은 지 3년 후에 반란을 일으킬 만큼 그를 두려워했다. 《십팔사략》에 기록된 이임보의 평을 보자.

"이임보는 현명한 사람을 미워하고 능력있는 사람을 질투하여 자기보다 나은 사람을 배척하고 억누르는, 성격이 음험한 사람이다. 사람들이 그를 보고 '입에는 꿀이 있고 배에는 칼이 있다(口蜜腹劍).'라고 말했다. 서재에 앉아 깊이 생각하는 일이 있으면 다음은 반드시 주살(誅殺)이 있었으며 가끔 큰 옥사를 일으켰다. 태자로부터 이하 모든 사람들이 이를 두려워했다. 재상 지위에 있던 19년 동안에 천하의 난리를 길러냈으나, 현종은 깨닫지 못했다. 그러나 안록산도 이임보의 술수를 두려워했다. 그러므로 그의 세상이 끝날 때까지는 감히 반란을 일으키지 못했다."

출전 : 《십팔사략(十八史略)》

한자 배우기

隔	사이뜰 격	阝총 13획	隔隔隔隔隔隔隔隔隔隔隔隔隔
靴	가죽신 화	革총 13획	靴靴靴靴靴靴靴靴靴靴靴靴靴
搔	긁을 소	扌총 13획	一十才扌抃扜扜搔搔搔搔搔搔
癢	가려울 양	疒총 20획	广广疒疒疒痒痒瘍癢癢癢癢癢
犬	개 견	犬총 4획	犬犬犬犬
兔	토끼 토	儿총 8획	兔兔兔兔兔兔兔兔
之	갈 지	丿총 4획	之之之之
爭	다툴 쟁	爪총 8획	爭爭爭爭爭爭爭爭
巧	공교할 교	工총 5획	巧巧巧巧巧
言	말씀 언	言총 7획	言言言言言言言
令	하여금 령	人총 5획	令令令令令
色	빛 색	色총 6획	色色色色色色
口	입 구	口총 3획	口口口
蜜	꿀 밀	虫총 14획	蜜蜜蜜蜜蜜蜜蜜蜜蜜蜜蜜蜜蜜蜜
腹	배 복	月총 13획	腹腹腹腹腹腹腹腹腹腹腹腹腹
劍	칼 검	刂총 15획	劍劍劍劍劍劍劍劍劍劍劍劍劍劍劍

隔	靴	搔	癢
사이뜰 격	가죽신 화	긁을 소	가려울 양

격화소양 신을 신은 채 가려운 데를 긁는다는 뜻으로, 어떤 일을 하느라고 애를 쓰는데 성에 차지 않음의 비유하는 말.

隔	靴	搔	癢

犬	兎	之	爭
개 견	토끼 토	갈 지	다툴 쟁

견토지쟁 개와 토끼의 다툼이란 뜻으로, 두 사람의 싸움 끝에 아무 관계 없는 제삼자가 이익을 봄.

犬	兎	之	爭

巧	言	令	色
공교할 교	말씀 언	하여금 령	색 색

교언영색 묘한 말과 보기 좋게 꾸미는 얼굴빛이라는 뜻으로 겉치레만 할 뿐 성실하지 못한 태도.

巧	言	令	色

口	蜜	腹	劍
입 구	꿀 밀	배 복	칼 검

구밀복검 입에는 꿀을 바르고 뱃속에는 칼을 품는다는 뜻으로, 입으로 달콤한 말을 하면서 내심으로는 음해할 생각을 한다는 말.

口	蜜	腹	劍

騎虎之勢 기호지세

호랑이를 타고 달리는 기세라는 뜻으로, 도중에서 그만둘 수 없는 형세나 내친걸음을 말함.

[故事] 중국 남북조(南北朝)시대 말엽, 북조 최후의 왕조인 북주(北周)의 선제(宣帝)가 죽자, 재상 양견(楊堅)이 국사를 총괄했다. 외척이지만 한족(漢族)이었던 그는 예전부터 오랑캐인 선비족(鮮卑族)에게 빼앗긴 이 땅에 한족의 천하를 회복하겠다는 큰 뜻을 품고 때가 오기만을 기다리고 있던 참이었다. 양견이 궁중에서 모반을 꾀하고 있을 때 이미 양견의 뜻을 알고 있는 아내 독고(獨孤) 부인으로부터 전간(傳簡)이 왔다.

"호랑이를 타고 달리는 기세이므로 도중에서 내릴 수 없는 일입니다[騎虎之勢不得下]. 만약 도중에서 내리면 잡혀 먹히고 말 것입니다. 그러니 호랑이와 끝까지 가지 않으면 안 됩니다. 부디 목적을 달성하십시오."

이에 용기를 얻은 양견은 선제의 뒤를 이어 즉위한 나이 어린 정제(靜帝)를 폐하고, 스스로 제위(帝位)에 올라 문제(文帝)라 일컫고 국호를 수(隋)라고 했다. 그로부터 8년 후, 문제는 남조(南朝) 최후의 왕조였던 진(陳)마저 멸하고 마침내 천하를 통일했다.

호랑이를 타고 달리는 도중에는 내릴 수 없는 것처럼, 해서는 안 되는 일을 시작했지만, 중간에 그만둘 수도 없는 상황을 뜻한다. 기호난하(騎虎難下)라 하기도 한다. 호랑이를 타고 달리는 상황이기 때문에 내리면 즉시 자기가 타고 있던 호랑이에게 잡아 먹힌다. 하지만 그대로 끝없이 호랑이를 타고 달릴 수는 없다. 즉 돌이킬 수 없는 일을 벌였다는 점에서 낙장불입, 주사위는 던져졌다란 격언과 뜻이 비슷하다. 굳이 구분하자면 돌이켰다간 죽는 상황이므로 강조의 의미가 있다 하겠다.

출전 : 《수서(隋書)－독고왕후전(獨孤王后傳)》

한자 배우기

窮	궁할 궁	穴 총15획
餘	남을 여	食 총16획
之	갈 지	ノ 총4획
策	책략 책	竹 총12획
克	이길 극	儿 총7획
己	몸 기	己 총3획
復	돌아올 복	彳 총12획
禮	예도 례	示 총18획
錦	비단 금	金 총16획
衣	옷 의	衣 총6획
還	돌아올 환	辶 총17획
鄕	시골 향	阝 총13획
騎	말 탈 기	馬 총18획
虎	범 호	虍 총8획
勢	기세 세	力 총13획

窮	餘	之	策
궁할 궁	남을 여	갈 지	책략 책

궁여지책 궁한 끝에 나는 꾀라는 뜻으로, 막다른 처지에서 생각다 못해 내는 계책을 말함.

窮	餘	之	策

克	己	復	禮
이길 극	몸 기	돌아올 복	예도 례

극기복례 자기 자신을 극복하고, 예로 돌아간다는 뜻으로, 지나친 욕망을 누르고 예의범절을 좇게 한다는 뜻.

克	己	復	禮

錦	衣	還	鄉
비단 금	옷 의	돌아올 환	시골 향

금의환향 출세나 성공을 해서 비단옷을 입고 고향에 돌아온다는 뜻으로, 입신출세(立身出世)한 후, 떳떳하게 고향에 돌아옴을 가리키는 말.

錦	衣	還	鄉

騎	虎	之	勢
말탈 기	범 호	갈 지	기세 세

기호지세 호랑이를 타고 가는 형세라는 뜻으로 호랑이를 타고 달리는 도중 내릴 수 없는 것처럼 그만 두거나 물릴 수 없는 상태.

騎	虎	之	勢

1 단 계
2 단 계
3 단 계

南柯之夢 남가지몽

남쪽 나뭇가지의 꿈이란 뜻으로, 덧없는 한때의 꿈이나 인생의 덧없음을 비유한 말.

[故事] 중국 당(唐)나라 시대 9대 황제 덕종(德宗) 때 광릉(廣陵) 땅에 순우분(淳于棼)이란 사람이 있었다. 어느 날 순우분이 술에 취해 집 앞의 큰 홰나무 밑에서 잠이 들었다. 그러자 꿈속에서 남색 관복을 입은 두 사나이가 나타나더니 이렇게 말했다.

"저희는 괴안국왕(槐安國王)의 명을 받고 대인(大人)을 모시러 온 사신입니다."

순우분이 사신을 따라 홰나무 구멍 속으로 들어가자, 국왕이 성문 앞에서 반가이 맞이했다. 순우분은 그곳에서 부마(駙馬)가 되어 영화를 누리다가 남가태수로 부임했다. 남가군(南柯郡)을 다스린 지 20년, 그는 그 치적을 인정받아 재상이 되었다. 그러나 때마침 침공해 온 단라국군(檀羅國軍)에게 참패했다. 설상가상(雪上加霜)으로 아내까지 병으로 죽자 관직을 버리고 상경했다. 얼마 후 국왕은 '천도(遷都)해야 할 조짐이 보인다'며 순우분을 고향으로 돌려보냈다. 꿈에서 깬 순우분은 하도 이상해서 홰나무 뿌리 부분을 살펴보았다. 과연 구멍이 있었다. 그 구멍을 더듬어 가자 넓은 공간에 수많은 개미의 무리가 두 마리의 왕개미를 둘러싸고 있었다. 그곳이 괴안국이었고, 두 마리의 왕개미는 국왕 내외였던 것이다. 또 거기서 '남쪽으로 뻗은 가지(南柯)'에 나 있는 구멍에도 개미떼가 있었는데 그곳이 바로 남가군이었다. 순우분은 개미구멍을 원상대로 고쳐 놓았지만 그날 밤에 큰 비가 내렸다. 이튿날 개미는 흔적도 없이 사라졌다.

'천도해야 할 조짐'이란 바로 이 일이었던 것이다.

출전 : 《이공좌(李公佐)-남가기(南柯記)》

한자배우기

南	남녘 남 十총9획	南南南南南南南南南
柯	가지 가 木총9획	柯柯柯柯柯柯柯柯柯
之	갈 지 丿총4획	之之之之
夢	꿈 몽 夕총14획	夢夢夢夢夢夢夢夢夢夢
橘	귤나무 귤 木총16획	橘橘橘橘橘橘橘橘橘橘
北	북녘 북 匕총5획	北北北北北
枳	탱자나무 지 木총9획	枳枳枳枳枳枳枳枳枳

囊	주머니 낭 口총22획	囊囊囊囊囊囊囊囊囊囊囊囊囊
中	가운데 중 丨총4획	中中中中
錐	송곳 추 金총16획	錐錐錐錐錐錐錐錐錐錐錐錐錐
內	안 내 入총4획	內內內內
憂	근심 우 心총15획	憂憂憂憂憂憂憂憂憂憂憂憂
外	바깥 외 夕총5획	外外外外外
患	근심 환 心총11획	患患患患患患患患患患患

南	柯	之	夢
남녘 남	가지 가	갈 지	꿈 몽

남가지몽 당나라 소설 「남가태수전」에 실린, 남가군을 다스린 꿈이란 뜻으로, 한때의 헛된 부귀영화를 말함.

南	柯	之	夢

南	橘	北	枳
남녘 남	귤나무 귤	북녘 북	탱자나무 지

남귤북지 강남 땅의 귤나무를 강북에 옮겨 심으면 탱자로 변한다는 뜻으로, 사람은 환경에 따라 선하게도 악하게도 된다는 말.

南	橘	北	枳

囊	中	之	錐
주머니 낭	가운데 중	갈 지	송곳 추

낭중지추 주머니 속의 송곳이란 뜻으로, 재능이 뛰어난 사람은 숨어 있어도 그 재능이 드러나게 된다는 말.

囊	中	之	錐

内	憂	外	患
안 내	근심 우	바깥 외	근심 환

내우외환 안팎으로 근심과 걱정이 있다는 뜻으로, 내우는 재앙·내란이며, 외환은 외적에 의한 불안과 환난으로 나라 안팎의 근심거리를 가리키는 말.

内	憂	外	患

多岐亡羊 다기망양

달아난 양을 찾는데 길이 여러 갈래로 갈려서 양을 잃었다는 뜻으로, 학문의 길이 다방면으로
갈려 진리를 찾기 어려움을 비유한 말. 또는 방침이 많아 갈 바를 모름을 뜻함.

[故事] 중국 춘추전국시대의 사상가로 극단적인 개인주의를 주장했던 양자(楊子)와 관계되는 이야기
이다.

어느 날 양자의 이웃집 양 한 마리가 달아났다. 그래서 그 집 사람들은 물론 양자네 집 하인들까지
청해서 양을 찾아 나섰다. 너무 소란스러워서 양자가 물었다.

"양 한 마리 찾는데 왜 그리 많은 사람이 나섰느냐?"

"예, 양이 달아난 그 쪽에는 갈림길이 많기 때문입니다.

얼마 후 모두들 지쳐서 돌아왔다.

"그래, 양은 찾았느냐?"

"갈림길이 하도 많아서 그냥 되돌아오고 말았습니다."

"그러면 양을 못 찾았단 말이냐?"

"예, 갈림길에 또 갈림길이라 통 알 길이 없었습니다."

이 말을 듣자 양자는 어두운 얼굴로 그날 하루 종일 아무 말도 하지 않았다. 제자들이 그 까닭을 물
어도 대답조차 하지 없었다. 그래서 우울한 나날을 보내던 어느 날에 한 제자가 선배를 찾아가 사실
을 말하고 스승인 양자가 침묵하는 까닭을 물었다. 그 선배는 이렇게 대답했다.

"큰길에는 갈림길이 많기 때문에 양을 잃고, 학자는 다방면으로 배우기 때문에 본성을 잃는 것인데,
학문의 근본은 하나인데 그 끝에서 이같이 달라진 것이네. 그러므로 근본으로 되돌아가면 얻는 것도
잃는 것도 없다고 생각하시고 그렇지 못한 현실을 안타까워하시는 것이라네."

출전 : 《열자(列子)– 설부편(說符篇)》

한자배우기

論	논할 론	言 총15획	論論論論論論論論論論論論論
功	공 공	力 총5획	功功功功功
行	다닐 행	行 총6획	行行行行行行
賞	상줄 상	貝 총15획	賞賞賞賞賞賞賞賞賞賞賞賞賞
累	포갤 누	糸 총11획	累累累累累累累累累累累
卵	알 란	卩 총7획	卵卵卵卵卵卵卵
之	갈 지	丿 총4획	之之之之
危	위험할 위	卩 총6획	危危危危危危
多	많을 다	夕 총6획	多多多多多多
岐	갈림길 기	山 총7획	岐岐岐岐岐岐岐
亡	망할 망	亠 총3획	亡亡亡
羊	양 양	羊 총6획	羊羊羊羊羊羊
簞	도시락 단	竹 총18획	簞簞簞簞簞簞簞簞簞簞簞簞
食	밥 사	食 총9획	食食食食食食食食食
瓢	바가지 표	瓜 총16획	瓢瓢瓢瓢瓢瓢瓢瓢瓢瓢瓢
飮	마실 음	食 총13획	飮飮飮飮飮飮飮飮飮飮飮

論	功	行	賞
논할 논	공 공	다닐 행	상줄 상

논공행상 공을 따져 상을 준다는 뜻으로, 공(功)이 있고 없음이나 크고 작음을 따져 거기에 알맞은 상을 준다는 말.

論	功	行	賞

累	卵	之	危
포갤 누	알 란	갈 지	위험할 위

누란지위 쌓아올린(포개 놓은) 새알이라는 뜻으로, 쌓아올린 새알처럼 매우 불안정하고 위험한 상태를 말함.

累	卵	之	危

多	岐	亡	羊
많을 다	갈림길 기	잃을 망	양 양

다기망양 갈림길이 많아 양을 잃는다는 뜻으로, 학문의 길이 다방면으로 갈라져 있어 어느 것을 택할지 망설이게 된다는 말.

多	岐	亡	羊

簞	食	瓢	飮
도시락 단	밥 사	바가지 표	마실 음

단사표음 대그릇의 밥과 표주박의 물이라는 뜻으로, 좋지 못한 적은 음식.

簞	食	瓢	飮

螳螂拒轍 당랑거철

'사마귀[螳螂]가 앞발을 들고 수레바퀴를 가로 막는다.'는 뜻으로,
제 분수도 모르고 강적에게 덤벼드는 무모한 행동을 비유한 말.

[故事] 〈한시외전(韓時外傳)〉 '권팔(卷八)'에는 다음과 같은 이야기가 실려 있다.

전국시대, 제(齊)나라 장공(莊公) 때의 일이다. 어느 날, 장공이 수레를 타고 사냥터로 가던 중 웬 벌레 한 마리가 앞발을 '도끼처럼 휘두르며[螳螂之斧]' 수레바퀴를 칠 듯이 덤벼드는 것을 보았다.

"허, 맹랑한 놈이군. 저건 무슨 벌레인가?"

장공이 묻자, 수레를 호종하던 신하가 대답했다.

"사마귀입니다. 앞으로 나아갈 줄만 알지 물러설 줄은 모르는 놈인데, 제 힘도 생각지 않고 강적에게 마구 덤벼드는 버릇이 있습니다."

장공은 고개를 끄덕이고 이렇게 말했다.

"저 벌레가 인간이라면 틀림없이 천하무적의 용사가 되었을 것이다. 비록 미물이나 그 용기가 가상하니, 수레를 돌려 피해가도록 하라."

　＊〈한시외전〉에서의 '당랑지부(螳螂之斧)'는 사마귀가 먹이를 공격할 때에 앞발을 머리 위로 추켜든 모습이 마치 도끼를 휘두르는 모습과 흡사한 데서 온 말이나 '당랑거철'과 같은 뜻으로 쓰임.

〈문선(文選)〉에 보면 '당랑거철'은 옛 중국이 삼국시대(三國時代)로 접어들기 직전, 진림(陳琳)이란 사람이 유비(劉備) 등 군웅(群雄)에게 띄운 격문(檄文)에도 나온다.

"조조(曹操)는 이미 덕을 잃은 만큼 의지할 인물이 못 된다. 그러니 모두 원소(袁紹)와 더불어 천하의 대의를 도모함이 마땅할 것이다. … 지금 열악한 조조의 군사는 마치 '사마귀가 제 분수도 모르고 앞발을 휘두르며 거대한 수레바퀴를 막으려 하는 것[螳螂拒轍]'과 조금도 다를 바 없다…."

출전 : 《세설신어(世說新語)》

유의어 : 단장지사(斷腸之思), 구회지장(九回之腸)

한자 배우기

斷	끊을 단 斤총18획	斷斷斷斷斷斷斷斷斷斷斷斷
腸	창자 장 月총13획	腸腸腸腸腸腸腸腸腸腸腸
黨	무리 당 黑총20획	黨黨黨黨黨黨黨黨黨黨黨黨黨
同	같을 동 口총6획	同同同同同同
伐	칠 벌 人총6획	伐伐伐伐伐伐
異	다를 이 田총11획	異異異異異異異異異異異
螳	사마귀 당 虫총17획	螳螳螳螳螳螳螳螳螳螳螳
螂	사마귀 랑 虫총16획	螂螂螂螂螂螂螂螂螂螂螂
拒	막을 거 扌총8획	拒拒拒拒拒拒拒拒
轍	바퀴자국 철 車총19획	轍轍轍轍轍轍轍轍轍轍轍轍
桃	복숭아 도 木총10획	桃桃桃桃桃桃桃桃桃桃
園	동산 원 口총13획	園園園園園園園園園園園園
結	맺을 결 糸총12획	結結結結結結結結結結結
義	옳을 의 羊총13획	義義義義義義義義義義義義

斷	腸		
끊을 단	창자 장		

단장 창자가 끊어지는 듯하게 견딜 수 없는 심한 슬픔이나 괴로움.

斷	腸		

黨	同	伐	異
무리 당	같을 동	칠 벌	다를 이

당동벌이 일의 옳고 그름을 가리지 않고, 뜻이 맞는 사람끼리는 한패가 되고 그렇지 않은 사람은 물리친다는 말.

黨	同	伐	異

螳	螂	拒	轍
사마귀 당	사마귀 랑	막을 거	바퀴자국 철

당랑거철 사마귀가 앞발을 들어 수레를 막는다는 뜻으로, 제 분수도 모르고 강한 적에게 덤벼든다는 말.

螳	螂	拒	轍

桃	園	結	義
복숭아 도	동산 원	맺을 결	옳을 의

도원결의 복숭아 동산에서 유비·관우·장비가 의형제를 맺었다는 뜻으로, 서로 의기투합해서 함께 사업이나 일을 추진함을 비유하는 말.

桃	園	結	義

同病相憐 동병상련

같은 병을 앓는 사람끼리 서로 가엽게 여긴다는 뜻으로,
어려운 처지에 있는 사람끼리 서로 딱하게 여겨 동정하고 돕는다는 말.

[故事] 중국 춘추전국시대 기원전 515년, 오(吳)나라의 공자 광(光)은 사촌 동생인 오왕 요(僚)를 시해한 뒤 오왕 합려(闔閭)라 일컫고, 자객을 천거하는 등 반란에 적극 협조한 오자서(伍子胥)를 중용했다. 오자서는 7년 전 초나라의 태자소부(太子少傅) 비무기(費無忌)의 모함으로 태자태부(太子太傅)로 있던 아버지와 역시 관리였던 맏형이 처형당하자, 복수의 화신이 되어 오나라로 피신해 온 망명객이었다. 그가 반란에 적극 협조한 것도 실은 유능한 광[합려]이 왕위에 오름으로써 부형(父兄)의 원수를 갚을 수 있는 초나라 공략의 길이 열릴 것으로 믿었기 때문이다.

그 해 또 비무기의 모함으로 아버지를 잃은 백비(伯嚭)가 오나라로 피신해 오자, 오자서는 그를 오왕 합려에게 천거하여 대부(大夫) 벼슬에 오르게 했다. 이 사실이 알려지자, 오자서는 대부 피리(被離)에게 힐난을 받았다.

"백비의 눈길은 매와 같고 걸음걸이는 호랑이와 같으니[鷹視虎步], 이는 필시 살인할 악상(惡相)이오. 그런데 귀공은 무슨 까닭으로 그런 인물을 천거하였소?"

피리의 말이 끝나자 오자서는 이렇게 대답했다.

"뭐 별다른 까닭은 없소이다. 하상가(河上歌)에도 '동병상련' '동우상구(同憂相救)'란 말이 있듯이 나와 같은 처지에 있는 백비를 돕는 것은 인지상정(人之常情)이지요."

그로부터 9년 후 합려가 초나라를 공략, 대승함으로써 오자서와 백비는 마침내 부형의 원수를 갚을 수 있었다. 그러나 그 후 오자서는 불행히도 피리의 예언대로 월(越)나라에 매수된 백비의 모함에 빠져 분사(憤死)하고 말았다.

출전 : 《오월춘추(吳越春秋)》
유의어 : 동주상구(同舟相救), 오월동주(吳越同舟)

한자배우기

道	길 도	辶총13획	道道道道道道道道道道道道道
聽	들을 청	耳총22획	聽聽聽聽聽聽聽聽聽聽聽聽
塗	진흙 도	土총13획	塗塗塗塗塗塗塗塗塗塗塗塗
說	말씀 설	言총14획	說說說說說說說說說說說說
炭	숯 탄	火총9획	炭炭炭炭炭炭炭炭炭
之	갈 지	ノ총4획	之之之之
苦	쓸 고	++총9획	苦苦苦苦苦苦苦苦苦

同	같을 동	口총6획	同同同同同同
病	병들 병	疒총10획	病病病病病病病病病病
相	서로 상	目총9획	相相相相相相相相相
憐	불쌍히 여길 련	↑총15획	憐憐憐憐憐憐憐憐憐憐憐
床	평상 상	广총7획	床床床床床床床
異	다를 이	田총11획	異異異異異異異異異異異
夢	꿈 몽	夕총14획	夢夢夢夢夢夢夢夢夢夢夢

道	聽	塗	說
길 도	들을 청	진흙 도	말씀 설

도청도설 길거리에 떠돌아다니는 뜬소문.

道	聽	塗	說

塗	炭	之	苦
진흙 도	숯 탄	갈 지	쓸 고

도탄지고 진흙 속에 빠지고 숯불에 타는 듯한 고생이란 뜻으로, 민생고가 극심한 지경에 이른 상황을 비유하는 말.

塗	炭	之	苦

同	病	相	憐
같을 동	병들 병	서로 상	불쌍히 여길 련

동병상련 같은 병자끼리 불쌍히 여긴다는 뜻으로, 어려운 처지에 놓인 사람들끼리 서로를 돕는다는 말.

同	病	相	憐

同	床	異	夢
같을 동	평상 상	다를 이	꿈 몽

동상이몽 같은 침상에서 서로 다른 꿈을 꾼다는 뜻으로, 겉으로는 같이 행동하면서 속으로는 각기 딴 생각을 함. 여주원 회비서를 비유하는 말.

同	床	異	夢

登高自卑 등고자비

높은 곳에 오르려면 낮은 곳에서부터 출발해야 한다는 뜻으로, 모든 일에는 순서가 있다는 말.

[설명] 중용(中庸) 제15장에 군자의 도는 먼 곳을 갈 때도 반드시 가까운 곳에서 출발함과 같고, 높은 곳에 오름에는 반드시 낮은 곳에서 출발함과 같다고 하였다. 〈시경〉에 '처자의 어울림이 거문고를 탄 듯하고, 형제는 뜻이 맞아 화합하며 즐거웁고나. 너의 집안 화목케 하며, 너의 처자 즐거우리라'는 글이 있다. 공자는 이 시를 읽고서 "부모는 참 안락하시겠다"고 하였다.'

君子之道(군자지도) 辟如行遠必自邇(비여행원필자이) 辟如登高必自卑(비여등고필자비)
詩曰(시왈) 妻子好合(처자호합) 如鼓瑟琴(여고슬금) 兄弟旣翕(형제기흡)
和樂且眈(화락차탐) 宜爾室家(의이실가) 樂爾妻帑(낙이처노)
子曰(자왈) 父母其順矣乎(부모기순의호)

공자가 그 집 부모는 참 안락하시겠다고 한 것은 가족 간의 화목이 이루어져 집안의 근본이 되었기 때문이니, 바로 행원자이(行遠自邇)나 등고자비의 뜻에 맞는다는 말이다.

또 불경에는, 어떤 사람이 남의 3층 정자를 보고 샘이 나서 목수를 불러 정자를 짓게 하는데, 1층과 2층은 짓지 말고 아름다운 3층만 지으라고 했다는 일화가 있다. 좋은 업은 쌓으려 하지 않고, 허황된 결과만 바라는 것을 나무라는 말이다. 무슨 일이든지 아래서부터 시작하지 않고서는 높은 경지의 참 맛을 알 수 없는 법이다. 높은 곳에 오르려면 낮은 곳에서부터 시작해야 한다는 뜻으로, 지위가 높아질수록 스스로를 낮추는 것을 가리킴.

출전 : 《맹자(孟子)–진심편(盡心篇)》

한자배우기

登	오를 등	癶총12획	登登登登登登登登
高	높을 고	高총10획	高高高高高高高高高高
自	스스로 자	自총6획	自自自自自自
卑	낮을 비	十총8획	卑卑卑卑卑卑卑卑
麻	삼 마	麻총11획	麻麻麻麻麻麻麻麻麻麻麻
中	가운데 중	丨총4획	中中中中
之	갈 지	丿총4획	之之之之
蓬	쑥 봉	艹총15획	蓬蓬蓬蓬蓬蓬蓬蓬蓬蓬蓬蓬
輓	수레 끌 만	車총14획	輓輓輓輓輓輓輓輓輓輓輓輓
歌	노래 가	欠총14획	歌歌歌歌歌歌歌歌歌歌歌歌
盲	소경 맹	目총8획	盲盲盲盲盲盲盲盲
人	사람 인	人총2획	人人
摸	본뜰 모	扌총14획	摸摸摸摸摸摸
象	코끼리 상	豕총12획	象象象象象象象象象象象象

登	高	自	卑
오를 등	높을 고	스스로 자	낮을 비

등고자비 높은 곳에 오르려면 낮은 곳에서부터 시작해야 한다는 뜻으로, 지위가 높아질수록 스스로를 낮추는 것을 가리킴.

登	高	自	卑

麻	中	之	蓬
삼 마	가운데 중	갈 지	쑥 봉

마중지봉 구부러진 쑥도 삼밭에 나면 자연히 꼿꼿하게 자란다는 뜻으로, 환경에 따라 악도 선도 고쳐진다.

麻	中	之	蓬

輓	歌		
수레 끌 만	노래 가		

만가 상여를 메고 갈 때 부르는 노래라는 뜻으로, 혹은 죽은 사람을 애도하는 노래.

輓	歌		

盲	人	摸	象
소경 맹	사람 인	본뜰 모	코끼리 상

맹인모상 경이 코끼리를 더듬는다는 뜻으로, 일부만 알고 전체를 판단하는 좁은 소견을 일컫는 말.

盲	人	摸	象

刎頸之交 문경지교

목을 베어 줄 수 있을 정도로 절친한 사귐. 또 그런 벗.

[故事] 춘추전국시대에 조(趙)나라 혜문왕(惠文王)의 신하 목현(繆賢)의 식객에 인상여(藺相如)라는 사람이 있었다. 그는 진(秦)나라 소양왕(昭襄王)에게 빼앗길 뻔한 천하 명옥(名玉) 화씨지벽(和氏之璧)을 지킨 공으로 상대부(上大夫)에 임명됐다. 그리고 3년 후에 혜문왕을 욕보이려는 소양왕을 가로막고 오히려 망신을 주었다. 인상여는 그 공으로 종일품(從一品)의 상경(上卿)에 올랐다. 그래서 인상여의 지위는 조나라의 명장 염파(廉頗)보다 더 높아졌다. 그러자 염파는 분해서 이렇게 말했다.

"나는 싸움터를 누비며 성(城)을 빼앗고 들에서 적을 무찔러 공을 세웠다. 그런데 입밖에 놀린 것이 없는 인상여 따위가 나보다 윗자리에 앉다니… 언제든 그놈을 만나면 망신을 주고 말 테다."

이 말을 전해 들은 인상여는 염파를 피했다. 이 같은 인상여의 비겁한 행동에 실망한 부하가 작별 인사를 하러 왔다. 그러자 인상여가 말리며 이렇게 말했다.

"자네는 염파 장군과 소양왕 중 어느 쪽이 더 무서운가?"

"그야 물론 소양왕이지요."

"그래, 나는 그 소양왕도 두려워하지 않고 혼내 준 사람이네. 그런 내가 어찌 염파 장군을 두려워하겠는가? 생각해보게. 강국 진나라가 쳐들어오지 않는 것은 염파 장군과 내가 버티고 있기 때문일세. 이 둘이 싸우면 결국 모두 죽게 돼. 그래서 염파 장군을 피하는 거야."

이 말을 전해 들은 염파는 부끄러워 몸 둘 바를 몰랐다. 그는 곧 인상여를 찾아가 섬돌 아래 무릎을 꿇었다.

"내가 미욱해서 대감의 높은 뜻을 미처 헤아리지 못했소. 어서 나에게 벌을 주시오."

염파는 진심으로 사죄했다. 그날부터 두 사람은 '문경지교'를 맺었다고 한다.

출전 : 《사기(史記)–염파인상여열전(廉頗藺相如列傳)》

한자 배우기

名	이름 명	口 총6획	名名名名名名
實	열매 실	宀 총14획	實實實實實實實實實實實實
相	서로 상	目 총9획	相相相相相相相相相
符	부호 부	竹 총11획	符符符符符符符符符符符
矛	창 모	矛 총5획	矛矛矛矛矛
盾	방패 순	目 총9획	盾盾盾盾盾盾盾盾盾
刎	목자를 문	⺈ 총6획	刎刎刎刎刎刎
頸	목 경	頁 총16획	頸頸頸頸頸頸頸頸頸頸頸頸
之	갈 지	丿 총4획	之之之之
交	사귈 교	亠 총6획	交交交交交交
門	문 문	門 총8획	門門門門門門門門
前	앞 전	刂 총9획	前前前前前前前前前
成	이룰 성	戈 총6획	成成成成成成
市	저자 시	巾 총5획	市市市市市

名	實	相	符
이름 명	열매 실	서로 상	부호 부

명실상부 이름과 실상이 서로 꼭 들어맞고, 알려진 것과 실제의 상황이나 능력에 차이가 없음을 뜻함.

名	實	相	符

矛	盾		
창 모	방패 순		

모순 말이나 행동의 앞뒤가 서로 일치되지 아니함.

矛	盾		

刎	頸	之	交
목자를 문	목 경	갈 지	사귈 교

문경지교 목을 벨 수 있는 벗이라는 뜻으로, 생사를 함께 할 수 있는 소중한 친구를 말함.

刎	頸	之	交

門	前	成	市
문 문	앞 전	이룰 성	저자 시

문전성시 대문 앞이 시장을 이룬다는 뜻으로, 찾아오는 손님이 많음을 이루는 말.

門	前	成	市

彌縫策 미봉책

빈 구석이나 잘못된 것을 그때그때 임시변통으로 이리저리 주선해서 꾸며댐을 뜻하는 말.

[故事] 춘추전국시대 주(周)나라 환왕(桓王) 13년, 환왕 은정(鄭)나라를 치기로 했다. 당시 정나라 장공(莊公)은 날로 강성해지는 국력을 배경으로 천자인 환왕을 무시하고 있었기 때문이다. 환왕은 우선 장공에게서 왕실 경사(卿士)로서의 정치상 실권을 박탈했다. 이 조치에 분개한 장공이 조현(朝見: 신하가 임금을 뵙는 일)을 중단하자, 환왕은 이를 구실로 징벌군을 일으키고 제후(諸侯)들에게 참전을 명했다. 왕명을 받고 괵(虢)·채(蔡)·위(衛)·진(陳)나라 군사가 모이자, 환왕은 총사령관이 되어 정나라를 징벌하러 나섰다. 이런 천자(天子)의 자장격지(自將擊之)는 춘추시대 동안 전무후무한 일이었다. 이윽고 정나라에 도착한 왕군(王軍)은 장공의 군사와 대치했다. 정나라 공자(公子) 원(元)은 장공에게 진언했다.

"지금 좌군(左軍)에 속해 있는 진나라 군사는 국내 정세가 어지럽기 때문에 전의(戰意)를 잃고 있습니다. 하오니 먼저 진나라 군사부터 공격하면 반드시 패주할 것입니다. 그러면 환왕이 지휘하는 중군(中軍)은 혼란에 빠질 것이며, 경사(卿士)인 괵공(虢公)이 이끄는 채·위나라의 우군(右軍)도 지탱하지 못하고 퇴각할 것입니다. 이 때 중군을 치면 승리는 틀림없습니다."

장공은 원의 진언에 따라 원형(圓形)의 진(陣)을 쳤는데 이는 병거(兵車:군사를 실은 수레)를 앞세우고 보병(步兵)을 뒤따르게 하는 군진(軍陣)으로서 병거와 병거 사이에는 보병으로 '미봉'했다. 원이 진언한 전략은 적중하여 왕군은 대패하고 환왕은 어깨에 화살을 맞은 채 물러가고 말았다.

＊ 자장격지(自將擊之) : 몸소 군사를 거느리고 나가 싸움.

출전 : 《한서(漢書) – 정숭전(鄭崇傳)》
유의어 : 문외가설작라(門外可設雀羅)

한자 배우기

勿 말 물 ㄱ총4획	勿勿勿勿	
失 잃을 실 大총5획	失失失失失	
好 좋을 호 女총6획	好好好好好好	
機 틀 기 木총16획	機機機機機機機機機機機機機機機機	
彌 꿰맬 미 弓총17획	彌彌彌彌彌彌彌彌彌彌彌彌	
縫 꿰맬 봉 糸총17획	縫縫縫縫縫縫縫縫縫縫縫	
策 책략 책 竹총12획	策策策策策策策策策策策策	
密 빽빽할 밀 宀총11획	密密密密密密密密密密	

雲 구름 운 雨총12획	雲雲雲雲雲雲雲雲雲雲雲雲	
不 아닐 불 一총4획	不不不不	
雨 비 우 雨총8획	雨雨雨雨雨雨雨雨	
拔 뽑을 발 扌총8획	拔拔拔拔拔拔拔拔	
山 메 산 山총3획	山山山	
蓋 덮을 개 艹총14획	蓋蓋蓋蓋蓋蓋蓋蓋蓋蓋蓋蓋蓋蓋	
世 인간 세 一총5획	世世世世世	

勿	失	好	機
말 물	잃을 실	좋을 호	틀 기

물실호기 좋은 기회를 놓치지 않음.

勿	失	好	機

彌	縫	策	
꿰맬 미	꿰맬 봉	책략 책	

미봉책 꿰매어 깁는 계책이라는 뜻으로, 결점이나 실패를 덮어 발각되지 않게 이리 저리 주선하여 맞추기만 하는 계책.

彌	縫	策	

密	雲	不	雨
빽빽할 밀	구름 운	아닐 불	비 우

밀운불우 구름은 잔뜩 끼었지만 비는 오지 않는다는 뜻으로, 모든 조건은 갖추어졌는데 일은 성사되지 않고 있음.

密	雲	不	雨

拔	山	蓋	世
뽑을 발	메 산	덮을 개	인간 세

발산개세 산을 뽑고, 세상을 덮을 만한 기상으로, 아주 뛰어난 기운. 또는 놀라운 기상.

拔	山	蓋	世

杯中蛇影 배중사영

술잔 속에 비친 뱀의 그림자란 뜻으로, 쓸데없는 의심을 품고 스스로 고민함을 비유한 말.

[故事] 옛 중국 진(晉) 나라에 악광(樂廣)이라는 사람이 있었다. 그는 집이 가난하여 독학을 했지만 영리하고 신중해서 늘 주위 사람들로부터 칭찬을 받으며 자랐다. 훗날 수재(秀才)로 천거되어 벼슬길에 나아가서도 역시 매사에 신중했다.

악광이 하남 태수(河南太守)로 있을 때의 일이다. 자주 놀러 오던 친구가 웬일인지 발을 딱 끊고 찾아오지 않았다. 악광은 이상하다는 생각이 들어 그를 찾아가 물어보았다.

"아니, 자네 웬일인가? 요샌 통 얼굴도 안 비치니…."

그러자 친구는 이렇게 대답했다.

"저번에 우리가 술을 마실 때 얘길세. 그때 술을 막 마시려는데 잔 속에 뱀이 보이는 게 아니겠나. 기분이 언짢았지만 그냥 마셨지. 그런데 그 후로 몸이 좋지 않다네."

악광은 이상한 일도 다 있다고 생각했다. 지난번 술자리는 관가(官家)의 자기 방이었고, 그 방 벽에는 활이 걸려 있었지? 그렇다. 그 활에는 옻칠로 뱀 그림이 그려져 있었다. 안광은 그 친구를 다시 초대해서 저번에 앉았던 그 자리에 앉히고 술잔에 술을 따랐다.

"어떤가? 뭐가 보이나?"

"응, 전번과 마찬가지네."

"그건 저 활에 그려져 있는 뱀 그림자일세."

그 친구는 그제야 깨닫고 병이 씻은 듯이 나았다고 한다.

출전 : 《사기(史記) – 항우본기(項羽本記)》
유의어 : 역발산기개세(力拔山氣蓋世)

한자배우기

傍	곁 방	人총12획	傍傍傍傍傍傍傍傍傍傍傍傍
若	같을 약	⺿총9획	若若若若若若若若若
無	없을 무	⺣총12획	無無無無無無無無無無無無
人	사람 인	人총2획	人人
杯	잔 배	木총8획	杯杯杯杯杯杯杯杯
中	가운데 중	丨총4획	中中中中
蛇	뱀 사	虫총11획	蛇蛇蛇蛇蛇蛇蛇蛇蛇蛇蛇
影	그림자 영	彡총15획	影影影影影影影影影影影
百	일백 백	白총6획	百百百百百百
尺	자 척	尸총4획	尺尺尺尺
竿	장대 간	竹총9획	竿竿竿竿竿竿竿竿竿
頭	머리 두	頁총16획	頭頭頭頭頭頭頭頭頭頭頭頭
封	봉할 봉	寸총9획	封封封封封封封封封
庫	곳집 고	广총10획	庫庫庫庫庫庫庫庫庫庫
罷	마칠 파	⺳총15획	罷罷罷罷罷罷罷罷罷罷罷罷
職	직분 직	耳총18획	職職職職職職職職職職職職

傍	若	無	人
곁 방	같을 약	없을 무	사람 인

방약무인 곁에 사람이 없는 것과 같다는 뜻으로, 곁에 사람이 없는 것처럼 아무 거리낌 없이 함부로 말하고 행동함을 말함.

傍	若	無	人

杯	中	蛇	影
잔 배	가운데 중	뱀 사	그림자 영

배중사영 잔 속에 비친 뱀의 그림자라는 뜻으로, 아무것도 아닌 일에 의심을 품고 걱정함.

杯	中	蛇	影

百	尺	竿	頭
일백 백	자 척	장대 간	머리 두

백척간두 백 자나 되는 높은 장대 끝이라는 뜻으로, 높은 장대 끝에 오른 것처럼 매우 위태롭고 어려운 상황을 말함.

百	尺	竿	頭

封	庫	罷	職
봉할 봉	곳집 고	마칠 파	직분 직

봉고파직 부정을 저지른 관리를 파면(罷免)시키고 관고(官庫)를 봉하여 잠그는 일.

封	庫	罷	職

焚書坑儒 분서갱유

책을 불사르고 선비를 산 채로 구덩이에 파묻어 죽인다는 뜻으로,
진(秦)나라 시황제(始皇帝)의 가혹한 법과 혹독한 정치를 이르는 말.

[故事] 춘추전국시대를 마감한 진나라 시황제는 천하를 통일하자, 주(周)왕조 때의 봉건 제도를 폐지하고 사상 처음으로 중앙집권(中央執權)의 군현제도(郡縣制度)를 채택했다. 그 후 8년이 되는 해 어느 날 시황제가 베푼 함양궁(咸陽宮) 잔치에서 박사(博士) 순우월(淳于越)이 '군현제도로는 황실의 무궁한 안녕을 기하기 어렵다'며 봉건제도로 개체할 것을 진언했다. 시황제가 신하들에게 순우월의 의견에 대해 묻자, 군현제의 입안자(立案者)인 승상 이사(李斯)는 이렇게 대답했다.

"봉건시대에는 천하가 어지러웠으나 이제는 안정을 찾았습니다. 그러나 옛 선비들 중에 새로운 법령이나 정책을 비난하는 이들이 있습니다. 차제에 그러한 선비들을 엄단하고, 백성들에게 꼭 필요한 의약(醫藥)·복서(卜筮)·종수(種樹:농업)에 관한 책과 진나라 역사서 외에는 모두 수거하여 불태워 없애 버리십시오."

시황제가 이를 받아들여 관청에 제출된 희귀한 책들이 속속 불태워졌는데 이 일을 '분서'라고 한다. 당시는 종이가 없었으므로, 책은 모두 글자를 적은 댓조각을 엮어서 만든 죽간(竹簡)이었다. 그래서 한 번 잃으면 복원할 수 없는 것도 많았다.

이듬해에 아방궁(阿房宮)이 완성되자, 시황제는 불로장수의 신선술법(神仙術法)을 닦는 방사(方士)들을 불러들여 후대했다. 그들 중에서도 특히 노생(盧生)과 후생(侯生)을 신임했으나, 둘은 많은 재물을 사취(詐取)한 뒤 시황제의 부덕(不德)을 비난하며 종적을 감춰버렸다. 시황제는 진노했다. 그 진노가 채 가시기도 전에 황제를 비방하는 선비들을 잡아 가뒀다는 보고가 들어왔다. 시황제의 노여움은 극에 달했다. 시황제는 그들을 모두 산 채로 각각 구덩이에 파묻어 죽였는데 이 일을 가리켜 '갱유'라고 한다.

출전 : 《사기(史記)-진시황본기(秦始皇本紀)》

한자 배우기

釜	가마솥 부	金 총10획	釜釜釜釜釜釜釜釜釜釜
中	가운데 중	l 총4획	中中中中
之	갈 지	ノ총4획	之之之之
魚	물고기 어	魚 총11획	魚魚魚魚魚魚魚魚魚魚魚
焚	불사를 분	火 총12획	焚焚焚焚焚焚焚焚焚焚焚焚
書	글 서	日 총10획	書書書書書書書書書書
坑	구덩이 갱	土 총7획	坑坑坑坑坑坑坑
儒	선비 유	人 총16획	儒儒儒儒儒儒儒儒儒儒儒

不	아닐 불	一 총4획	不不不不
俱	함께 구	人 총10획	俱俱俱俱俱俱俱俱俱俱
戴	일 대	戈 총17획	戴戴戴戴戴戴戴戴戴戴戴戴戴
天	하늘 천	大 총4획	天天天天
悲	슬플 비	心 총12획	悲悲悲悲悲悲悲悲悲悲悲悲
憤	분할 분	忄총15획	憤憤憤憤憤憤憤憤憤憤憤
慷	슬플 강	忄총14획	慷慷慷慷慷慷慷慷慷慷慷
慨	슬플 개	忄총14획	慨慨慨慨慨慨慨慨慨慨慨

釜	中	之	魚
가마솥 부	가운데 중	갈 지	물고기 어

부중지어 가마솥 안에 든 고기라는 뜻으로, 목숨이 위급한 처지에 있음을 비유하는 말.

釜	中	之	魚

焚	書	坑	儒
불사를 분	글 서	구덩이 갱	선비 유

분서갱유 책을 불사르고 선비를 구덩이에 파묻는다는 뜻으로, 진나라의 시황제가 책을 불태우고 학자를 생매장한 사건을 가리킴.

焚	書	坑	儒

不	俱	戴	天
아닐 불	함께 구	일 대	하늘 천

불구대천 함께 하늘을 받들 수 없는 원수 사이라는 뜻으로, 세상을 함께 살 수 없을 정도의 원수를 가리킴.

不	俱	戴	天

悲	憤	慷	慨
슬플 비	분할 분	슬플 강	슬플 개

비분강개 슬프고 분한 마음을 느낀다는 뜻으로, 의롭지 못하거나 잘못되어 가는 일에 대해 슬프고 분한 마음을 느낀다는 말.

悲	憤	慷	慨

三顧草廬 삼고초려

초가집을 세 번 찾아간다는 뜻으로, 사람을 맞이함에 있어 진심으로 예를 다함[三顧之禮].
또는 윗사람으로부터 후히 대우받음을 비유한 말.

[故事] 중국 후한 말엽, 유비(劉備)는 관우(關羽), 장비(張飛)와 의형제를 맺고 한실(漢室) 부흥을 위해 군사를 일으켰다. 그러나 군기를 잡고 계책을 세워 전군을 통솔할 군사(軍師)가 없어 늘 조조군(曹操軍)에게 고전했다. 어느 날 유비가 은사(隱士)인 사마휘(司馬徽)에게 군사를 천거해 달라고 청하자, 사마휘는 이렇게 말했다.

"복룡(伏龍)이나 봉추(鳳雛) 중 한 사람만 얻으시오."

"대체 복룡은 누구고, 봉추는 누구입니까?"

그러나 사마휘는 말을 흐린 채 대답하지 않았다. 그 후 제갈량(諸葛亮)의 별명이 복룡이란 것을 안 유비는 즉시 수레에 예물을 싣고 양양(襄陽) 땅에 있는 제갈량의 초가집을 찾아갔다. 그러나 제갈량은 집에 없었다. 며칠 후 또 찾아갔으나 역시 출타하고 없었다.

"저번에 다시 오겠다고 했는데. 이거, 너무 무례하지 않습니까? 듣자니 나이도 젊다던데…."

"제갈공명이 뭔데…. 형님, 앞으로는 찾아오지 마십시다."

마침내 동행했던 관우와 장비의 불평이 터지고 말았다.

"다음엔 너희들은 따라오지 말아라."

관우와 장비가 극구 만류하는데도 유비는 단념하지 않고 세 번째 방문 길에 나섰다. 그 열의에 감동한 제갈량은 마침내 유비의 군사가 되어 적벽대전(赤壁大戰)에서 조조의 100만 대군을 격파하는 등 많은 전공을 세웠다. 그리고 그 후 유비는 제갈량의 헌책에 따라 위(魏)나라의 조조, 오(吳)나라의 손권(孫權)과 더불어 천하를 삼분(三分)하고 한실(漢室)의 맥을 잇는 촉한(蜀漢)을 세워 황제[소열제(昭烈帝)]라 일컬었으며, 지략과 식견이 뛰어나고 충의심이 강한 제갈량은 재상이 되었다.

출전 : 《제갈량(諸葛亮)—출사표(出師表)》

한자 배우기

髀	넓적다리 비	骨 총18획
肉	고기 육	肉 총6획
之	갈 지	ノ 총4획
嘆	탄식할 탄	口 총14획
氷	얼음 빙	水 총5획
炭	숯 탄	火 총9획
間	사이 간	門 총12획

四	넉 사	口 총5획
端	끝 단	立 총14획
三	석 삼	一 총3획
顧	돌아볼 고	頁 총21획
草	풀 초	艹 총10획
廬	오두막집 려	广 총19획

髀	肉	之	嘆
넓적다리 비	고기 육	갈 지	탄식할 탄

비육지탄 영웅이 전쟁에 나가지 못하고 넓적다리만 살찜을 한탄한다는 뜻으로, 곧 성공하지 못하고 한갓 세월만 보내는 일을 탄식함을 말함.

髀	肉	之	嘆

氷	炭	之	間
얼음 빙	숯 탄	갈 지	사이 간

빙탄지간 얼음처럼 흰 것과 숯처럼 검은 것의 사이라는 뜻으로, 서로 화합할 수 없는 사이.

氷	炭	之	間

四	端		
넉 사	끝 단		

사단 측은(惻隱), 수오(羞惡), 사양(辭讓), 시비(是非)의 네 마음.

四	端		

三	顧	草	廬
석 삼	돌아볼 고	풀 초	오두막집 려

삼고초려 초가집을 세 번 찾아간다는 뜻으로, 유비가 제갈공명을 군사로 맞아들이기 위하여 세 번 찾아간 데서 유래하였다.

三	顧	草	廬

水滴穿石 수적천석

물방울이 돌을 뚫는다는 뜻으로, 작은 노력이라도 끈기 있게 계속하면 큰일을 이룰 수 있음을 비유한 말. 또는 작은 것이라도 모이고 쌓이면 큰 것이 되거나 큰 힘을 발휘한다는 뜻.

[故事] 중국 북송(北宋)시대 숭양 현령(崇陽縣令)에 장괴애(張乖崖)라는 사람이 있었다.

어느 날 그는 관아를 돌아보다가 창고에서 황급히 튀어나오는 한 구실아치를 발견했다. 잡아서 조사해보니 상투 속에서 한 푼짜리 엽전 한 닢이 나왔다. 엄히 추궁하자 창고에서 훔친 것이라고 했다. 즉시 형리(刑吏)에게 명하여 곤장을 치라고 했다. 그러자 그 구실아치는 장괴애를 노려보며 이렇게 말했다.

"사또, 까짓 엽전 한 푼이 뭐 그리 큰 죄라고 너무 하십니다."

이 말을 듣자, 장괴애는 화가 머리끝까지 치밀었다.

"네 이놈! 티끌 모아 태산[塵合泰山]이란 말도 못 들었느냐? 하루 한 푼[一文]이라도 천 날이면 천 푼이요, 물방울도 끊임없이 떨어지면 돌에 구멍을 뚫는다[水滴穿石]고 했다."

장괴애는 말을 마치자마자 층계 아래 있는 죄인 곁으로 다가가 칼을 빼서 목을 치고 말았다. 이 같은 일은 당시 상관을 무시하는 구실아치의 잘못된 풍조를 고치려는 행위였다고 〈옥림학로(玉林鶴露)〉는 쓰고 있다.

* '수적천석'은 우리나라의 속담(俗談) '낙숫물이 댓돌[臺石]을 뚫는다'라는 말과 같은 뜻으로 쓰이는 고사성어이다.
  구실아치 : 각 관아(官衙)에서 벼슬아치(官員) 밑에서 일을 보던 사람을 이르는 말이다.
  아전(衙前). 이속(吏屬). 서리(胥吏). 소리(小吏). 하전(下典).

출전 : 《나대경(羅大經)—학림옥로(鶴林玉露)》

한자배우기

桑	뽕나무 상 木총10획	桑桑桑桑桑桑桑桑桑桑
田	밭 전 田총5획	田田田田田
碧	푸를 벽 石총14획	碧碧碧碧碧碧碧碧碧碧碧碧碧碧
海	바다 해 氵총10획	海海海海海海海海海海
首	머리 수 首총9획	首首首首首首首首首
丘	언덕 구 一총5획	丘丘丘丘丘
初	처음 초 刀총7획	初初初初初初初
心	마음 심 心총4획	心心心心
漱	양치할 수 氵총14획	漱漱漱漱漱漱漱漱漱漱
石	돌 석 石총5획	石石石石石
枕	베개 침 木총8획	枕枕枕枕枕枕枕枕
流	흐를 류(유) 氵총10획	流流流流流流流流流流
水	물 수 水총4획	水水水水
滴	물방울 적 氵총14획	滴滴滴滴滴滴滴滴滴滴滴
穿	뚫을 천 穴총9획	穿穿穿穿穿穿穿穿穿

桑	田	碧	海
뽕나무 상	밭 전	푸를 벽	바다 해

상전벽해 뽕나무 밭이 바다로 변한다는 뜻으로, 세상일이 덧없이 변천함을 일컫는 말.

桑	田	碧	海

首	丘	初	心
머리 수	언덕 구	처음 초	마음 심

수구초심 여우가 죽을 때는 자기가 살던 언덕 쪽으로 머리를 향한다는 뜻으로, 고향을 그리는 마음을 비유한 말.

首	丘	初	心

漱	石	枕	流
양치할 수	돌 석	베개 침	흐를 유(류)

수석침류 돌로 양치질하고 흐르는 물을 베개 삼는다는 뜻으로, 말을 잘못해 놓고 그럴 듯하게 꾸며대는 것. 또는 이기려고 하는 고집이 셈.

漱	石	枕	流

水	滴	穿	石
물 수	물방울 적	뚫을 천	돌 석

수적천석 물방울이 돌을 뚫는다는 뜻으로, 적은 노력도 계속하면 큰일을 이룩할 수 있음을 일컫는 말.

水	滴	穿	石

良禽擇木 양금택목

현명한 새는 좋은 나무를 가려서 둥지를 친다는 뜻으로,
현명한 사람은 자기 재능을 키워 줄 훌륭한 사람을 가려서 섬긴다는 말.

[故事] 춘추전국시대, 공자가 치국(治國)의 도를 널리 유세(遊說)하기 위해 위(衛)나라에 갔을 때의 일이다.

어느 날 공문자(孔文子)가 대숙질(大叔疾)을 공격하기 위해 공자에게 상의하자, 공자는 이렇게 대답했다.

"제사 지내는 일에 대해선 배운 일이 있습니다만, 전쟁에 대해선 전혀 아는 것이 없습니다."

그 자리를 물러 나온 공자는 제자에게 서둘러 수레에 말을 매라고 일렀다. 제자가 그 까닭을 묻자, 공자는 '한시라도 빨리 위나라를 떠나야겠다'며 이렇게 대답했다.

"현명한 새는 좋은 나무를 가려서 둥지를 친다[良禽擇木]고 했다. 마찬가지로 신하가 되려면 마땅히 훌륭한 군주를 가려서 섬겨야 하느니라."

이 말을 전해들은 공문자는 황급히 객사로 달려와 공자의 귀국을 만류했다.

"나는 결코 딴 뜻이 있어서 물었던 것이 아니오. 다만 위나라의 대사에 대해 물어 보고 싶었을 뿐이니 언짢게 생각 말고 좀더 머물도록 하시오."

공자는 기분이 풀리어 위나라에 머물려고 했으나 때마침 노(魯)나라에서 사람이 찾아와 귀국을 간청했다. 그래서 고국을 떠난 지 오래인 공자는 노구(老軀)에 스미는 고향 생각에 사로잡혀 서둘러 노나라로 돌아갔다.

출전 : 《춘추좌씨전(春秋左氏傳)－애공(哀公)》

한자 배우기

阿	언덕 아	阝총8획	阿阿阿阿阿阿阿阿
鼻	코 비	鼻총14획	鼻鼻鼻鼻鼻鼻鼻鼻鼻鼻鼻鼻鼻鼻
叫	울부짖을 규	口총5획	叫叫叫叫叫
喚	부를 환	口총12획	喚喚喚喚喚喚喚喚喚喚喚喚
修	닦을 수	人총10획	修修修修修修修修修修
羅	그물 라	罒총19획	羅羅羅羅羅羅羅羅羅羅
場	마당 장	土총12획	場場場場場場場場場場場場
野	들 야	里총11획	野野野野野野野野野野野

壇	단 단	土총16획	壇壇壇壇壇壇壇壇壇壇
法	법 법	氵총8획	法法法法法法法法
席	자리 석	巾총10획	席席席席席席席席席席
良	좋을 양(량)	艮총7획	良良良良良良良
禽	날짐승 금	内총13획	禽禽禽禽禽禽禽禽禽禽禽禽禽
擇	가릴 택	扌총16획	擇擇擇擇擇擇擇擇擇擇
木	나무 목	木총4획	木木木木

阿	鼻	叫	喚
언덕 아	코 비	울부짖을 규	부를 환

아비규환 아비지옥과 규환지옥이라는 뜻으로, 고통 속에서 헤어나려 울부짖고 괴로워하는 상황을 말함.

阿	鼻	叫	喚

阿	修	羅	場
언덕 아	닦을 수	그물 라	마당 장

아수라장 아수라가 제석천(帝釋天)을 상대로 싸우는 곳이라는 뜻으로, 모진 싸움으로 처참하게 된 곳이라는 말.

阿	修	羅	場

野	壇	法	席
들 야	단 단	법 법	자리 석

야단법석 불교에서 야외에서 베푸는 강좌라는 뜻으로, 부처님의 설법을 듣고자 온 사람들이 매우 많아 북적거린다는 말.

野	壇	法	席

良	禽	擇	木
좋을 양(량)	날짐승 금	가릴 택	나무 목

양금택목 현명한 새는 나무를 가려 앉는다는 뜻으로, 똑똑한 사람은 훌륭한 사람을 가려서 섬긴다는 말.

良	禽	擇	木

1 단계 2 단계 3 단계

完璧 완벽

흠이 없는 구슬[璧:환상(環狀)의 옥(玉)]이라는 뜻. 결점 없이 훌륭함.
빌려 온 물건을 온전히 돌려보냄.

[故事] 춘추전국시대, 조(趙)나라 혜문왕(惠文王)은 화씨지벽(和氏之璧)이라는 천하명옥(天下名玉)을 가지고 있었다. 이 소문을 들은 진(秦)나라 소양왕(昭襄王)은 어떻게든 화씨지벽을 손에 넣어야겠다고 생각했다. 그래서 곧 조나라에 사신을 보내어 '성(城) 15개와 맞바꾸자'고 제의했다.

혜문왕에게는 실로 난처한 문제였다. 혜문왕은 중신들을 소집하여 의논했다. 의견이 분분하였으나 결국 강자의 비위를 거스를 수 없다 하여 제의를 받아들이기로 하고, 대부인 목현(繆賢)의 식객으로 있던 인상여(藺相如)를 사신으로 보내기로 했다.

인상여가 소양왕을 알현하고 화씨지벽을 바치자, 구슬을 손에 넣은 소양왕은 희색이 만면했으나 약속한 15개 성에 대해서는 한 마디도 하지 않았다. 이런 일을 예상했던 인상여는 조용히 말했다.

"전하, 그 화씨지벽에는 흠집이 있사온데 그것을 외신(外臣)이 가르쳐 드리겠습니다."

소양왕이 무심코 화씨지벽을 건네자, 인상여는 그것을 손에 든 채 궁궐 기둥 옆으로 갔다. 그리고 소양왕을 보며 말했다.

"전하께서 약속하신 15개의 성을 넘겨주실 때까지 이 화씨지벽은 외신이 갖고 있겠습니다. 만약 안 된다고 하시면 화씨지벽은 저의 머리와 함께 이 기둥에 부딪쳐 깨지고 말 것입니다."

화씨지벽이 깨질까 겁이 난 소양왕은 인상여를 일단 숙소로 돌려보냈다. 인상여는 숙소로 와서, 화씨지벽을 부하에게 넘기고 서둘러 귀국시켰다. 이 사실을 안 소양왕은 당장 인상여를 죽이려고 했지만, 그를 죽였다가는 비난을 받을 것 같아 곱게 돌려보냈다.

이리하여 화씨지벽은 '온전한 구슬[完璧]'로 되돌아왔다. 그리고 인상여는 그 공으로 상대부(上大夫)에 임명되었다.

출전 : 《사기(史記)-인상여열전(藺相如列傳)》

한자 배우기

梁	들보 양 木총11획 梁梁梁梁梁梁梁梁梁梁梁	泥	진흙 니(이) 氵총8획 泥泥泥泥泥泥泥泥
上	위 상 一총3획 上上上	之	갈 지 丿총4획 之之之之
君	임금 군 口총7획 君君君君君君君	差	다를 차 工총10획 差差差差差差差差差差
子	아들 자 子총3획 子子子	月	달 월 月총4획 月月月月
完	완전할 완 宀총7획 完完完完完完完	下	아래 하 一총3획 下下下
璧	구슬 벽 玉총18획 璧璧璧璧璧璧璧璧璧璧	氷	얼음 빙 水총5획 氷氷氷氷氷
雲	구름 운 雨총12획 雲雲雲雲雲雲雲雲雲雲雲	人	사람 인 人총2획 人人

梁	上	君	子
들보 양	위 상	임금 군	아들 자

양상군자   대들보 위의 군자라는 뜻으로, 도둑을 빗대어 일컫거나 천정의 쥐를 재미있게 표현한 말.

梁	上	君	子

完	璧		
완전할 완	구슬 벽		

완벽   흠이 없는 구슬이라는 뜻으로, 결점이 없이 훌륭함.

完	璧		

雲	泥	之	差
구름 운	진흙 니(이)	갈 지	다를 차

운니지차   구름과 진흙의 차이라는 뜻으로, 서로의 차이가 퍽 심함, 또는 퍽 심한 차이를 일컫는 말.

雲	泥	之	差

月	下	氷	人
달 월	아래 하	얼음 빙	사람 인

월하빙인   달 아래 늙은이와 얼음 밑에 있는 사람이라는 뜻으로, 월하로와 빙상인이 합쳐진 말로 중매인(中媒人)을 가리킴.

月	下	氷	人

泣斬馬謖 읍참마속

울면서 마속을 벤다는 뜻으로, 공정성을 지키기 위해 사사로운 정(情)을 버리거나
큰 목적을 위해 자기가 아끼는 사람을 가차 없이 버린다는 말.

[故事] 삼국시대 초엽인 촉(蜀)나라 건흥(建興) 5년 3월, 제갈량(諸葛亮)은 대군을 이끌고 성도(成都)를 출발하여 한중(漢中)을 석권, 기산(祁山)으로 진출하여 위(魏)나라 군사를 크게 이겼다.

그러자 조조(曹操)가 급파한 위나라의 명장 사마의(司馬懿)는 20만 대군으로 진을 치고 제갈량의 침공군과 대치했다. 그러나 제갈량의 계책은 이미 서 있었다. 그러나 상대가 지략이 뛰어난 사마의인만큼 군량 수송로인 가정(街亭)을 수비하는 것이 문제였다. 만약 가정을 잃으면 중원(中原) 진출의 웅대한 계획은 물거품이 되고 만다. 그 중책을 맡길 만한 장수가 없어 제갈량은 고민했다. 그때 마속(馬謖)이 그 중책을 자원하고 나섰다. 그는 마량(馬良)의 동생으로, 제갈량이 아끼는 장수였다. 그러나 노회(老獪)한 사마의와 대결하기에는 아직 어리다. 제갈량이 주저하자, 마속은 거듭 간청했다.

"다년간 병략(兵略)을 익혔는데 가정 하나 지켜지 못하겠습니까? 만약 패하면, 참형을 당해도 결코 원망하지 않겠습니다."

"좋다. 군율(軍律)에는 두 말이 없다는 것을 명심하라."

가정에 도착한 마속은 진을 잘못 쳐서 참패하고 말았다. 전군을 한중으로 후퇴시킨 제갈량은 마속에게 중책을 맡겼던 것을 후회했다. 군율을 어긴 그를 참형에 처하지 않을 수 없었기 때문이다.

"사사로운 정에 끌리어 군율을 저버리는 것은 마속이 지은 죄보다 더 큰 죄가 된다. 아끼는 사람일수록 가차 없이 처단하여 대의(大義)를 바로잡지 않으면 나라의 기강은 무너지는 법."

마속이 형장으로 끌려가자, 제갈량은 소맷자락으로 얼굴을 가리고 마룻바닥에 엎드려 울었다고 한다.

출전 : 《삼국지(三國志)–촉지(蜀志) 마속전(馬謖傳)》

한자 배우기

泣 울 읍	氵총8획	泣泣泣泣泣泣泣泣
斬 벨 참	斤총11획	斬斬斬斬斬斬斬斬斬斬斬
馬 말 마	馬총10획	馬馬馬馬馬馬馬馬馬馬
謖 일어날 속	言총17획	謖謖謖謖謖謖謖謖謖謖謖謖
離 떠날 이	隹총19획	離離離離離離離離離離離離離離
合 합할 합	口총6획	合合合合合合
集 모을 집	隹총12획	集集集集集集集集集集集集
散 흩어질 산	攵총12획	散散散散散散散散散散散散

益 더할 익	皿총10획	益益益益益益益益益益
者 놈 자	耂총9획	者者者者者者者者者
三 석 삼	一총3획	三三三
友 벗 우	又총4획	友友友友
自 스스로 자	自총6획	自自自自自自
家 집 가	宀총10획	家家家家家家家家家家
撞 칠 당	扌총15획	撞撞撞撞撞撞撞撞撞撞
着 붙을 착	羊총12획	着着着着着着着着着着着着

泣	斬	馬	謖
울 읍	벨 참	말 마	일어날 속

읍참마속 울면서 마속의 목을 벤다는 뜻으로, 군율을 세우기 위해서는 사랑하고 아끼는 사람도 버린다는 말.

泣	斬	馬	謖

離	合	集	散
떠날 이	합할 합	모을 집	흩어질 산

이합집산 헤어졌다가 모였다가 하는 일이라는 뜻으로, 집단이나 개인의 이익에 따라 뭉치고 흩어짐을 뜻하는 말.

離	合	集	散

益	者	三	友
더할 익	놈 자	석 삼	벗 우

익자삼우 사귀어 유익한 세 가지 유형의 벗. 곧, 정직한 벗, 신의가 있는 벗, 지식이 많은 벗.

益	者	三	友

自	家	撞	着
스스로 자	집 가	칠 당	붙을 착

자가당착 자신이 친 것이 그대로 자신에게 붙는다는 뜻으로, 같은 사람의 언행이 앞뒤가 맞지 않아 전후가 모순됨을 말함.

自	家	撞	着

漸入佳境 점입가경

점점 재미있는 경지로 들어감.
경치나 문장 또는 어떤 일의 상황이 점점 갈수록 재미있게 전개된다는 뜻.

[故事] 고개지는 감자(甘蔗: 사탕수수)를 즐겨 먹었다. 그런데 늘 가느다란 줄기 부분부터 먼저 씹어 먹었다. 이를 이상하게 여긴 친구들이, "사탕수수를 먹을 때 왜 거꾸로 먹나?" 하였다.

고개지는, "갈수록 점점 단맛이 나기 때문[漸入佳境]이다" 하고는 태연하였다. 이때부터 '점입가경'이 경치나 문장 또는 어떤 일의 상황이 갈수록 재미있게 전개되는 것을 뜻하게 되었다고 한다. 줄여서 자경(蔗境) 또는 가경(佳境)이라고도 한다.

고개지는 그림뿐만 아니라 문학과 서예에도 능하여 많은 작품을 남겼다. 사람들은 그를 삼절(三絶: 畵絶, 才絶, 痴絶)이라 하였는데, 이는 당시의 풍속과 맞지 않는 특이한 말과 행동 때문으로 보인다. 예를 들면, 난징[南京] 와관사(瓦棺寺) 창건 때의 일이다. 난징에 있던 일단의 승려들이 와관사를 짓기 위해 헌금을 걷었다. 그러나 사람들이 궁핍하여 뜻대로 모이지 않았다.

어느 날, 한 젊은이가 와서, "백만 전을 내겠소. 절이 완공되거든 알려 주시오"라고 하였다. 절이 완공되자 그 젊은이는 불당(佛堂) 벽에 유마힐(維摩詰)을 그렸다. 얼마나 정교한지 마치 살아 있는 것 같았다. 소문이 삽시간에 번져, 이를 구경하러 온 사람들의 보시가 백만 전을 넘었다고 한다. 이 젊은이가 바로 고개지였다.

출전 : 《진서(晉書)-고개지전(顧愷之傳)》

한 자 배 우 기

自	스스로 자	自 총 6획	自 自 自 自 自 自
繩	줄 승	糸 총 19획	繩 繩 繩 繩 繩 繩 繩 繩 繩 繩 繩 繩
縛	얽을 박	糸 총 16획	縛 縛 縛 縛 縛 縛 縛 縛 縛 縛 縛 縛
輾	돌 전	車 총 17획	輾 輾 輾 輾 輾 輾 輾 輾 輾 輾 輾 輾
轉	구를 전	車 총 18획	轉 轉 轉 轉 轉 轉 轉 轉 轉 轉 轉 轉
反	돌이킬 반	又 총 4획	反 反 反 反
側	곁 측	人 총 11획	側 側 側 側 側 側 側 側 側 側 側
漸	차차 점	氵 총 14획	漸 漸 漸 漸 漸 漸 漸 漸 漸 漸 漸 漸 漸 漸
入	들 입	入 총 2획	入 入
佳	아름다울 가	人 총 8획	佳 佳 佳 佳 佳 佳 佳 佳
境	지경 경	土 총 14획	境 境 境 境 境 境 境 境 境 境 境 境 境 境
座	자리 좌	广 총 10획	座 座 座 座 座 座 座 座 座 座
右	오른 우	口 총 5획	右 右 右 右 右
銘	새길 명	金 총 14획	銘 銘 銘 銘 銘 銘 銘 銘 銘 銘 銘 銘 銘 銘

自	繩	自	縛
자기 자	줄 승	자기 자	얽을 박

자승자박 자기가 꼰 새끼로 자기를 묶는다는 뜻으로, 스스로의 언행 때문에 자신이 얽매이게 된다는 말.

自	繩	自	縛

輾	轉	反	側
돌 전	구를 전	돌이킬 반	곁 측

전전반측 누워서 몸을 이리저리 뒤척이며 잠을 이루지 못한다는 뜻.

輾	轉	反	側

漸	入	佳	境
차차 점	빠져들 입	아름다울 가	지경 경

점입가경 갈수록 멋진 경치가 나온다는 뜻으로, 일이 진척될수록 상황이 점점 재미있어진다는 말.

漸	入	佳	境

座	右	銘	
자리 좌	오른 우	새길 명	

좌우명 늘 자리 옆에 갖추어 두고 생활의 지침으로 삼는 말이나 문구를 말함.

座	右	銘	

青天霹靂 청천벽력

맑게 개인 하늘에서 벼락 친다. 뜻밖의 재난이나 변고 같은 거에 비유함.

[故事]

남송의 시인 육유는 자신의 뛰어난 필치(筆致)를 가리켜, "푸른 하늘에 벽력을 날린 듯하다."고 했다. 그 시를 보면

"방옹(放翁)이 병든 채 가을을 지나려다가

홀연히 일어나 취한 듯이 붓을 놀린다.

정말로 오랫동안 웅크렸던 용처럼

푸른 하늘에서 벽력이 휘몰아치듯 한다[青天飛霹靂].

비록 이 글이 괴이하게 기이한 듯하나

가엾게 여겨준다면 볼만도 하리라.

하루아침에 이 늙은이가 죽기라도 하면

천금으로 구해도 얻지 못한다."

여기서 방옹은 육유가 만년에 즐겨 쓰던 호이며, 이 시의 제목을 참조할 때 닭도 안 우는 늦가을의 어느 새벽에 명상을 박차고 일어나 앉은 시인이 흥이 나는 대로 붓을 놀려 썼던 모양이다. 이 시에서의 청천벽력은 붓놀림의 웅혼(雄渾)함을 비유하기도 했지만, 병자의 돌연한 행동도 암시하는 듯도 하다.

출전 : 《육유(陸游)-계미명기작(鷄未鳴起作)》

한자배우기

珍	보배 진	玉 총9획
羞	음식 수	羊 총11획
盛	성할 성	皿 총11획
饌	반찬 찬	食 총21획
進	나아갈 진	辶 총12획
退	물러날 퇴	辶 총10획
雨	두 양	入 총8획
難	어려울 난	隹 총19획
滄	큰바다 창	氵 총13획
海	바다 해	氵 총10획
一	한 일	一 총1획
粟	조 속	米 총12획
青	푸를 청	青 총8획
天	하늘 천	大 총4획
霹	벼락 벽	雨 총21획
靂	벼락 력	雨 총24획

珍	羞	盛	饌
보배 진	음식 수	성할 성	반찬 찬

진수성찬 진귀한 음식과 성대한 반찬이라는 뜻으로, 썩 좋은 맛과 맛 좋은 음식이나 보기 드물게 잘 차려진 좋은 음식을 가리키는 말.

珍	羞	盛	饌

進	退	兩	難
나아가다 진	물러날 퇴	두 양	어려울 난

진퇴양난 나아가기도 어렵고 물러서기도 어렵다는 뜻으로, 궁지에 몰려 매우 난처한 처지에 놓여 있음을 일컫는 말.

進	退	兩	難

滄	海	一	粟
큰바다 창	바다 해	한 일	조 속

창해일속 큰 바다에 있는 좁쌀 한 톨이라는 뜻으로, 아주 미약한 존재라는 말.

滄	海	一	粟

靑	天	霹	靂
푸를 청	하늘 천	벼락 벽	벼락 력

청천벽력 맑게 갠 하늘의 날벼락이란 뜻으로 뜻밖에 일어난 큰 변동, 전혀 예상치 못한 재난이나 변고를 일컫는 말.

靑	天	霹	靂

暴虎馮河 포호빙하

맨손으로 범에게 덤비고 걸어서 황하를 건넌다는 뜻으로,
무모한 행동이나 죽음을 두려워하지 않는 무모한 용기를 말함.

[故事] 공자의 3,000여 제자 중 특히 안회(顔回)는 학재(學才)가 뛰어나고 덕행이 높아 공자가 가장 아끼던 제자라고 한다. 그는 가난하고 불우했지만 이를 전혀 괴로워하지 않았으며, 또한 32세의 젊은 나이로 죽을 때까지 노하거나 실수한 적이 한 번도 없었다고 한다.

어느 날 이 안회에게 공자는 이렇게 말했다.

"왕후(王侯)에게 등용되어 포부를 펴고 받아들여지지 않는다면 이를 가슴 깊이 간직해 두기는 여간 어려운 일이 아니지. 하지만 그렇게 할 수 있는 이는 나와 너 두 사람 정도일 것이다."

이 때 곁에서 듣고 있던 자로(子路)가 은근히 샘이 나서 공자에게 이렇게 물었다.

"선생님, 도를 행하는 것은 그렇다 치고 만약 대군을 이끌고 전쟁에 임할 때 선생님은 누구와 함께 가시겠습니까?"

무용(武勇)에 관한 한 자신 있는 자로는 '그야 물론 너지'라는 말이 떨어지기를 기대했으나, 공자는 굳은 얼굴로 이렇게 대답했다.

"맨손으로 범에게 덤비거나 황하를 걸어서 건너는 것[暴虎馮河]과 같은 헛된 죽음을 후회하지 않을 사람과는 나는 행동을 같이하지 않을 것이다."

출전 : 《의례(儀禮)》
유의어 : 삼불거(三不去)

한 자 배 우 기

忠	충성 충	心 총8획	忠忠忠忠忠忠忠忠
言	말씀 언	言 총7획	言言言言言言言
逆	거스를 역	辶 총10획	逆逆逆逆逆逆逆逆逆逆
耳	귀 이	耳 총6획	耳耳耳耳耳耳
七	일곱 칠	一 총2획	七七
去	갈 거	厶 총5획	去去去去去
之	갈 지	丿 총4획	之之之之
惡	악할 악	心 총12획	惡惡惡惡惡惡惡惡惡惡惡惡
貪	탐낼 탐	貝 총11획	貪貪貪貪貪貪貪貪貪貪貪
官	벼슬 관	宀 총8획	官官官官官官官官
汚	더러울 오	氵 총6획	汚汚汚汚汚汚
吏	관리 리	口 총6획	吏吏吏吏吏吏
暴	사나울 포	日 총15획	暴暴暴暴暴暴暴暴暴暴暴暴暴暴暴
虎	범 호	虍 총8획	虎虎虎虎虎虎虎虎
馮	탈 빙	馬 총12획	馮馮馮馮馮馮馮馮馮馮馮馮
河	황하 하	氵 총8획	河河河河河河河河

忠	言	逆	耳
충성 충	말씀 언	거스를 역	귀 이

충언역이 충직한 말은 귀에 거슬린다는 뜻으로, 바르게 충고하는 말일수록 듣기 싫어함.

忠	言	逆	耳

七	去	之	惡
일곱 칠	갈 거	갈 지	악할 악

칠거지악 예전에, 아내를 내쫓을 수 있는 이유가 되었던 일곱 가지 허물. 시부모에게 불손함, 자식이 없음, 행실이 음탕함, 투기함, 몹쓸 병을 지님, 말이 지나치게 많음, 도둑질을 함.

七	去	之	惡

貪	官	汚	吏
탐낼 탐	벼슬 관	더러울 오	관리 리

탐관오리 탐관과 오리라는 뜻으로, 탐욕이 많고 행실이 깨끗하지 못한 관리를 일컫는 말.

貪	官	汚	吏

暴	虎	馮	河
성낼 포	범 호	탈 빙	황하 하

포호빙하 맨손으로 호랑이를 잡고 도보로 강을 건넌다는 뜻으로, 용기는 있지만 지모가 없는 사람을 일컫는 말.

暴	虎	馮	河

1 단계 2 단계 3 단계

涸轍鮒魚 학철부어

수레바퀴 자국에 괸 물에 있는 붕어란 뜻으로,
매우 위급한 경우에 처했거나 몹시 고단하고 옹색함을 나타낸 말.

[故事] 춘추전국시대, 무위자연(無爲自然)을 주장했던 장자(莊子)의 이야기이다. 그는 왕후(王侯)에게 속해 안정된 생활을 하기보다는 누구에게도 구속받지 않는 자유로운 생활을 즐겼다. 그러다 보니 가난해서 끼니조차 잇기가 어려웠다. 어느 날 굶다 못해 감하후(監河侯)를 찾아가 약간의 돈을 빌려달라고 했다. 그러자 감하후는 친구의 부탁을 딱 잘라 거절할 수가 없어 이렇게 핑계를 댔다.

"빌려주지. 2, 3일 있으면 식읍(食邑)에서 세금이 올라오는데 그때 삼백금(三百金)쯤 융통해 줄 테니 기다리게."

당장 배가 고파 죽을 지경인데 2, 3일 뒤에 거금(巨金) 삼백 금이 무슨 소용이 있단 말인가. 체면 불고하고 찾아온 자기 자신에게 화가 난 장자는 내뱉듯이 말했다.

"고맙군. 하지만 그땐 아무 소용없네."

그리고 이어 장자 특유의 비아냥거리며 이렇게 부연했다.

"내가 여기 오느라고 걷고 있는데 누가 나를 부르지 않겠나. 그래서 주위를 둘러보니 수레바퀴 자국에 괸 물에 붕어가 한 마리 있더군[涸轍鮒魚]. 왜 불렀느냐고 묻자, 붕어는 '당장 말라죽을 지경이니 물 몇 잔만 떠다가 살려 달라'는 거야. 그래서 나는 귀찮은 나머지 이렇게 말했지. '그래, 나는 2,3일 안으로 남쪽 오(吳)나라와 월(越)나라로 유세를 떠나는데 도중에 서강(西江)의 맑은 물을 잔뜩 길어다 줄 테니 그때까지 기다려라'고. 그랬더니 붕어는 화가 나서 '나는 지금 물 몇 잔만 있으면 살 수 있는데 당신이 기다리라고 하니 이젠 틀렸소. 나중에 건어물전(乾魚物廛)으로 내 시체나 찾으러 오시오'라고 하더니 그만 눈을 감고 말더군. 자, 그럼 실례했네."

＊'涸'은 원래 '학'자인데 이 경우 '확'으로 읽어 '확철부어'라고도 함.

출처 : 《장자(莊子)-외물편(外物篇)》

한자 배우기

風	바람 풍	風 총 9획	風風風風風風風風風
飛	날 비	飛 총 9획	飛飛飛飛飛飛飛飛飛
雹	우박 박	雨 총 13획	雹雹雹雹雹雹雹雹雹雹
散	흩어질 산	攵 총 12획	散散散散散散散散散散
涸	물마를 학	氵 총 11획	涸涸涸涸涸涸涸涸涸
轍	바퀴자국 철	車 총 19획	轍轍轍轍轍轍轍轍轍轍
鮒	붕어 부	魚 총 16획	鮒鮒鮒鮒鮒鮒鮒鮒鮒鮒

魚	물고기 어	魚 총 11획	魚魚魚魚魚魚魚魚魚魚魚
魂	넋 혼	鬼 총 14획	魂魂魂魂魂魂魂魂魂魂魂
魄	넋 백	鬼 총 15획	魄魄魄魄魄魄魄魄魄魄魄
弘	넓을 홍	弓 총 5획	弘弘弘弘弘
益	더할 익	皿 총 10획	益益益益益益益益益益
人	사람 인	人 총 2획	人人
間	사이 간	門 총 12획	間間間間間間間間間間

風	飛	雹	散
바람 풍	날 비	우박 박	흩어질 산

풍비박산 우박이 바람에 날려 흩어진다는 뜻으로, 사방으로 날아 흩어짐을 가리킴.

風	飛	雹	散

涸	轍	鮒	魚
물마를 학	바퀴자국 철	붕어 부	물고기 어

학철부어 수레바퀴 자국에 괸 물에 있는 붕어라는 뜻으로, 위급한 처지에 있거나 고단하고 옹색한 사람을 일컫는 말.

涸	轍	鮒	魚

魂	飛	魄	散
넋 혼	날 비	넋 백	흩어질 산

혼비백산 혼백이 날아 흩어진다는 뜻으로, 몹시 놀라 어찌할 바를 모르다.

魂	飛	魄	散

弘	益	人	間
넓을 홍	더할 익	사람 인	사이 간

홍익인간 널리 인간을 이롭게 한다는 뜻으로, 단군의 건국 이념으로 우리나라 정치와 교육의 기본 정신을 규정한 말.

弘	益	人	間

嚆矢 효시

우는 화살이라는 뜻으로 사물의 발단이나
어떤 일의 시초를 가리키는 말.

[故事] "지금으로부터 2천 년 전에 단군왕검이란
사람이 있어서 도읍을 아사달에 세우고 나라를
처음 만들어 이름을 조선이라 불렀다."
고기(古記)에는 말하기를, 옛날 환인(桓因:하느
님이란 뜻)의 서자 환웅(桓雄)이 자주 천하에
뜻을 두고 인간 세상을 탐내어 찾았다.
아버지가 아들의 뜻을 알고, 아래로 삼위태백
(三危太伯)을 굽어보니 인간을 널리 유익하게 할
수 있었다(昔有桓因庶子桓雄 數意天下 貪求人
世 父知子意 下視三危太伯 可以弘益人間).
그래서 천부인(天符印) 세 개를 주어 그리로 보
내 가서 다스리게 했다.
환웅은 부하 3천 명을 거느리고 태백산 꼭대기
의 신단나무 아래로 내려와 이름하여 신시(神
市)라 했다. 이를 일러 환웅천왕(桓雄天王)이
라 한다고 했다"고 나와 있다.
이 환웅천왕과 곰[熊]과의 결혼에 의해 태어난
아들이 단군(檀君)이다.

출전:위서(魏書)

한 자 배 우 기

換	바꿀 환	扌총12획	換換換換換換換換換換換換
骨	뼈 골	骨총10획	骨骨骨骨骨骨骨骨骨骨
奪	빼앗을 탈	大총14획	奪奪奪奪奪奪奪奪奪奪奪奪奪奪
胎	아이밸 태	月총9획	胎胎胎胎胎胎胎胎胎
嚆	울릴 효	口총17획	嚆嚆嚆嚆嚆嚆嚆嚆
矢	화살 시	矢총5획	矢矢矢矢矢

換	骨	奪	胎
바꿀 환	뼈 골	빼앗을 탈	아이밸 태

환골탈태 뼈를 바꾸고 태를 빼앗는다는 뜻으로, 얼굴이 전보다 변해 아름답게
됨. 또는 남의 시나 문장 따위의 발상이나 표현을 본떠서 자기 작품처럼 꾸미는 말.

換	骨	奪	胎

嚆	矢
울릴 효	화살 시

효시 전쟁터에서 우는 화살을 쏘아 개전(開戰)의 신호로
삼다. 모든 일의 시초.

嚆	矢

3단계 필수 이야기
고사성어
故事成語
쓰기교본

부록

街談巷說　家藏什物　甘言利說

改過遷善　見物生心　孤軍奮鬪

管鮑之交　群鷄一鶴　錦衣還鄕

內憂外患　能小能大　大同小異

馬耳東風　名實相符　知彼知己

白骨難忘　靑山流水　不知其數

粉骨碎身　不俱戴天　因果應報

一 [한 일]	가로의 한 획으로 수(數)의 '하나'의 뜻을 나타냄 (지사자)
丨 [뚫을 곤]	세로의 한 획으로, 상하(上下)로 통하는 뜻을 지님 (지사자)
丶 [점 주(점)]	불타고 있어 움직이지 않는 불꽃을 본뜬 모양 (지사자)
丿 [삐칠 별(삐침)]	오른쪽에서 왼쪽으로 삐쳐 나간 모습을 그린 글자 (상형자)
乙(乚) [새 을]	갈지자형을 본떠, 사물이 원활히 나아가지 않는 상태를 나타냄 (상형자)
亅 [갈고리 궐]	거꾸로 휘어진 갈고리 모양을 본뜬 글자 (상형자)
二 [두 이]	두 개의 가로획으로 수사(數詞)의 '둘'의 뜻을 나타냄 (상형자)
亠 [머리 두(돼지해머리)]	亥에서 亠을 따 왔기 때문에 돼지해밑이라고 함 (상형자)
人(亻) [사람 인(인변)]	사람, 백성 등이 팔을 뻗쳐 서있는 것을 옆에서 본 모양 (상형자)
儿 [어진사람 인]	사람 두 다리를 뻗치고 서있는 모습 (상형자)
入 [들 입]	하나의 줄기가 갈라져 땅속으로 들어가는 모양 (상형자)
八 [여덟 팔]	사물이 둘로 나뉘어 등지고 있는 모습 (지사자)
冂 [멀 경(멀경몸)]	세로의 두 줄에 가로 줄을 그어, 멀리 떨어진 막다른 곳을 뜻함 (상형자)
冖 [덮을 멱(민갓머리)]	집 또는 지붕을 본떠 그린 글자 (상형자)
冫 [얼음 빙(이수변)]	얼음이 언 모양을 그린 글자 (상형자)
几 [안석 궤(책상궤)]	발이 붙어 있는 대의 모양 (상형자)
凵 [입벌릴 감(위터진입구)]	땅이 움푹 들어간 모양 (상형자)
刀(刂) [칼 도]	날이 구부정하게 굽은 칼 모양 (상형자)
力 [힘 력]	팔이 힘을 주었을 때 근육이 불거진 모습 (상형자)
勹 [쌀 포]	사람이 몸을 구부리고 보따리를 싸서 안고 있는 모양 (상형자)
匕 [비수 비]	끝이 뾰족한 숟가락 모양 (상형자)
匚 [상자 방(터진입구)]	네모난 상자의 모양을 본뜸 (상형자)
匸 [감출 혜(터진에운담)]	물건을 넣고 뚜껑을 덮어 가린다는 뜻 (회의자)
十 [열 십]	동서남북이 모두 추어진 모양
卜 [점 복]	점을 치기 위하여 소뼈나 거북의 등딱지를 태워서 갈라진 모양

卩(㔾) [병부 절]	사람이 무릎을 꿇은 모양을 본떠, '무릎 관절'의 뜻을 나타냄 (상형자)
厂 [굴바위 엄(민엄호)]	언덕의 위부분이 튀어나와 그 밑에서 사람이 살 수 있는 곳 (상형자)
厶 [사사로울 사(마늘모)]	자신의 소유품을 묶어 싸놓고 있음을 본뜸 (지사자)
又 [또 우]	오른손의 옆모습을 본뜬 글자 (상형자)
口 [입 구]	사람의 입모양을 나타냄 (상형자)
囗 [에울 위(큰입구)]	둘레를 에워싼 선에서, '에워싸다', '두루다'의 뜻을 나타냄 (지사자)
土 [흙 토]	초목의 새싹이 땅 위로 솟아오르며 자라는 모양을 본뜬 글자 (상형자)
士 [선비 사]	一에서 十까지의 기수(基數)로 선비가 학업에 입문하는 것 (상형자)
夂 [뒤져올 치]	아래를 향한 발의 상형으로, '내려가다'의 뜻을 나타냄 (상형자)
夊 [천천히걸을 쇠]	아래를 향한 발자국의 모양으로, 가파른 언덕을 머뭇거리며 내려가는 뜻을 나타냄 (상형자)
夕 [저녁 석]	달이 반쯤 보이기 시작할 때 즉 황혼 무렵의 저녁을 말함 (상형자)
大 [큰 대]	정면에서 바라 본 사람의 머리, 팔, 머리를 본뜸 (상형자)
女 [계집 녀]	여자가 무릎을 굽히고 얌전히 앉아 있는 모습 (상형자)
子 [아들 자]	사람의 머리와 수족을 본뜸 (상형자)
宀 [집 면(갓머리)]	지붕이 사방으로 둘러싸인 집 (상형자)
寸 [마디 촌]	손가락 하나 굵기의 폭 (지사자)
小 [작을 소]	작은 점의 상형으로 '작다'의 뜻 (상형자)
尢(兀) [절름발이 왕]	한쪽 정강이뼈가 굽은 모양을 본뜸 (상형자)
尸 [주검 시]	사람이 배를 깔고 드러누운 모양 (상형자)
屮(㞢) [싹날 철]	풀의 싹이 튼 모양을 본뜸 (상형자)
山 [메 산]	산모양을 본떠, '산'의 뜻을 나타냄 (상형자)
巛(川) [개미허리(내 천)]	물이 굽이쳐 흐르는 모양 (상형자)
工 [장인 공]	천지 사이에 대목이 먹줄로 줄을 튕기고 있는 모습 (상형자)
己 [몸 기]	사람이 자기 몸을 굽히고 있는 모양을 본뜬 글자 (상형자)
巾 [수건 건]	허리띠에 천을 드리우고 있는 모양 (상형자)
干 [방패 간]	끝이 쌍갈래진 무기의 상형으로, '범하다', '막다'의 뜻을 나타냄 (상형자)
幺 [작을 요]	갓 태어난 아이를 본뜸 (상형자)

广 [집 엄(엄호)]	가옥의 덮개에 상당하는 지붕의 모습을 본뜸 (상형자)
廴 [길게 걸을 인(민책받침)]	길게 뻗은 길을 간다는 뜻 (지사자)
廾 [손맞잡을 공(밑스물입)]	두 손으로 받들 공 왼손과 오른손을 모아 떠받들고 있는 모습 (회의자)
弋 [주살 익]	작은 가지에 지주(支柱)를 바친 모양 (상형자)
弓 [활 궁]	화살을 먹이지 않은 활의 모양을 본뜸 (상형자)
⺕(彐) [돼지머리 계(터진가로왈)]	돼지머리의 모양을 본뜬 모양 (상형자)
彡 [터럭 삼(삐친석삼)]	터럭을 빗질하여 놓은 모양 (상형자)
彳 [조금걸을 척(중인변)]	넓적다리, 정강이, 발의 세 부분을 그려서 처음 걷기 시작함을 나타냄 (상형자)
心(忄·㣺) [마음 심(심방 변)]	사람의 심장의 모양을 본뜬 모양 (상형자)
戈 [창 과]	주살 익(弋)에 一을 덧붙인 날이 옆에 있는 주살 (상형자)
戶 [지게 호]	지게문의 상형으로, '문', '가옥'의 뜻을 지님 (상형자)
手(扌) [손 수(재방변)]	다섯 손가락을 펼치고 있는 손의 모양 (상형자)
支 [지탱할 지]	대나무의 한 쪽 가지를 나누어 손으로 쥐고 있는 모양 (상형자)
攴(攵) [칠 복(등글월문)]	손으로 북소리가 나게 두드린다는 뜻 (상형자)
文 [글월 문]	사람의 가슴을 열어, 거기에 먹으로 표시한 모양 (상형자)
斗 [말 두]	자루가 달린 용량을 계측하는 말을 본뜸 (상형자)
斤 [도끼 근(날근)]	날이 선, 자루가 달린 도끼로 그 밑에 놓인 물건을 자르려는 모양 (상형자)
方 [모 방]	두 척의 조각배를 나란히 하여 놓고 그 이름을 붙여 놓은 모양 (상형자)
无(旡) [없을 무(이미기방)]	사람의 머리 위에 一의 부호를 더하여 머리를 보이지 않게 한 것 (지사자)
日 [날 일]	태양의 모양을 본뜸 (상형자)
曰 [가로 왈]	입과 날숨을 본뜸 (상형자)
月 [달 월]	달의 모양을 본뜸 (상형자)
木 [나무 목]	나무의 줄기와 가지와 뿌리가 있는 서 있는 나무를 본뜸 (상형자)
欠 [하품 흠]	사람의 립에서 입김이 나오는 모양 (상형자)
止 [그칠 지]	초목에서 싹이 돋아날 무렵의 뿌리 부분의 모양 (상형자)
歹(歺) [뼈앙상할 알(죽을 사변)]	살이 깎여 없어진 사람의 백골 시체의 모양 (상형자)
殳 [칠 수(갖은등글월문)]	오른손에 들고 있는 긴 막대기의 무기 모양 (상형자)
毋 [말 무]	毋말무 여자를 함부로 범하지 못하도록 막아 지킨다는 뜻 (상형자)

比 [견줄 비]	人을 반대 방향으로 나란히 세워 놓은 모양 (상형자)
毛 [터럭 모]	사람이나 짐승의 머리털을 본뜸 (상형자)
氏 [각시 씨]	산기슭에 튀어나와 있는 허물어져가는 언덕의 모양 (상형자)
气 [기운 기]	구름이 피어오르는 모양. 또는 김이 곡선을 그으면서 솟아오르는 모양 (상형자)
水(氵) [물 수(삼수변)]	물이 끊임없이 흐르는 모양 (상형자)
火(灬) [불 화]	불이 활활 타오르는 모양 (상형자)
爪(爫) [손톱 조]	손으로 아래쪽의 물건을 집으려는 모양 (상형자)
父 [아비 부]	손으로 채찍을 들고 가족을 거느리며 가르친다는 뜻 (상형자)
爻 [점괘 효]	육효(六爻)의 머리가 엇갈린 모양을 본뜸 (상형자)
爿 [조각널 장(장수장변)]	나무의 한 가운데를 세로로 자른 그 왼쪽 반의 모양 (상형자)
片 [조각 편]	나무의 한 가운데를 세로로 자른 그 오른 쪽 반의 모양 (상형ㆍ지사자)
牙 [어금니 아]	입을 다물었을 때 아래 위의 어금니가 맞닿은 모양 (상형자)
牛(牜) [소 우]	머리와 두 뿔이 솟고, 꼬리를 늘어뜨리고 있는 소의 모양 (상형자)
犬(犭) [개 견]	개가 옆으로 보고 있는 모양 (상형자)
老(耂) [늙을 로]	늙어서 머리털이 변한 모양 (상형자)
玉(王) [구슬 옥]	가로 획은 세 개의 옥돌, 세로 획은 옥 줄을 꿴 끈을 뜻함 (상형자)
艸(艹) [풀 초(초두)]	초목이 처음 돋아나오는 모양 (상형자)
辵(辶) [쉬엄쉬엄갈 착 (책받침)]	가다가는 쉬고 쉬다가는 간다는 뜻 (회의자)
玄 [검을 현]	'亠'과 '幺'이 합하여 그윽하고 멀다는 의미를 지님 (상형자)
瓜 [오이 과]	'八'는 오이의 덩굴을 , '厶'는 오이의 열매를 본뜸 (상형자)
瓦 [기와 와]	진흙으로 구운 질그릇의 모양 (상형자)
甘 [달 감]	'ㅁ'와 'ㅡ'을 합한 것으로 입 안에 맛있는 것이 들어있음을 뜻함 (지사자)
生 [날 생]	초목이 나고 차츰 자라서 땅 위에 나온 모양 (상형자)
田 [밭 전]	'ㅁ'은 사방의 경계선을 '十'은 동서남북으로 통하는 길을 본뜸 (상형자)
疋 [필 필]	무릎 아래의 다리 모양 (상형자)
疒 [병들 녁(병질엄)]	사람이 병들어 침대에 기댄 모양 (회의자)
癶 [걸을 발(필발머리)]	두 다리를 뻗친 모양 (상형자)
白 [흰 백]	저녁의 어스레한 물색을 희다고 본데서 '희다'의 뜻을 나타냄 (상형자)

皮 [가죽 피]	손으로 가죽을 벗기는 모습 (상형자)
皿 [그릇 명]	그릇의 모양 (상형자)
目(罒) [눈 목]	사람의 눈의 모양 (상형자)
矛 [창 모]	병거(兵車)에 세우는 장식이 달리고 자루가 긴 창의 모양 (상형자)
矢 [화살 시]	화살의 모양 (상형자)
石 [돌 석]	언덕 아래 굴러있는 돌멩이 모양 (상형자)
示(礻) [보일 시]	인간에게 길흉을 보여 알림을 뜻함 (상형자)
禸 [짐승발자국 유]	짐승의 뒷발이 땅을 밟고 있는 모양 (상형자)
禾 [벼 화]	줄기와 이삭이 드리워진 모양 (상형자)
穴 [구멍 혈]	움을 파서 그 속에서 살 혈거주택을 본 뜬 모양 (상형자)
立 [설 립]	사람이 땅 위에 서 있는 모양 (상형자)
衣(衤) [옷 의]	사람의 윗도리를 가리는 옷이라는 뜻 (상형자)
竹 [대 죽]	대나무의 줄기와 대나무의 잎이 아래로 드리워진 모양 (상형자)
米 [쌀 미]	네 개의 점은 낟알을 뜻하고 十은 낟알이 따로따로 있음을 뜻함 (상형자)
糸 [실 사]	실타래를 본뜬 모양 (상형자)
缶 [장군 부]	장군을 본뜬 모양 (상형자)
网(罓·罒) [그물 망]	그물을 본뜬 모양 (상형자)
羊 [양 양]	양의 뿔과 네 다리를 나타낸 모양 (상형자)
羽 [깃 우]	새의 날개를 본뜬 모양 (상형자)
而 [말이을 이]	코 밑 수염을 본뜬 모양 (상형자)
耒 [쟁기 뢰]	우거진 풀을 나무로 만든 연장으로 갈아 넘긴다는 뜻으로 쟁기를 의미함 (상형자)
耳 [귀 이]	귀를 본뜬 모양 (상형자)
聿 [붓 율]	대쪽에 재빠르게 쓰는 물건 곧 붓을 뜻함 (상형자)
肉(月) [고기 육(육달월변)]	잘라낸 고기 덩어리를 본뜬 모양 (상형자)
臣 [신하 신]	임금 앞에 굴복하고 있는 모양 (상형자)
自 [스스로 자]	코를 본뜬 모양 (상형자)
至 [이를 지]	새가 날아 내려 땅에 닿음을 나타냄 (지사자)
臼 [절구 구(확구)]	확을 본뜬 모양 (상형자)

舌 [혀 설]	口와 干을 합하여 혀를 나타냄 (상형자)
舛(牛) [어그러질 천]	사람과 사람이 서로 등지고 반대 된다는 뜻 (상형·회의자)
舟 [배 주]	배의 모양을 본뜬 모양 (상형자)
艮 [그칠 간]	눈이 나란하여 서로 물러섬이 없다는 뜻 (회의자)
色 [빛 색]	사람의 심정이 얼굴빛에 나타난 모양 (회의자)
虍 [범의문채 호(범호)]	호피의 무늬를 본뜬 모양 (상형자)
虫 [벌레 충(훼)]	살무사가 몸을 도사리고 있는 모양 (상형자)
血 [피 혈]	제기에 담아서 신에게 바치는 희생의 피를 나타냄 (상형자)
行 [다닐 행]	좌우의 발을 차례로 옮겨 걸어감을 의미함 (상형자)
襾 [덮을 아]	그릇의 뚜껑을 본뜬 모양 (지사자)
見 [볼 견]	사람이 눈으로 보는 것을 뜻함 (회의자)
角 [뿔 각]	짐승의 뿔을 본뜬 모양 (상형자)
言 [말씀 언]	불신(不信)이 있을 대는 죄를 받을 것을 맹세한다는 뜻
谷 [골 곡]	샘물이 솟아 산 사이를 지나 바다에 흘러들어 가기까지의 사이를 뜻함 (회의자)
豆 [콩 두]	굽이 높은 제기를 본뜬 모양 (상형자)
豕 [돼지 시]	돼지가 꼬리를 흔드는 모양 (상형자)
豸 [발없는벌레 치(갖은돼지시변)]	짐승이 먹이를 노려 몸을 낮추어 이제 곧 덮치려 하고 있는 모양 (상형자)
貝 [조개 패]	조개를 본뜬 모양 (상형자)
赤 [붉을 적]	불타 밝은데서 밝게 드러낸다는 뜻 (회의자)
走 [달아날 주]	사람이 다리를 굽혔다 폈다 하면서 달리는 모양 (회의자)
足 [발 족]	무릎부터 다리까지를 본뜬 모양 (상형자)
身 [몸 신]	아이가 뱃속에서 움직이는 모양 (상형자)
車 [수레 거]	외바퀴차를 본뜬 모양 (상형자)
辛 [매울 신]	문신을 하기 위한 바늘을 본뜬 모양 (상형자)
辰 [별 진]	조개가 조가비를 벌리고 살을 내놓은 모양 (상형자)
邑(阝) [고을 읍(우부방)]	사람이 모여 사는 마을을 뜻함 (회의자)
酉 [닭 유]	술두루미를 본뜬 모양 (상형자)
釆 [분별할 변]	짐승의 발톱이 갈라져 있는 모양 (상형자)

里 [마을 리]	밭도 있고 흙도 있어서 사람이 살만한 곳을 뜻함 (회의자)
金 [쇠 금]	땅 속에 묻혔으면서 빛을 가진 광석에서 가장 귀한 것을 뜻함 (상형·형성자)
長(镸) [길 장]	사람의 긴 머리를 본뜬 모양 (상형자)
門 [문 문]	두 개의 문짝을 달아놓은 모양 (상형자)
阜(阝) [언덕 부(좌부방)]	층이 진 흙산을 본뜬 모양 (상형자)
隶 [미칠 이]	손으로 꼬리를 붙잡기 위해 뒤에서 미친다는 뜻 (회의자)
隹 [새 추]	꽁지가 짧은 새를 본뜬 모양 (상형자)
雨 [비 우]	하늘의 구름에서 물방울이 뚝뚝 떨어지는 모양 (상형자)
靑 [푸를 청]	싹도 우물물도 맑은 푸른빛을 뜻함 (형성자)
非 [아닐 비]	새가 날아 내릴 때 날개를 좌우로 날아 드리운 모양 (상형자)
面 [낯 면]	사람의 머리에 얼굴의 윤곽을 본뜬 모양 (지사자)
革 [가죽 혁]	두 손으로 짐승의 털을 뽑는 모양 (상형자)
韋 [다룸가죽 위]	어떤 장소에서 다른 방향으로 발걸음을 내디디는 모양 (회의자)
韭 [부추 구]	땅 위에 무리지어 나있는 부추의 모양 (상형자)
音 [소리 음]	말이 입 밖에 나올 때 성대를 울려 가락이 있는 소리를 내는 모양 (지사자)
頁 [머리 혈]	사람의 머리를 강조한 모양 (상형자)
風 [바람 풍]	공기가 널리 퍼져 움직임을 따라 동물이 깨어나 움직인다는 뜻 (상형·형성자)
飛 [날 비]	새가 하늘을 날 때 양쪽 날개를 쭉 펴고 있는 모양 (상형자)
食 [밥 식(변)]	식기에 음식을 담고 뚜껑을 덮은 모양 (상형자)
首 [머리 수]	머리털이 나있는 머리를 본뜬 모양 (상형자)
香 [향기 향]	기장을 잘 익혔을 때 나는 냄새를 뜻함 (회의자)
馬 [말 마]	말을 본뜬 모양 (상형자)
骨 [뼈 골]	고기에서 살을 발라내고 남은 뼈를 뜻함 (회의자)
高 [높을 고]	출입문 보다 누대는 엄청 높다는 뜻 (상형자)
髟 [머리털늘어질 표(터럭발)]	긴 머리털을 뜻함 (회의자)
鬥 [싸울 투]	두 사람이 손에 병장기를 들고 서로 대항하는 모양 (상형자)
鬯 [술 창]	곡식의 낱알이 그릇에 담겨 괴어 액체가 된 것을 숟가락으로 뜬다는 뜻 (회의자)
鬲 [솥 력]	솥과 비슷한 다리 굽은 솥의 모양 (상형자)

鬼 [귀신 귀]	사람을 해치는 망령 곧 귀신을 뜻함 (상형자)
魚 [물고기 어]	물고기를 본뜬 모양 (상형자)
鳥 [새 조]	새를 본뜬 모양 (상형자)
鹵 [소금밭 로]	서쪽의 소금밭을 가리킴 (상형자)
鹿 [사슴 록]	사슴의 머리, 뿔, 네 발을 본뜬 모양 (상형자)
麥 [보리 맥]	겨울에 뿌리가 땅속에 깊이 박힌 모양 (회의자)
麻 [삼 마]	삼의 껍질을 가늘게 삼은 것을 뜻함 (회의자)
黃 [누를 황]	밭의 색은 황토색이기 때문에 '노랗다'는 것을 뜻함 (상형자)
黍 [기장 서]	술의 재료로 알맞은 기장을 뜻함 (상형 · 회의자)
黑 [검을 흑]	불이 활활 타올라 나가는 창인 검은 굴뚝을 뜻함 (상형자)
黹 [바느질할 치]	바늘에 꿴 실로서 수를 놓는 옷감을 그린 모양 (상형자)
黽 [맹꽁이 맹]	맹꽁이를 본뜬 모양 (상형자)
鼎 [솥 정]	발이 세 개, 귀가 두개인 솥의 모양 (상형자)
鼓 [북 고]	장식이 달린 아기를 오른손으로 친다는 뜻 (회의자)
鼠 [쥐 서]	쥐의 이와 배, 발톱과 꼬리의 모양 (상형자)
鼻 [코 비]	공기를 통하는 '코'를 뜻함 (회의 · 형성자)
齊 [가지런할 제]	곡식의 이삭이 피어 끝이 가지런한 모양 (상형자)
齒 [이 치]	이가 나란히 서 있는 모양
龍 [용 룡]	끝이 뾰족한 뿔과 입을 벌린 기다란 몸뚱이를 가진 용의 모양 (상형자)
龜 [거북 귀(구)]	거북이를 본뜬 모양 (상형자)
龠 [피리 약]	부는 구멍이 있는 관(管)을 나란히 엮은 모양 (상형자)

두음법칙(頭音法則) 한자

한자음에서 첫머리나 음절의 첫소리에서 발음되는 것을 피하기 위해 다른 소리로 바꾸어 발음하는 것으로 즉, 'ㅣ, ㅑ, ㅕ, ㅛ, ㅠ' 앞에서 'ㄹ과 ㄴ'이 'ㅇ'이 되고, 'ㅏ, ㅓ, ㅗ, ㅜ, ㅡ, ㅐ, ㅔ, ㅚ' 앞의 'ㄹ'은 'ㄴ'으로 변하는 것을 말한다.

ㄴ→ㅇ로 발음

尿(뇨)	뇨-糖尿病(당뇨병) 요-尿素肥料(요소비료)	尼(니)	니-比丘尼(비구니) 이-尼僧(이승)	泥(니)	니-雲泥(운니) 이-泥土(이토)
溺(닉)	닉-眈溺(탐닉) 익-溺死(익사)	女(녀)	여-女子(여자) 녀-小女(소녀)	匿(닉)	닉-隱匿(은닉) 익-匿名(익명)
紐(뉴)	뉴-結紐(결뉴) 유-紐帶(유대)	念(념)	념-理念(이념) 염-念佛(염불)	年(년)	년-數十年(수십년) 연-年代(연대)

ㄹ→ㄴ,ㅇ로 발음

洛(락)	락-京洛(경락) 낙-洛東江(낙동강)	蘭(란)	란-香蘭(향란) 난-蘭草(난초)	欄(란)	란-空欄(공란) 난-欄干(난간)
藍(람)	람-甘藍(감람) 남-藍色(남색)	濫(람)	람-氾濫(범람) 남-濫發(남발)	拉(랍)	랍-被拉(피랍) 납-拉致(납치)
浪(랑)	랑-放浪(방랑) 낭-浪說(낭설)	廊(랑)	랑-舍廊(사랑) 낭-廊下(낭하)	涼(량)	량-淸涼里(청량리) 양-涼秋(양추)
諒(량)	량-海諒(해량) 양-諒解(양해)	慮(려)	려-憂慮(우려) 여-慮外(여외)	勵(려)	려-獎勵(장려) 여-勵行(여행)
曆(력)	력-陽曆(양력) 역-曆書(역서)	蓮(련)	련-水蓮(수련) 연-蓮根(연근)	戀(련)	련-悲戀(비련) 연-戀情(연정)
劣(렬)	렬-拙劣(졸렬) 열-劣等(열등)	廉(렴)	렴-淸廉(청렴) 염-廉恥(염치)	嶺(령)	령-大關嶺(대관령) 영-嶺東(영동)

降	내릴	강	降雨(강우)	更	다시	갱	갱생(更生)
	항복할	항	降伏(항복)		고칠	경	경장(更張)
車	수레	거	車馬(거마)	乾	하늘, 마를	건	乾燥(건조)
	수레	차	車票(차표)		마를	간	乾物(간물)
見	볼	견	見聞(견문)	串	버릇	관	串童(관동)
	나타날, 뵐	현	謁見(알현)		땅이름	곶	甲串(갑곶)
告	알릴	고	告示(고시)	奈	나락	나	奈落(나락)
	뵙고청할	곡	告寧(곡녕)		어찌	내	奈何(내하)
帑	처자	노	妻帑(처노)	茶	차	다	茶菓(다과)
	나라곳집	탕	帑庫(탕고)		차	차	茶禮(차례)
宅	댁	댁	宅內(댁내)	度	법도	도	度數(도수)
	집	택	宅地(택지)		헤아릴	탁	忖度(촌탁)
讀	읽을	독	讀書(독서)	洞	마을	동	洞里(동리)
	구절	두	吏讀(이두)		통할	통	洞察(통찰)
屯	모일	둔	屯田(둔전)	反	돌이킬	반	反亂(반란)
	어려울	준	屯困(준곤)		뒤집을	번	反田(번전)
魄	넋	백	魂魄(혼백)	便	똥오줌	변	便所(변소)
	넋잃을	탁/박	落魄(낙탁)		편할	편	便利(편리)
復	회복할	복	復歸(복귀)	父	아비	부	父母(부모)
	다시	부	復活(부활)		남자미칭	보	尙父(상보)
否	아닐	부	否決(부결)	北	북녘	북	北進(북진)
	막힐	비	否塞(비색)		달아날	패	敗北(패배)
分	나눌	분	分裂(분열)	不	아니	불	不能(불능)
	단위	푼	分錢(푼전)		아닐	부	不在(부재)
沸	끓을	비	沸騰(비등)	寺	절	사	寺刹(사찰)
	물용솟음칠	불	沸水(불수)		내시, 관청	시	寺人(시인)
殺	죽일	살	殺生(살생)	狀	모양	상	狀況(상황)
	감할	쇄	殺到(쇄도)		문서	장	狀啓(장계)

索	찾을	색	索引(색인)	塞	막을	색	塞源(색원)	
	쓸쓸할	삭	索莫(삭막)		변방	새	要塞(요새)	
說	말씀	설	說得(설득)	省	살필	성	省墓(성묘)	
	달랠	세	說客(세객)		덜	생	省略(생략)	
	기뻐할	열	說喜(열희)					
率	거느릴	솔	率先(솔선)	衰	쇠할	쇠	衰退(쇠퇴)	
	비율	률/율	率身(율신)		상복	최	衰服(최복)	
數	셀	수	數學(수학)	宿	잘	숙	宿泊(숙박)	
	자주	삭	數窮(삭궁)		별	수	宿曜(수요)	
	촘촘할	촉	數罟(촉고)					
拾	주울	습	拾得(습득)	瑟	악기이름	슬	瑟居(슬거)	
	열	십	拾萬(십만)		악기이름	실	琴瑟(금실)	
食	밥	식	食堂(식당)	識	알	식	識見(식견)	
	먹일	사	簞食(단사)		기록할	지	標識(표지)	
什	열사람	십	什長(십장)	十	열	십	十干(십간)	
	세간	집	什器(집기)			시	十月(시월)	
惡	악할	악	惡漢(악한)	樂	풍류	악	樂聖(악성)	
	미워할	오	惡寒(오한)		즐길	낙/락	樂園(낙원)	
					좋아할	요		
若	만약	약	若干(약간)	於	어조사	어	於是乎(어시호)	
	반야	야	般若(반야)		탄식할	오	於兎(오토)	
厭	싫어할	염	厭世(염세)	葉	잎	엽	葉書(엽서)	
	누를	엽	厭然(엽연)		성씨	섭	葉氏(섭씨)	
六	여섯	육/륙	六年(육년)	易	쉬울	이	易慢(이만)	
	여섯	유/뉴	六月(유월)		바꿀, 주역	역	易學(역학)	
咽	목구멍	인	咽喉(인후)	刺	찌를	자	刺戟(자극)	
	목멜	열	嗚咽(오열)		수라	라	水刺(수라)	
					찌를	척	刺殺(척살)	
炙	구울	자	炙背(자배)	著	지을	저	著述(저술)	
	고기구이	적	炙鐵(적철)		붙을	착	著近(착근)	
抵	막을	저	抵抗(저항)	切	끊을	절	切迫(절박)	
	칠	지	抵掌(지장)		모두	체	一切(일체)	

提	끌 보리수 떼지어날	제 리 시	提携(제휴) 菩提樹(보리수) 提提(시시)	辰	지지 일월성	진 신	辰時(진시) 生辰(생신)
斟	술따를 짐작할	짐 침	斟酌(짐작) 斟量(침량)	徵	부를 음률이름	징 치	徵兵(징병)
差	어긋날 충질	차 치	差別(차별) 參差(참치)	帖	문서 체지	첩 체	帖着(첩착) 帖文(체문)
諦	살필 울	체 제	諦念(체념) 眞諦(진제)	丑	소 추	축 	丑時(축시) 公孫丑(공손추)
則	법 곧	칙 즉	則效(칙효) 然則(연즉)	沈	가라앉을 성씨	침 심	沈沒(침몰) 沈氏(심씨)
拓	박을 넓힐	탁 척	拓本(탁본) 拓殖(척식)	罷	그만둘 고달플	파 피	罷業(파업) 罷勞(피로)
編	엮을 땋을	편 변	編輯(편집) 編髮(변발)	布	베 베풀	포 보	布木(포목) 布施(보시)
暴	사나울 사나울	폭 포	暴動(폭동) 暴惡(포악)	曝	볕쬘 볕쬘	폭 포	曝衣(폭의) 曝白(포백)
皮	가죽 가죽	피 비	皮革(피혁) 鹿皮(녹비)	行	다닐 항렬·줄	행 항	行樂(행락) 行列(항렬)
陝	좁을 땅이름	협 합	陝隘(협애) 陝川(합천)	滑	미끄러울 어지러울	활 골	滑降(활강) 滑稽(골계)

약자(略字)·속자(俗字)

假=仮 (거짓 가)
價=価 (값 가)
覺=覚 (깨달을 각)
擧=挙 (들 거)
據=拠 (의지할 거)
輕=軽 (가벼울 경)
經=経 (경서 경)
徑=径 (지름길 경)
鷄=鶏 (닭 계)
繼=継 (이를 계)
館=舘 (집 관)
關=関 (빗장 관)
廣=広 (넓을 광)
敎=教 (가르칠 교)
區=区 (구역 구)
舊=旧 (예 구)
驅=駆 (몰 구)
國=国 (나라 국)
權=権 (권세 권)
勸=勧 (권할 권)
龜=亀 (거북 귀)
氣=気 (기운 기)
旣=既 (이미 기)
內=内 (안 내)
單=単 (홑 단)
團=団 (둥글 단)
斷=断 (끊을 단)
擔=担 (멜 담)
當=当 (당할 당)
黨=党 (무리 당)
對=対 (대할 대)
德=徳 (큰 덕)
圖=図 (그림 도)
讀=読 (읽을 독)
獨=独 (홀로 독)
樂=楽 (즐길 락)
亂=乱 (어지러울 란)
覽=覧 (볼 람)
來=来 (올 래)
兩=両 (두 량)
涼=涼 (서늘할 량)
勵=励 (힘쓸 려)
歷=歴 (지날 력)
練=練 (익힐 련)
戀=恋 (사모할 련)

靈=灵 (신령 령)
禮=礼 (예도 례)
勞=労 (수고로울 로)
爐=炉 (화로 로)
綠=緑 (푸를 록)
賴=頼 (의지할 뢰)
龍=竜 (용 룡)
樓=楼 (다락 루)
稟=禀 (삼갈·사뢸 품)
萬=万 (일만 만)
滿=満 (찰 만)
蠻=蛮 (오랑캐 만)
賣=売 (팔 매)
麥=麦 (보리 맥)
半=半 (반 반)
發=発 (필 발)
拜=拝 (절 배)
變=変 (변할 변)
辯=弁 (말잘할 변)
邊=辺 (가 변)
竝=並 (아우를 병)
寶=宝 (보배 보)
拂=払 (떨칠 불)
佛=仏 (부처 불)
冰=氷 (어름 빙)
絲=糸 (실 사)
寫=写 (베낄 사)
辭=辞 (말씀 사)
雙=双 (짝 쌍)
敍=叙 (펼 서)
潟=潟 (개펄 석)
釋=釈 (풀 석)
聲=声 (소리 성)
續=続 (이을 속)
屬=属 (붙을 속)
收=収 (거둘 수)
數=数 (수 수)
輸=輸 (보낼 수)
肅=粛 (삼갈 숙)
濕=湿 (젖을 습)
乘=乗 (탈 승)
實=実 (열매 실)
兒=児 (아이 아)
亞=亜 (버금 아)
惡=悪 (악할 악)

嚴=岩 (바위 암)
壓=圧 (누를 압)
藥=薬 (약 약)
讓=譲 (사양할 양)
嚴=厳 (엄할 엄)
餘=余 (남을 여)
與=与 (줄 여)
驛=駅 (정거장 역)
譯=訳 (통역할 역)
鹽=塩 (소금 염)
榮=栄 (영화 영)
豫=予 (미리 예)
藝=芸 (재주 예)
溫=温 (따뜻할 온)
圓=円 (둥글 원)
圍=囲 (둘레 위)
爲=為 (하 위)
陰=陰 (그늘 음)
應=応 (응할 응)
醫=医 (의원 의)
貳=弐 (두 이)
壹=壱 (하나 일)
姊=姉 (누이 자)
殘=残 (남을 잔)
潛=潜 (잠길 잠)
雜=雑 (섞일 잡)
壯=壮 (씩씩할 장)
莊=庄 (별장 장)
爭=争 (다툴 쟁)
戰=戦 (싸움 전)
錢=銭 (돈 전)
傳=伝 (전할 전)
轉=転 (구를 전)
點=点 (점 점)
靜=静 (고요 정)
淨=浄 (깨끗할 정)
濟=済 (건널 제)
齊=斉 (다스릴 제)
條=条 (가지 조)
弔=吊 (조상할 조)
從=従 (좇을 종)
晝=昼 (낮 주)
卽=即 (곧 즉)
增=増 (더할 증)
證=証 (증거 증)

眞=真 (참 진)
盡=尽 (다할 진)
晉=晋 (나라 진)
贊=賛 (찬성할 찬)
讚=讃 (칭찬할 찬)
參=参 (참여할 참)
冊=冊 (책 책)
處=処 (곳 처)
淺=浅 (얕을 천)
鐵=鉄 (쇠 철)
廳=庁 (관청 청)
體=体 (몸 체)
觸=触 (닿을 촉)
總=総 (다 총)
蟲=虫 (벌레 충)
齒=歯 (이 치)
恥=耻 (부끄러울 치)
稱=称 (일컬을 칭)
彈=弾 (탄할 탄)
澤=沢 (못 택)
擇=択 (가릴 택)
廢=廃 (폐할 폐)
豐=豊 (풍성할 풍)
學=学 (배울 학)
解=觧 (풀 해)
鄕=郷 (고을 향)
虛=虚 (빌 허)
獻=献 (드릴 헌)
驗=験 (증험할 험)
顯=顕 (나타날 현)
螢=蛍 (반딧불 형)
號=号 (부르짖을 호)
畫=画 (그림 화)
擴=拡 (늘릴 확)
歡=歓 (기쁠 환)
黃=黄 (누를 황)
會=会 (모을 회)
回=囬 (돌아올 회)
效=効 (본받을 효)
黑=黒 (검을 흑)
戲=戯 (희롱할 희)

Index
찾아보기

MEMO

MEMO

부수명칭(部首名稱)

1획	
一	한 일
丨	뚫을 곤
丶	점 주(점)
丿	삐칠 별(삐침)
乙(乚)	새 을
亅	갈고리 궐

2획	
二	두 이
亠	머리 두(돼지해머리)
人(亻)	사람 인(인변)
儿	어진사람 인
入	들 입
八	여덟 팔
冂	멀 경(멀경몸)
冖	덮을 멱(민갓머리)
冫	얼음 빙(이수변)
几	안석 궤(책상궤)
凵	입벌릴 감 (위터진입구)
刀(刂)	칼 도
力	힘 력
勹	쌀 포
匕	비수 비
匚	상자 방(터진입구)
匸	감출 혜(터진에운담)
十	열 십
卜	점 복
卩(㔾)	병부 절
厂	굴바위 엄(민엄호)
厶	사사로울 사(마늘모)
又	또 우

3획	
口	입 구
囗	에울 위(큰입구)
土	흙 토
士	선비 사
夂	뒤져올 치
夊	천천히걸을 쇠
夕	저녁 석

大	큰 대
女	계집 녀
子	아들 자
宀	집 면(갓머리)
寸	마디 촌
小	작을 소
尢(尣)	절름발이 왕
尸	주검 시
屮(乢)	싹날 철
山	메 산
巛(川)	개미허리(내 천)
工	장인 공
己	몸 기
巾	수건 건
干	방패 간
幺	작을 요
广	집 엄(엄호)
廴	길게걸을 인(민책받침)
廾	손맞잡을 공(밑스물입)
弋	주살 익
弓	활 궁
彐(彑)	돼지머리 계(터진가로왈)
彡	터럭 삼(삐친석삼)
彳	조금걸을 척(중인변)

4획	
心(忄·㣺)	마음 심(심방변)
戈	창 과
戶	지게 호
手(扌)	손 수(재방변)
支	지탱할 지
攴(攵)	칠 복 (등글월문)
文	글월 문
斗	말 두
斤	도끼 근(날근)
方	모 방
无(旡)	없을 무(이미기방)
日	날 일
曰	가로 왈
月	달 월

木	나무 목
欠	하품 흠
止	그칠 지
歹(歺)	뼈앙상할 알(죽을사변)
殳	칠 수 (갖은등글월문)
毋	말 무
比	견줄 비
毛	터럭 모
氏	각시 씨
气	기운 기
水(氵)	물 수(삼수변)
火(灬)	불 화
爪(爫)	손톱 조
父	아비 부
爻	점괘 효
爿	조각널 장(장수장변)
片	조각 편
牙	어금니 아
牛(牜)	소 우
犬(犭)	개 견

5획	
玄	검을 현
玉(王)	구슬 옥
瓜	오이 과
瓦	기와 와
甘	달 감
生	날 생
用	쓸 용
田	밭 전
疋	필 필
疒	병들 녁(병질엄)
癶	걸을 발(필발머리)
白	흰 백
皮	가죽 피
皿	그릇 명
目(罒)	눈 목
矛	창 모
矢	화살 시
石	돌 석

示(礻)	보일 시	谷	골 곡		10 획
禸	짐승발자국 유	豆	콩 두	馬	말 마
禾	벼 화	豕	돼지 시	骨	뼈 골
穴	구멍 혈	豸	발없는벌레 치(갖은돼지시변)	高	높을 고
立	설 립	貝	조개 패	髟	머리털늘어질 표(터럭발)
	6 획	赤	붉을 적	鬥	싸울 투
竹	대 죽	走	달아날 주	鬯	술 창
米	쌀 미	足(𧾷)	발 족	鬲	솥 력
糸	실 사	身	몸 신	鬼	귀신 귀
缶	장군 부	車	수레 거		11 획
网(罒,罓)	그물 망	辛	매울 신	魚	물고기 어
羊	양 양	辰	별 진	鳥	새 조
羽	깃 우	辵(辶)	쉬엄쉬엄갈 착(책받침)	鹵	소금밭 로
老(耂)	늙을 로	邑(阝)	고을 읍(우부방)	鹿	사슴 록
而	말이을 이	酉	닭 유	麥	보리 맥
耒	쟁기 뢰	釆	분별할 변	麻	삼 마
耳	귀 이	里	마을 리		12 획
聿	붓 율		8 획	黃	누를 황
肉(月)	고기 육(육달월변)	金	쇠 금	黍	기장 서
臣	신하 신	長(镸)	길 장	黑	검을 흑
自	스스로 자	門	문 문	黹	바느질할 치
至	이를 지	阜(阝)	언덕 부(좌부방)		13 획
臼	절구 구(확구)	隶	미칠 이	黽	맹꽁이 맹
舌	혀 설	隹	새 추	鼎	솥 정
舛(牟)	어그러질 천	雨	비 우	鼓	북 고
舟	배 주	靑	푸를 청	鼠	쥐 서
艮	그칠 간	非	아닐 비		14 획
色	빛 색		9 획	鼻	코 비
艸(艹)	풀 초(초두)	面	낯 면	齊	가지런할 제
虍	범의문채 호(범호)	革	가죽 혁		15 획
虫	벌레 충(훼)	韋	다룸가죽 위	齒	이 치
血	피 혈	韭	부추 구		16 획
行	다닐 행	音	소리 음	龍	용 룡
衣(礻)	옷 의	頁	머리 혈	龜	거북 귀(구)
襾	덮을 아	風	바람 풍		17 획
	7 획	飛	날 비	龠	피리 약변
見	볼 견	食(飠)	밥 식(변)	* 는 부수의 변형글자	*忄 심방(변) *扌 재방(변) *氵삼수(변) *犭개사슴록(변) *阝(邑) 우부(방) *阝(阜) 좌부(변)
角	뿔 각	首	머리 수		
言	말씀 언	香	향기 향		